CHILDCARE CURRICULUM

보육과정

김중기 김현실 문성영 문효숙 박현숙 윤동화 이정미 공저

양성원

머리말

보육에 대한 높은 사회적 요구와 관심 속에서 우리 아이들이 무엇을, 왜, 어떻게 배우고 경험해야 하는지 함께 생각해 보고 영유아 보호 및 교육의 본질에 충실한 교사 역할을 다루는 보육과정에 대해 논하고자 하였다. 이러한 맥락에서 보육과정의 집필이 시작되었고 우리가 구성하고 정리한 내용들이 영유아 보육에 대한 이해를 구하는 예비 교사와 보육현장에서 보육과정을 디자인하기 위해 노력하는 현직 교사들에게 도움이 되기를 기대한다.

표준보육과정에 근거하여 운영되어 온 유치원 교육과정과 어린이집 보육과정은 그 대상이 확대되어, 현재 0~2세를 대상으로는 표준보육과정을, 3~5세를 대상으로는 누리과정을 적용하고 있다. 또한 2014년 시작되어 2016년 마무리 단계에 있는 유보통합은 유치원과 어린이집의 전반적인 체계를 일원화하고자 하는 것으로, 지금까지 3~5세를 대상으로 한 유치원의 연령대가 어린이집과 마찬가지로 0~5세로 확대되므로 유치원에서도 0~2세에 대한 보육과정을 필요로 하게 되었다.

본 서는 총 13장으로 구성되었다. 제1부는 보육과정의 이해로, 제1장은 보육과정의 의미를 다루었으며, 제2장은 보육과정의 학문적 기초, 제3장은 보육과정의 최근 동향을 다루었다. 제2부는 보육과정의 구성으로, 제4장은 보육과정의 구성, 즉 구성원리, 구성절차, 목표설정을 다루었다. 그리고 제5장은 보육과정의 내용으로 전체 보육과정의 구성을, 제6장은 이러한 보육과정의 교수-학습방법을 다루었고, 제7장은 보육평가를 다루었다. 제3부는 보육과정의 운영으로, 제8장은 보육과정의 계획과 운영 및 환경을 다루었고, 제9장은 보육과정과 연계되어 이루어지는 가정 및 지역사회와의 협력을 다루었다. 제4부는 국내 · 외 영유아 프로그램으로,

제10장, 제11장은 국내 · 외의 대표적인 영유아 프로그램을 다루었다. 제5부는 표준보육과정과 누리과정으로, 제12장, 제13장에서 다루었다.

궁극적으로는 우리의 바람과 노력들이 유아교육기관에서 보육받는 영유아기 아이들의 삶을 보다 내실 있고 행복한 시간들로 만드는 데 조금이나마 보탬이 되었으면 하는 마음을 이 책에 담고자 하였다. 이러한 저자들의 진심이 보육현장의 아이들, 교사, 부모에게 전달되어 영유아발달 및 교육을 지원하는 보다 질적인 보육이 이루어질 수 있기를 바란다.

이 책이 나오기 까지 많은 시간과 함께한 저자분들과 그리고 양성원 관계자들에게 많은 감사를 드리며, 앞으로 영유아교육기관의 관계자들에 이해하는 데 도움이 되었으면 하는 마음이다.

2021년 8월

저자 일동

차 례

PART 5 표준보육과정 누리과정

PART 1

보육과정의 이해

Chapter 01

보육과정의 의미

1 보육과정의 개념

보육과정을 정의하기 전에 보육에 대한 정의를 먼저 살펴보면 "보육(early childhood care and education)이란 어린 생명을 보호, 육성하는 것의 의미와 유아를 보호, 교육하는 두 가지의 의미를 갖고 있다."라고 유아교육사전에서 말하고 있다.

보육(保育)이란 말의 사전적 의미는 '어린아이를 돌보아 기름'이라는 뜻이며, 일반적으로 '영유아를 보살피고 돌보며, 기르고 교육하는 것'을 의미하고, 「영유아보육법」상 보육이란 '영유아를 건강하고 안전하게 보호 · 양육하고 영유아의 발달특성에 적합한 교육을 제공하는 사회복지서비스'를 말한다. 즉, 보육은 심신의 보호와 건전한 교육을 통하여 영유아를 건강한 사회성원으로 육성함과 아울러 보호자의 경제적 · 사회적 활동을 원활하게 함으로써 가정복지 증진에 기여함을 목적으로 하루 중 일정 시간 동안 가정의 아동양육 기능을 보완하기 위해 제공하는 서비스를 말한다.

1991년 「영유아보육법」이 제정되기 전까지는 단순히 맡아 준다는 의미의 '탁아'라는 용어가 보편적으로 사용되었다. 아동을 '위탁한다'는 의미의 기존의 탁아개념은 전통적으로 어머니의 역할로 여겨지는 아동양육을 개별적인 사유로 어머니가 아닌 다른 대상에게 위임시키는 것으로, 어머니가 자녀를 양육할 수 없는 경우 보호자의 위탁을 받아 아동을 보호하는 보충적 · 개별적 서비스의 의미였다.

그러나 현대사회의 보육은 단순히 아동을 보호하는 것이 아닌, 아동의 전 영역에 걸쳐 아동발달을 위한 아동의 환경에 대한 적극적인 개입 및 이에 대한 프로그램을 기획 · 실행하는 것이다. 보육의 일차적 기능은 아동보호에 있다고 볼 수 있으나, 보육의 대상이 성장 · 발달과정에 있어서 결정적 시기에 있는 아동들이므로 전인적 발달을 위한 포괄적 프로그램을 제공하는 개념으로 변화되고 있다.

전통적으로 보육이란 아동의 양육자였던 어머니의 경제활동이나 사회참여 등으로 가정에서 정상적인 양육을 받기 어려운 아동을 하루 또는 일정시간 동안 타인이 보호 · 교육하는 것을 의미하였다. 그러나 시대에 흐름에 따라 보육의 개념도 많이 변화되어 보완적 · 잔여적 서비스에서 보편적 · 제도적인 서비스로 변화되었다. 그러나 이제는 아동을 보호와 교육을 받을 권리를 지닌 주체로서 보호자가 누구든지 상관없이 자신의 개성을 발달시키고 장차 자아실현을 할 수 있는 기반을 닦을 수 있도록 평등하게 보호와 교육을 받을 기회를 누려야 한다고 보고 있기 때문에 저자는 "영유아보육이란 6세 미만의 취학 전 영유아를 대상으로 하여 부모의 사회 · 경제적 지위와 상관없이 아동의 권리로서 보호 · 교육서비스를 제공하는 것"이라고 보육을 정의한 바 있다.

유아교육사전의 보육과정은 "일정한 교육기관에서 교육의 모든 과정을 마칠 때까지 요구되는 교육목표, 교육내용, 그리고 그 내용을 학습하는 데 필요한 연한과 연한 내에 있어서의 학습시간 배당을 포함한 교육의 전체 계획이다. 교육과정은 가르치거나 전달하는 데 목적이 있는 것이 아니라 아동 자신들의 성장 · 발달에 목적이 있다. 따라서 교육과정은 학교의 지도하에 이루어지는 아동 · 학생의 학습활동의 총체 또는 경험의 총체라고 할 수 있다."라고 하였다.

그러나 보육과정에 대한 개념 정의는 다양하지 않다. 왜냐하면 앞에서 말했듯이 보육시설의 질적인 성장을 위해 보육과정을 따로 만들어야 한다는 것이 최근의 경향이기 때문이다. 이순형 등은 보육과정을 "보육시설에서 영유아를 돌보는 틀이자 기준으로, 추구하려는 보육목적을 효과적으로 달성할 수 있는 구체적 접근양식이다"라고 하였다. 또한 보육의 진정한 목적이 무엇인가는 결국 영유아의 성장과 발달에 대한 철학을 전제로 하는데, 철학적 기초 아래서 아기가 어떠한 성장과정을 거치며, 어떤 상태로 성장하는 것을 목적으로 할 것인가에 대한 명확한 인식이 있어야 한다. 따라서 보육과정은 보육목적, 보육철학, 보육방법 또는 보육프로그램으로 구성된다.

2 영유아 보육의 필요성

1) 다문화가족의 증가

우리 사회에 다문화가족이 증가되기 시작하면서 보육의 중요성이 날로 부각되고 있다. 특히 다문화가족 출신 아동은 미숙한 한국어 등으로 한국사회 통합에 큰 어려움을 호소하고 있으며, 더군다나 앞으로 다문화가정은 지속적으로 증가될 것으로 예상되는 바, 앞으로 다문화가정 출신 아동의 한국사회 적응 문제는 사회적 문제가 될 소지가 매우 크며, 이에 우리나라 보육계에서는 다문화 관련 교육을 강화하고 있다.

2) 가족기능 약화

전통적 가족형태에서는 남성과 여성의 역할이 분리되어 있어 어머니의 역할인 애정, 정서적 안정감, 애착형성, 수용과 배려를, 아버지의 역할인 지식, 규범, 가치, 사회화 등이 자연스럽게 학습되어졌으나 현대 핵가족 내에서는 그 구분이 불명확해졌다. 이러한 현상으로 인해 보육의 일차적 기능인 신체보호는 물론이고 영유아기에 꼭 형성되어야 할 발달과업 중 도덕성, 사회성 전반에도 문제가 야기될 수 있는 부문에 있어 도움을 주는 것이다.

3) 부부 이혼율 증가

우리나라 이혼율은 30% 후반 대에 이른다. 전체 결혼 부부 10쌍 중 4쌍이 이혼을 하고 있다는 것이다. 가족은 우리 사회를 이루는 가장 기본조직 단위이다. 혈연 및 지연을 중심으로 연대감을 형성하고 있는 가족이 모여 우리 사회를 구성하고 있는 것이다. 그러나 이혼의 증가는 사람과 사람 사이의 연대감과 신뢰를 무너트리는 가장 큰 원인으로 지목되고 있으며, 나아가 이혼은 사회적 규범과 가치에 대한 부정적 인식과 훼손을 불러일으킨다.

이혼가정 아이들은 곱지 않은 사회적 시선을 인식하기 때문에 지역사회나 학교 친구들과의 교류에 있어서 또래 아이들보다 위축될 여지가 있다. 따라서 아동이 학교와 지역사회 활동에 적극 참여할 수 있는 사회적 배려가 필요하며, 이에 이혼가정 아동을 위한 전문보육서비스의 필요성이 대두되었다.

4) 경제적 변화를 바탕으로 한 보육의 필요성

아동을 둔 가정의 맞벌이 사례가 많이 증가하고 있다. 전통적으로 가정은 아동을 보호하는 양육기능을 담당하였으나, 맞벌이 가족의 증가로 가정의 양육기능이 약화되었으며, 이에 따른 보육의 필요성이 더욱 강조되고 있다.

5) 교육적 인식 변화를 바탕으로 한 보육의 필요성

전통적으로 우리나라는 학벌을 중시하는 사회였다. 그러한 사회 풍토는 현대사회에 있어서 더욱 강화되는 추세이며, 영유아들의 재능이나 바람은 무시당한 채 조기영어교육이나 사립영재보육시설 등이 각광받고 있다. 이에 발맞춰 보육시설에서는 영유아를 위한 조기영어교육반이나 특수영재교육반을 앞다투어 운영하고 있다.

3 보육과정의 관점과 변화

1) 전통적 보육관점

고대사회는 가족이나 씨족에 의해 형성된 원시공동사회였다. 고대 원시사회에서는 자연과 타 부족과의 절박한 생존을 위한 투쟁 속에서 의식주를 해결해야 하는 상황이었기 때문에 부족이나 종족, 집단의 안전이 중요시되었다. 그리하여 아동들은 앞으로 부족 보존이나 생산에 기여할 수 있는지 없는지에 따라 생존이 판단되었고, 고대 스파르타에서는 아기가 태어나면 일단 그 지역의 노인들에 의해 검사를 받아야 하는데, 건강하다고 인정된 아이들만 선택하여 양육 및 교육을 하였다.

고대사회에서는 단순한 형태의 교육이 행하여졌다고 볼 수 있다. 생존을 위한 생활필수품의 획득방법, 생활의 안전, 일정한 의식 등 가정이나 마을에서 실생활 중심의 교육을 부모나 연장자가 가르쳤다. 고대 스파르트의 경우에는 강한 신체를 위해 체육훈련을 해야 했고, 부족이나 종족이 보존되기 위해서는 생존을 위한 실생활 중심의 교육이 필수적이었다.

그리고 중세는 봉건제도의 사회로서 신분적 계급을 중시하며 종교의 사회적 영향이 강했던 시대였다. 영주와 영민, 국왕과 신하의 주종관계가 엄격한 중세봉건사회에 들어서면서 장원을 중심으로 장원을 위한 경제력 · 군사력 확보 수단으로 아동의 존재를 인식하고 아동의 가치를 부여하였다. 중세의 아동의 생활은 농노와 고아의 경우 자식이 없는 농노나 빈 집에서 양육되어 일찍부터 공동체 사회의 노동력으로 활용되었다. 공동체가 보살피지 않는 장애아동은 교회나 수도원에서 길러졌다. 도시의 수공업자 아동들은 보통 5 · 6세가 되면 도제가 되어 엄격한 훈련을 받았고 영주나 관리인 무사계급의 아동은 가업을 이어받기 위한 엄격한 교육이 이루어졌다.

앞의 내용에서 살펴보았듯이 전통적 관점에서 보육을 보면 생존을 위한 보육, 생활의 안전을 획득하기 위한 보육, 실생활 중심의 보육, 가업을 이어받기 위한 엄격한 교육, 절대적인 신에 순종하는 교육 등으로 영유아의 심리적 필요나 욕구를 무시하는 형태로 영유아의 성장 · 발달에 대한 의식이 없이 양육된 형태의 보육이다.

특히 중세에는 어린이들을 성인의 축소판으로 보았기 때문에 영유아들은 성인이 하는 행동을 모델링하면서 자라 왔고 가정 · 부족집단이나 사회에서 정한 규칙을 따라야만 했기 때문에 수동적인 보육과정에 의해 보육되어져 왔다고 볼 수 있다.

2) 근대사회의 보육관점

근대사회는 상공업의 발달과 산업혁명의 시작으로 봉건제도가 점차 붕괴되면서 자본주의 제도가 탄생한 시대이다. 19세기 이후 산업혁명의 급속한 진전과 산업화 · 도시화로 인한 광범위한 사회문제가 발생하였고 집단 수용된 아동에 대한 비판이 일어났다. 19세기 중반 이후 집단 수용시설에서의 높은 사망률 등 아동의 건강과 복지에 미치는 나쁜 영향이 사회적으로 인식되기 시작하여 아동을 집단 수용으로부터 보호하려는 운동이 전개되었다.

또한 근대사회에는 여러 유아교육자, 철학자, 사상가들이 나타나면서 아동을 보는 관점도 달라졌다. 코메니우스(Comenius, 1592 ~ 1670)는 모든 계급의 남녀 아동들은 동일한 학교에서 교육받아야 함을 주장하면서 학교제도도 유아기(1~6세), 아동기(7~12세), 소년기(13~18세), 청년기(19~24세)로 나누고, 유아기는 어머니의 무릎학교, 아동기는 모국어 학교, 소년기는 라틴어학교, 청년기는 대학 및 외국여행으로 단계를 나누었다.

코메니우스는 가정교육의 중요성을 강조했고 교육방법은 경험주의에 입각하여 다음과 같이 교육과정을 진행할 것을 강조했다.

- 마음의 순수성을 잃기 전에 일찍 학습을 시작할 것
- 마음에 무엇이 받아들일 준비가 되어 있을 때
- 보육과정은 일반적인 것에서 구체적인 것으로 진행
- 모든 경우에 진행을 서두르지 않기
- 학습내용은 쉬운 것에서 어려운 것으로 진행
- 아동의 본성에 흠이 가지 않도록 연령에 적합한 내용과 방법
- 모든 것을 감각기관의 매체를 통해 가르칠 것
- 학습된 것을 계속적으로 사용하여 가르칠 것을 요구

또한 존 로크(John Locke, 1632~1704)는 백지설(tabula rasa)을 주장하면서 아동의 경험과 환경, 조기교육의 중요성을 강조했고, 루소(Jean Jacques Rousseau, 1712~1778)는 자연주의 교육을 강조하였다. 그리고 프랑스의 오베르랑(Jean Frederic Oberlin, 1740~1826)은 1770년대 편물학교를 설립하여 부모가 일터에서 일하고 있는 동안 아동을 보육하는 적극적인 탁아기능에 중점을 둔 교육기관을 운영하였고, 스위스의 페스탈로치(J. H. Petalozzi, 1746~1827)는 노이호프(Neuhof: New farm)라는 농장을 만들어 가난한 아이들을 교육시킬 빈민학교를 열었고, 영국의 오웬(Owen, 1771~1858)은 그가 경영하던 방직공장 내에 '성격형성 신학원'을 설립하여 좋은 보육환경을 제공하였다.

르네상스(Renaissance) 이후 유럽의 상류계층 부모들은 어린이들의 마음에는 악이 존재한다고 믿고 엄하고 무섭게 보육하였다. 서양에서 어른들은 규칙적으로 도깨비 형상이나 흡혈귀로 분장하고 잠자는 어린이들을 놀래 주곤 하였다고 한다. 이처럼 공포를 느끼게 하는 이유는 "네가 나쁜 행동을 해서 그런 거야, 이젠 나쁜 행동을 하면 못쓴다."라는 뜻을 깨닫게 해 주기 위해서였다고 한다.

프뢰벨(Frobel, 1782~1852)이 살던 시대(19세기)에도 주된 어린이 훈육방법은 '공포'로 다스리는 것이였으며, 여자아이가 놀이터에서 크게 웃는 것도 죄로 여겨졌다고 한다. 이 시대의 서양 중 · 상류계층 가정의 부모들은 집에서 자녀를 양육하면서 예절 · 습관형성 · 도덕성 훈련 등을 중요하게 다루었고 부친의 권력이 절대적인 것이었기 때문에 부친의 권위는 국가의 법과 동일하여 자식을 징계 · 강금 · 투옥할 수 있었다고 한다.

근대사회에는 저명한 유아교육 · 아동교육사상가들이 많이 나타났으나 아직까지는 아동중심 교육관이나 양육관이 존재하지 않았다. 따라서 이 시대의 보육관점은 부모의 강한 훈육이나 습관형성 및 도덕성 훈련을 중심으로 하는 보육으로 볼 수 있다.

3) 진보주의의 보육관점

진보주의(Progressivism) 교육사조는 19세기 후반에 미국을 중심으로 대두된 실용주의 철학을 이론적 배경으로 하고 있으며, 듀이(John Dewey)가 대표적인 학자이다. 진보주의는 퍼스(Peirce), 제임스(James), 듀이, 킬패트릭(Kilpatrick), 피아제(Piaget) 등의 교육사상으로 이어져 오며, 진보주의에서는 유기체가 환경과 능동적인 상호작용을 통해 계속적인 경험을 재구성하여 발달이 이루어진다고 본다.

실용주의(Pragmatism) 학자들에 의하면 "세계는 가만히 정지해 있는 것이 아니라, 끊임없이 변화하며 발전하기도 하고 소멸하기도 한다."라고 하여 세상에 불변, 고정하는 사물은 하나도 없고 다만 변화, 그 자체만이 만물의 속성이라고 하였다. 이

관점에서 보면 지식과 학문(교육)도 정지해 있는 것이 아니라, 끊임없이 변화하며 소멸하기도 하기 때문에 절대불변의 완전한 지식은 있을 수 없고 시간과 장소에 따라 그 지식도 변할 수밖에 없다는 것이다.

진보주의(Progressivism)도 변화를 전제하고 있다. 진보주의도 영원불변한 것, 절대적인 것은 존재하지 않는다고 보고 아동들에게 절대불변의 진리를 가르치는 것보다는 환경에 적응하는 아동의 경험을 중요시한다. 진보주의 이념은 듀이 교육철학과 피아제의 인지발달이론에 기반을 두고 있다.

듀이는 인간과 환경의 사회적 상호작용을 중시해서 생활 속에서 경험의 계속적인 재구성을 통해 인간이 성장한다고 보아 교육은 생활이며, 성장이고, 끊임없는 경험의 재구성이자 사회적인 과정이라고 하였다. 그리하여 교사중심-아동중심으로 수동적 학습-능동적 학습으로, 교과중심-생활중심 교육으로 아동의 흥미와 필요를 강조하는 교육이 강조되었다.

진보주의 교육의 특징은 아동중심과 경험중심 · 흥미중심 · 생활중심이다. 아동은 성인의 축소판이 아니고 아동 나름대로 고유한 세계를 가지고 독립된 객체로 인정하기 때문에 교사는 아동의 특성 · 욕구 · 필요 · 흥미 · 생활상의 문제점 등을 파악하여 아동의 성장을 도울 수 있도록 하여야 한다는 것이다.

진보주의 가치관의 배경은 실용주의적 상대적 가치관을 따르고 있기 때문에 교육이란 미래의 삶을 준비하기 위한 것이 아닌 삶, 그 자체이고 아동의 성장을 도와주기 위한 것이며 아동의 성장은 경험의 재구성에 의해 이루어진다고 한다. 경험의 재구성이란 아동들이 자신의 활동 성과를 스스로 비판적인 사고과정을 통해 검토하는 반성적 사고(reflective thinking)로써 자신이 가지고 있는 생각을 재구성하여 보다 새롭고 확충된 개념을 형성하는 것이다. 그러므로 보육과정은 영유아들의 특성 · 욕구 · 필요, 흥미, 생활상의 문제점 등을 파악하고 그들의 경험을 토대로 하여 영유아들의 성장을 도울 수 있는 보육과정으로 구성되어야 한다.

4) 보상교육의 관점

보상교육(compensatory education)은 저소득층 자녀를 대상으로 이들의 문화적 결손을 보충해 줌으로써 중류계층 유아와 동등하게 교육을 시작할 수 있도록 하기 위해 시작되었다. 1965년 미국의 존슨(A. Johnson) 대통령이 '위대한 사회', '빈곤퇴치' 등의 슬로건을 내걸고 이 운동을 시작했으며 이 운동으로 결손아동에 대한 사회의 관심이 높아졌고 국가 차원에서 예산을 투입하여 보상교육을 제공하였다. 저소득층 문화를 '문화결손'으로 파악하는 입장에서 볼 때 인생 초기에 사회적 · 심리적 빈곤 때문에 적절한 자극경험이 박탈된 채 자라 온 아동에게는 발달의 지체나 일그러짐이 생긴다고 보았다.

보상교육은 이와 같은 발달상의 문제 가운데 주로 학업달성에 필요한 지적 기능의 결함을 보장하기 위한 특별한 프로그램에 의한 계획적 · 조직적인 학습훈련을 내용으로 한다. 대표적인 교육프로그램으로는 "Head start program"이 이에 해당되고 1967년 헤드스타트의 장기적인 효과를 꾀하기 위하여 초등학교 저학년까지 계속적인 보장을 해 주는 팔로우스로(Follow through) 프로그램이 첨가되었고, 3세 이하의 자녀를 가진 부모를 위한 부모아동센터(Parent and child center)가 설립되기도 하였다.

진보주의 교육이 1920년대와 1930년대 전성기를 누려 아동중심, 경험중심, 생활중심, 흥미중심 교육이 강조되었으나 1929년 미국의 경제 공황에 대한 사회문제 해결에는 큰 도움이 되지 못하여 아동중심 교육에서 사회문제 해결 중심의 교육으로 새로운 전기를 마련하게 되었다. 그러나 1957년 구소련의 첫 번째 인공위성 스프트닉(Sputnik)호의 발사로 인해 미국이 쇼크를 받게 되었고 '무엇이 문제인가?'를 뒤집어 보는 과정에서 미국의 교육이 바로 문제라고 지적당하게 되었다. 진보주의의 아동중심, 흥미중심, 생활중심의 교육이 비판을 받게 되면서 대두된 것이 바로 보상교육이다. 보상교육의 관점에서 보육과정은 영유아들이 빈곤이나 기타 열악한 환경 속에서 경험하게 되는 문화적인 결손을 보충해 주는 보육과정, 즉 언어,

인지, 사회, 신체, 정서적인 결손을 보충해 주는 프로그램을 제공하여 결손된 환경으로부터 벗어날 수 있도록 보육하는 것으로 볼 수 있다.

5) 상호작용의 관점

상호작용(interaction)은 둘 또는 그 이상의 사물 · 현상이 작용하여 원인도 되고 결과도 되는 일로 교호작용이라고도 한다. 피아제의 관점에서는 인지체계가 외부세계와 상호작용하면서 발달을 이룬다고 보았다.

또한 상호작용을 적응(adaptation)개념으로 살펴보면 인지(cognition)는 동화(assimilation)와 조절(accommodation)이라는 상호보완적인 적응과정에 의해 발달되는데 동화란 외부자극을 자신의 내적인 정신구조(mental structure)에 적응시키는 과정이며 반면에 조절은 동일한 자극구조에 자신의 정신적 구조를 적응시키는 과정으로 볼 수 있다. 인간의 인지체계에 대한 피아제의 모형은 지식의 구성과 전개에서 내적-인지적 요인과 외적-환경적 요인과의 계속된 상호작용을 강조하는데, 이 두 요인은 지식의 구성과 전개에 중요한 기여를 한다. 피아제와 같이 비고츠키(Vygotsky)와 브론펜브레너(Bronfenbrenner)도 상호작용을 강조하였는데 이들은 피아제와는 달리 사회적 상호작용을 강조하였다. 비고츠키는 근접발달지대를 개념화하면서 유아가 성인, 또는 유능한 또래와의 사회적 상호작용을 하면서 발달해 갈 수 있다고 보았다. 브론펜브레너는 생태학적 관점에서 인간 발달은 개인과 그 개인이 속한 가족, 지역사회, 나아가서는 국가, 세계까지 총체적인 맥락에서 상호관계를 가져야 한다고 하였다.

상호작용의 관점에서 보육을 정리해 보면, 듀이는 교육에서 상호작용은 모든 경험은 환경과 학습자의 내적인 상호작용으로 보았고, 피아제의 인지적 상호작용은 영유아가 주변 환경과의 상호작용을 통해 사물과 사건을 탐색하고 조작하면서 자신의 사고를 구성해 나갈 때 영유아가 가지고 있는 인지의 구조에 도식(지식 · 개념)이 구성된다는 것이다.

비고츠키의 사회 문화적 상호작용은, 발달은 사회적 상호작용에 기인하므로 교육은 발달에 선행하여 주어져야 한다고 본다. 비고츠키의 사회문화적 상호작용이론은 '근접발달지대(the zone of proximal development)'에 가장 잘 드러나고 있다. 비고츠키는 근접발달지대를 '아동이 독립적으로 문제를 해결하는 실제적인 발달수준과 교사 성인이나 자기보다 유능한 또래의 안내나 협력하에 문제를 해결할 때 보여주는 잠재적 발달수준 간의 간격'이라고 보고 있다. 비고츠키는 근접발달지대의 형성을 위해서 사회문화적 환경과의 의도적인 상호작용이 필요하다고 보았다.

브론펜브레너의 생태학적 상호작용이론에서는, 발달이란 인간이 자신의 환경을 지각하고 다루는 방식에서의 지속적인 변화과정이라고 보았다. 그는 생태학적 환경에서 개인과 환경 간의 상호작용뿐 아니라 환경 간의 상호작용도 강조하고 있다.

상호작용 이론에 기초한 보육과정은 영유아의 성장과 발달이 주변의 물리적, 사회적 환경과의 상호작용을 통해 이루어진다는 철학에 기초하고 있다. 상호작용 이론에 기초한 보육과정의 기본 전제는 다음과 같다.

첫째, 유아는 주변의 환경과 끊임없이 상호작용하여 자신의 발달을 이끌어 가는 능동적인 존재이다.

둘째, 유아의 학습에서 중요한 요인은 흥미와 동기 유발이며 유아의 자발적인 동기에 의한 놀이는 유아의 발달을 증진시키는 교수 및 학습활동이다.

셋째, 유아가 발달하고 있는 사회 · 문화적 배경을 고려하는 동시에 유아의 개인차에 대해 배려하는 교육활동을 해야 한다.

넷째, 상호작용 이론 관점에서의 아동발달은 인지, 언어, 사회, 정서, 지각 영역의 발달이 각각 분리되어 있지 않고 상호 연결되어 이루어진다.

보육과정의 관점이 전통사회에서의 생존을 위한 실생활 중심의 보육에서 근대사회에서는 부모의 강한 훈련이나 습관형성과 도덕성 훈련을 중심으로 하는 보육으로, 진보주의 보육관점에서는 아동중심, 흥미중심, 경험중심, 생활중심의 보육으로, 보상교육의 관점에서는 결손된 환경을 보충해 주는 보육으로, 상호작용의 관점에서는 영유아는 주변 환경과 끊임없이 상호작용하는 능동적인 존재이기 때문에 영유아의 사회 · 문화적 배경과 개인차를 고려하는 보육과정으로 변화되고 있음을 볼 수 있다.

4 보육과정의 특성

1) 아동중심적 과정

보육과정의 1차적 목표는 부모를 대신하여 위탁된 아동을 보호하고, 아동이 우리사회를 살아감에 있어 꼭 필요한 지식을 전수하여 그들이 우리사회의 건강한 민주사회 시민으로 그 역할을 하는 데 있어 도움을 주는 것에 있다. 따라서 보육과정은 아동중심적 과정으로 설계된다.

2) 가족형태를 보완하는 성격을 지님

보육과정은 다양한 가족형태를 보완하는 성격을 지니고 있다. 즉, 현대사회에서 한부모가족이나 조손가족, 다문화가족 등이 증가하고 있는데, 보육과정은 이러한 가족형태 변화로 인한 부정적 영향으로부터 아동을 보호하고, 발달적 결함을 보완하는 역할을 하게 되는 것이다.

3) 사회화 기능의 대행

보육과정으로 아동은 대인관계 기술 내지 일상 생활습관을 교육받게 된다. 따라서 보육과정으로 아동은 사회화 기능을 효율적으로 습득할 수 있게 되며, 나아가 우리사회 공동체의 가치관 또한 습득할 수 있게 된다.

4) 아동의 전인적 발달에 도움

보육과정은 아동의 생존권, 성장발달권, 특별보호권, 교육권, 시민권, 양육보장권, 복지권을 동시다발적으로 실현하는 과정이라 할 수 있으며, 이는 아동의 전인적 발달에도 큰 도움을 주게 된다.

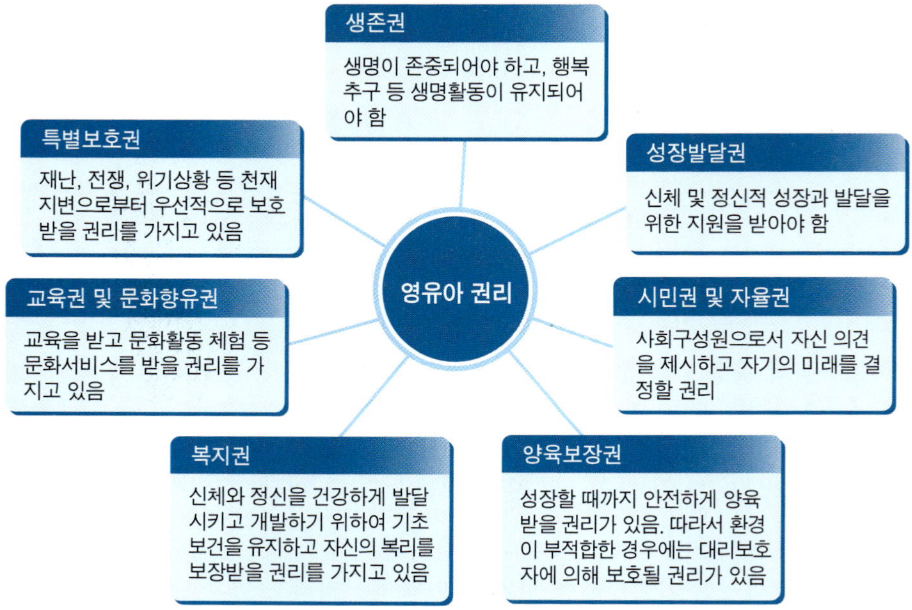

5 보육정책 동향

1) 보편주의 정책

선별주의 또는 특권주의에 대응하는 개념으로 모든 유아가 그가 처해 있는 개인적 또는 가족적 상황에 영향받지 않고 자신의 요구에 부응하는 양질의 보육서비스를 받을 수 있는 권리를 인정하는 입장이다. 보육서비스의 기회 확대를 국가 최우선 과제로 꼽고 있으며, 여기서 기회 확대란 부모가 원할 때 서비스를 쉽게 이용할 수 있고 또한 유아와 가족이 처해 있는 다양한 상황과 다양한 요구를 충족시켜 줄 수 있는 양질이면서 저렴한 서비스를 평등하게 제공하고자 하는 국가의 노력을 포함한다.

기회 확대 정책으로 의무교육이 시작되는 연령을 낮추었고, 무상교육은 소득수준별로 4단계 차등 지원정책을 펼침으로써 부모의 육아부담을 경감하고자 노력하고 있다.

2) 연령의 하향화와 가족정책

여성의 사회진출이 확대로 남성과 여성이 동등한 노동력을 가짐으로써 3세 미만 영아들에 대한 보육서비스 요구가 증가함에 따라, 보육서비스의 대부분을 종일제로 제공하도록 법률화해 가고 있는 추세에 있다.

3) 국가수준의 질 관리

생의 초기에 경험한 보육의 질은 유아들의 인지적, 언어적, 사회적 발달에 매우 중요한 것으로 확인되며 레지오 에밀리아 프로그램과 같이 개별 유아와 집단 학급, 기관의 일을 철저하게 기록하는 데 초점을 두고 있으며 개별적 학습과정을 이해하고 교육집단 내에 지속적인 대화의 장을 제공하고 있다. 여성부는 보육서비스의 질적 수준 향상을 목적으로 보육시설 평가인증제도를 도입하여 실시하고 있다.

4) 보육교사의 전문성 강화와 근로조건 개선

보육교사에 대한 교육과 행정적 지원은 서비스의 질과 매우 상관이 높다. 교사의 전문성 확보를 위한 노력으로 가장 우선적으로 고려하는 것은 직접교육의 질을 개선하는 것과 현직교육의 기회를 제공하는 것이다. 직접교육에서는 연령에 적합한 프로그램을 제공하고 철저한 지도 감독하에 이루어지는 현장 실습을 요구하고 있다.

5) 표준보육과정 개발

목표와 지침 개발은 영유아 보육의 질을 향상시키고 유지하는 데 기본이 되는 일이다. 표준보육과정은 1991년 「영유아보육법」이 제정된 후 2002년에 와서야 최초로 개발되었으나 보건복지부 위탁으로 한국보건사회연구소의 연구원 9명에 의해 짧은 연구기간 동안 다양한 사회적 합의과정도 없이 순수 연구 차원에서 개발된 것이므로 현장에 적용하기에 한계가 있어, 2004년 개정된 「영유아보육법」에 표준보육과정의 개발, 보급을 여성부장관의 의무로 법제화하였다. 2005년 영유아의 연령별 발달특성을 고려하여 좀 더 확장된 국가적 수준의 표준보육과정 개발을 새로이 시작하였다.

보육은 단순한 아동양육의 문제가 아닌 국가 경쟁력과 관련된 국가가 우선적으로 해결해야 할 국책 중의 하나로 부상하고 있다. 따라서 세계적으로 많은 나라들이 과거 개인 책임으로 보던 보육교육을 국가가 책임지는 공보육으로 보고자 하는 관점으로 전환하고 있다.

Chapter 02

보육과정의 학문적 기초

1 철학적 기초

1) 고대 · 중세시대

고대에는 성과 계층에 따라 서로 다른 교육을 받았고, 공동체의 중요성이 강조되었다. 그리스 시대는 독립성이 강하고 엄격한 연대감으로 유아를 교육했던 스파르타교육과 조화롭게 놀이가 중시되었던 아테네의 유아교육으로 나누어지고, 이 시대의 교육사상가로는 소크라테스(Socrates), 플라톤(Platon), 아리스토텔레스(Aristoteles)가 있다. 로마시대는 정치 · 경제의 안정으로 부모의 모범을 통한 아이들의 인격형성을 꾀하였다.

중세는 서로마 제국이 멸망하던 때(476년)부터 동로마제국이 멸망하고(1453년) 르네상스운동이 전개되기 전까지의 1,000년 동안을 일컫는다. 로마의 쇠퇴 속에서 많은 로마인들은 중세의 기독교 사상에서 정신적 위안을 받고자 했고, 이러한 사회적 배경은 모든 지식은 신으로부터 온다는 믿음에 기반을 두었으며, 모든 교육은 신을 중심으로 전개되어 교회와 수도원을 중심으로 유아기 교육이 행해졌다. 중세에는 유아기 인간형성의 시기에 성직자에 의한 신앙교육을 바탕으로 한 교육이 주로 행해졌다. 당시의 아이들은 빈부의 차이에 구애받지 않고 당시 최고의 교양인이었던 성직자들로부터 가장 이상적인 교육을 받을 수 있었다. 성가와 라틴어를 읽고 쓰는 교육이 이루어졌는데 이에 대해서는 순수한 인간형성을 위한다는 긍정적인 평가가 있는 반면, 아동에 대한 이해가 없고 아동을 성인의 축소판으로 여기고 있다는 부정적 평가의 관점도 있다.

중세의 기사정신은 아이들의 놀이에 기사도 정신이 가미된 형태를 띠게 되었다. 아이들을 신사 · 숙녀 교육에로 인도하여 천국과 지상에서 봉사할 수 있는 경건하고 용기 있는 인간을 기르고자 했던 것이다.

11세기 십자군 원정 이후 중세는 상업교역이 활발해지면서 시민생활이 다양해졌고 이에 따라 읽기, 쓰기, 셈 등의 소양이 요구되어, 신흥 시민계층의 아이들은 매우 현실적인 교육을 받게 되었는데, 유아기 교육에도 현실주의나 합리주의가 반영되지 않을 수 없었다.

2) 실학주의 보육

실학주의(realism)는 실생활에 유용한 인물을 양성하려는 움직임으로 현실생활에 필요한 구체적이고 실제적인 학습을 중시하는 것이다. 코페르니쿠스(Copernicus)와 갈릴레오(Galileo)가 지동설을 입증함으로써 새로운 세계관이 성립되었고 자연과학과 경험주의 사상이 발달하게 됨에 따라 실학주의가 대두되게 되었다.

실학주의에서는 교육의 목적을 실용성에 두고 합리적인 인간을 길러 내는 것을 중요시하였다. 교육내용 역시 인간과 관계되는 구체적 사물과 실물교육을 강조하였다. 시청각 교육이 사용되어 새로운 교수법이 실시되기도 했는데 이는 교육방법에 있어서도 관찰하고 실험하는 등 경험을 중시하게 되었기 때문이었다. 실학주의 시대 대표적인 교육사상가는 코메니우스와 로크이다.

(1) 코메니우스

코메니우스(1592~1670)는 지금의 체코슬로바키아에서 태어나 16세에 라틴어 학교에 입학, 헬보른 대학에서 학업을 했다. 대학 졸업 후 라틴어 교사가 되었으며 1616년에는 보헤미아 동포 교단의 목사로 임명되었다. 스페인과의 전쟁, 종교적 박해로 코메니우스는 폴란드의 한 도시 리사(Lissa)로 망명하였으며 이 무렵부터 교육학에 관해 연구하기 시작하였다.

코메니우스의 대표적인 저서로는 『대교수학』(1632)과 『세계도회』(1658)가 있다. 『대교수학』은 교육에 관하여 조직적으로 논술한 '세계 최초의 교육학 저서'이다. 『대교수학』은 '모든 사람에게 모든 것을 가르치는 보편적인 기술'이라는 부제가 붙어 있다. 이 책에는 인간의 교육 기간을 출생에서부터 24세까지로 잡고, 이를 유아기(출생~6세), 아동기(7~12세), 소년기(13~18세), 청년기(19~24세)의 네 단계로 나누어 시기별 교육내용을 제시하였다. 이 중 유아기를 어머니의 무릎학교라고 칭하며, 일상생활이나 사물에 관한 기초지식, 도덕적 습관, 신앙에 관한 기초 지식을 주요 교육내용으로 하였다.

코메니우스의 교육원리는 다음의 세 가지로 요약된다.

첫째는 합자연의 원리로 이는 자연의 질서에 따라 학습하는 원리이다. 이는 가르치는 일은 자연과 같이 적절한 시기를 고려하라는 의미로 아동 발달단계를 따라야 함을 말한다. 또한 쉬운 것에서 어려운 것으로 가르치고 사물을 먼저 보이고 언어적 사용은 그 후에 이루어지도록 하는 것, 그리고 자연은 비약하지도 중단하지도 않으므로 학습 역시 기초학습이 다음 학습에 영향을 끼치는 점을 유념하도록 했다.

둘째는 직관의 원리이다. 즉, 직접적 사물을 통한 교육이 이루어지도록 했다.

셋째는 훈육에 관한 원리이다. 이때의 훈육은 스스로 이겨 내는 힘을 기르는 것을 의미한다. 교사는 사랑과 온정으로 아동을 대하되 충고와 질책이 필요함을 강조하였다. 코메니우스의 『세계도회』는 세계 최초의 그림이 든 교과서로 시청각 교재의 시초이다.

(2) 로크

로크(1632~1704)는 영국에서 태어나 옥스퍼드, 크리스트 처어치 칼리지(Christ Church College)에 입학하여 철학, 정치, 종교를 배웠으며, 외교관 비서, 가정교사, 의사, 정치인, 저술사 등 다양한 경력을 가진 인물이다. 대표적 저서로 『교육에 관한 고찰』, 『인간 오성론』 등이 있다. 그의 사상은 경험주의로, 지식은 일차적으로 인간의 감각경험으로부터 나오는 것이라는 견해로 요약될 수 있다(양옥승 외, 2001 재인용).

지성을 백지(tabula rasa)로 묘사하고 있으며 이러한 백지설은 인간 본성의 선함 또는 악함이 출생시에 이미 결정되어 태어나는 것이 아니라 후천적인 경험을 통해 형성된다는 주장이다. 따라서 인간의 지식획득은 외부세계, 즉 물리적 · 사회적 환경으로부터 오는 것이지 선험적인 정신이나 영혼으로부터 유래하는 것이 아니라는 것이다. 학습과 경험에 대한 로크의 이러한 생각은 유아기 교육의 중요성을 강조하는 데 많은 영향을 주었고, 인간 학습에서 유전적 요인보다 환경적 경험을 더 강조하게 하였다.

로크는 교육의 궁극적인 목적을 사회적으로 유능한 신사를 키워 내는 것으로 보았다. 그러기 위해서는 지 · 덕 · 체 모두 중요하다고 보았고, 그중에서도 체육을 중요하게 여겨, 라틴어 속담을 인용해 '건전한 신체에 건전한 정신이 깃든다'라고 주장했다(신득렬, 2005). 이는 신체가 마음과 정신건강의 기초가 됨을 의미하는 것이라 할 수 있다. 또한 신사가 되기 위해 덕과 지혜, 예의, 학문을 겸비해야 한다고 주장했는데 특히 덕을 제1요소로 생각했다. 덕을 성취하게 되면 다른 요소들을 성취하기 쉽다고 생각했기 때문이다. 이 외에도 신사가 되기 위한 교과로 읽기, 쓰기, 그리기, 언어, 시 짓기와 감상, 산수, 지리, 역사, 논리학, 수공예, 레크리에이션, 부기, 여행 등을 제시하였으나 이러한 교과목을 모든 계층에서 배울 필요는 없다고 생각했다. 즉, 부유한 계층의 자녀들을 염두에 두었던 것이다. 그리하여 로크의 교육사상은 귀족주의적이며 교사중심적이라는 비판을 받기도 했다.

유아의 교육에서는 심신의 조화로운 발달을 강조하여 유아기의 바른 습관을 통해 바른 정신이 형성된다고 보았다. 그러기 위해 부모는 이성적인 사랑을 지니고 일상생활에서 모델링을 해 주고 엄격한 규율하에 유아를 훈련시켜야 한다고 했다. 보상과 벌에 대해서도 주의할 것을 당부하였는데, 특히 물질적 보상, 체벌, 협박 등은 노예적 근성을 키우므로 절대로 사용해서는 안 된다고 하였다(이은화 외, 2001).

또한 지식교육은 정신 훈련이 이루어진 후에 하도록 하고 고전(그리스어나 라틴어 등)에 편중되지 않고 장래에 필요한 지식을 주어야 하며, 유아가 글자가 적힌 주사위나 놀잇감을 가지고 놀면서 읽기를 배울 수 있도록 권유함으로써 오늘날 학습이론의 기초를 제공하였다.

3) 계몽주의 시대의 보육

(1) 계몽주의

계몽주의는 17~18세기에 걸쳐서 군주권력이 강대해지면서 전제정치, 절대주의가 확립된 사회제도에 절대왕정의 구속과 억압을 제거하고 민주주의를 확립하기 위해 전개된 정치적 · 사회적 · 교육적 운동을 일컫는다. 계몽(啓蒙)이란 '어리석음을 깨우친다'는 의미로, 구태의연한 관습, 무지, 편견, 권위와 같은 모든 전통의 구속이나 속박에서 벗어나서 이성과 지성을 통한 지적수준을 고양시키려는 사상이다. 학문, 종교, 도덕 등을 비판하고 개선하기 위해, 신앙을 탄압한 종교적 권위주의에 도전하였고, 자유와 인권회복을 위해 사회적 불평등을 야기하는 잘못된 제도와 정치적 전제주의에 저항했다. 이러한 계몽주의는 정치적 혁명운동과 사회개혁운동으로 나타났다.

계몽주의사상은 크게 두 가지로 특징을 요약할 수 있다(신득렬, 2005).

첫째, 계몽주의사상은 합리주의를 추구한다. 합리주의는 이치에 맞게 생각하는 이성을 중시한다. 이성 또는 지성의 힘으로 사회발전을 도모하고 역사를 발전시킬 수 있다고 믿는 것이다.

둘째, 계몽주의사상은 자연주의를 지향한다. 계몽주의사상가들은 자연법사상에 따라 인간은 본디 자유롭고 평등한 존재라고 주장하였다. 그리하여 한 개인이 타인에 의해 부당한 처우를 받거나 인권에 반하는 일은 없어야 한다고 주장한다. 몽테스키외(Montesquieu)는 「법의 정신」에서 삼권분립(입법, 사법, 행정)의 근거를 마련하고자 했다. 루소는 『사회계약론』에서 국민이 최고의 주권자로서 이 주권은 양도될 수 없음을 천명하기도 했다.

계몽주의는 교육에도 많은 영향을 주었는데, 교육을 통해 계몽정신을 깨우칠 수 있을 것으로 믿었기 때문이다. 교육을 통한 이성, 지성의 힘을 길러 앞서 언급한 그릇된 일련의 제도를 비판하고 합리적으로 생각하고 행동할 수 있을 것이라 믿었기 때문이다. 그리하여 이성적 인간을 양성하는 것을 교육의 목적으로 생각했다. 이러한 이성, 지성의 능력을 키우기 위해서는 철학, 자연과학, 경제, 미술, 문학, 예법을 배울 것을 주장했다. 철학은 가장 중요한 학문으로 합리적인 능력을 기르기 위해 적합한 것으로 보았다.

(2) 루소의 자연주의 사상

18세기는 철학적으로는 이성과 합리성이 지배한 시대였으며, 교육사적으로는 자연주의 교육사상이 주류를 이룬 시기이다. 자연주의 교육은 자연에 일치하는 교육으로, 자연의 법칙을 교육에 적용, 응용한다는 것이다. 또한 인위적인 교육이 아닌 자연에로 돌아감을 의미하며, 인간의 자연스런 본성을 최대로 드러내게 하는 교육을 의미한다. 그러기 위해 성인의 간섭은 최소화되어야 한다고 생각했다. 루소는 교육의 중심을 교육자, 교과, 지식에서 학습자, 생활, 경험으로 전환하려고 노력하였다. 루소는 인간의 내면에 잠재되어 있는 자연적인 감정을 중요시하고 인간의 선천적 본성을 사회의 모든 악으로부터 보호하는 자연주의 교육을 강조하여 이를 통한 이상사회를 건설하고자 하였다. 그래서 교육을 어떤 외적인 것에 의해서 어떠한 형의 인간을 형성해 가는 조형적 교육이나 주입식 교육으로 보지 않을 뿐만 아니라 교육을 무(無)에서 유(有)로 변화하는 과정으로도 보지 않았다. 이러한 루소의 교육은 소극적 교육이론으로 불리기도 한다.

루소(1712~1778)는 스위스 태생이며, 정치사상을 담고 있는 『사회계약론』(1762)과 교육소설 형식의 『에밀』(1762)을 통해 사회의 악한 요소로부터 인간을 해방하기 위해서는 아동을 타락한 사회보다는 자연 속에서 키워야 한다고 생각했고, 교육개혁을 통한 사회개혁의 의지를 표하였다. 루소는 자연, 인간, 사물들의 교육을 통해 학습자의 천부적인 능력을 자연적으로 발달시킨 자연인을 형성하려고 하였다(박준영, 1999).

루소가 말하는 좋은 교육의 본질은 학습자의 자연성과 자주성을 바탕으로 한 교육이다. 그러므로 교육은 진리나 지식을 가르치는 일이 아니라 그것들을 발견할 수 있도록 도와주고 발견하는 방법을 알 수 있도록 하는 일이다. 즉, 교육의 목적은 앞서 언급한 자연인의 완성을 의미하며, 사회인의 반대적 개념이기도 하다. 사회인은 전통적 사회에서 관습이나 특수 목적을 위해 교육되어진 제약된 사람을 말한다.

자연인 양성을 교육의 목적으로 하고, 이를 위한 교육과정과 내용은 전통적인 서적 대신 감각, 신체와 관련된 활동에 중점을 둘 것을 주장했다. 유아에게 강조하는 교육 역시 달리기, 뛰기, 등산, 수영 등의 신체적 활동과 학습자의 감각적 분별력을 위해 실제로 사물의 수를 세고 무게를 달아 보는 것, 거리를 측량하고 그림을 그려 보며, 직접 노래를 불러 보는 것 등이었다. 언어와 그림의 내용도 유아가 자신의 생각을 자유롭게 표현하는 방법을 중요하게 생각했다.

그의 교육사상을 대표하는 『에밀』은, 1부 유아기(0~5세), 2부 아동기(6~12세), 3부 소년기(13~15세), 4부 청소년기(16~20세), 5부 성인기(21세 이후)의 총 5부로 구성되어 있다. 이 중에서 유념해서 볼 부분은 유아기와 아동기이다. 루소는 유아가 출생하는 순간부터 교육이 이루어져야 함을 다음과 같이 언급한다.

인간의 교육은 태어나면서부터 시작된다. 말하고 알아듣기 전에 이미 교육은 시작된 것이다. 경험은 배움에 앞선다. 아이가 자기 유모를 알아볼 때는 이미 많은 것을 배운 뒤이다(박준영, 1999).

루소는 유아 때부터 자유로운 신체교육을 통해 만져 보고 접촉하는 교육을 중요시한다. 이를 위해 유아의 활동을 중요하게 여겨야 하며 유아의 활동에 방해되지 않도록 해야 한다. 강한 신체교육을 하되 그 방향은 자연의 원리를 따르면서 해야 하는 것이고 그렇게 할 때 일찍부터 어려움에 익숙하여 앞으로의 삶에 대처할 수 있음을 주장한다. 즉, 루소는 유아의 생명이나 건강을 위태롭게 하지 않는 범위 내에서 신체를 단련시킬 것을 강조했다(박준영, 1999).

6~12세에 이르는 아동기 교육의 과정 역시 감각적 흥미를 중요시했다. 특히 감각과 지각은 이성과 도덕성 발달의 기초가 된다고 보았고, 사물에 대한 감각은 모든 지식의 자료이며 사물을 지각함으로써 관념을 형성하는 것이라 하였다. 그래서 눈과 손, 발이 최초의 교사라고 하였다. 또한 아동기에는 말을 통한 교훈보다도 경험을 통한 교훈을 받도록 해야 한다고 주장했는데, 처벌, 질책, 명령과 같은 인위적인 벌보다 자연적인 벌을 사용할 것을 권한다. 다음의 글은 자연적인 벌에 대한 개념을 잘 설명해 주고 있다(박준영, 1999).

아이가 좋아하는 가구를 부수었을 때는 서둘러 다른 가구를 갖다 주지 말고, 그것이 없어져서 받는 불편을 깨닫도록 해야 한다. 아이가 자기 방의 창문을 깨뜨리거든, 바람이 밤낮으로 들이치도록 내버려 두라. 아이가 당신에게 끼치는 불편에 대해 투덜대지 말고, 아이가 먼저 불편을 느끼게 해 주라(박준영, 1999).

루소가 주장하는 교육방법은 크게 다섯 가지로 요약된다.

첫째, 자연중심 교육방법이다. 합자연의 원리라고도 하는데, 인간의 발달단계에 맞는 교육으로 인간 내부의 자연성에 맞는 교육을 해야 한다는 것이다. 그래서 교사의 임무는 유아를 억지로 교육시키는 것이 아니라 유아가 자연의 질서를 따르도록 지도하는 것이다.

둘째, 소극적 교육방법이다. 이 원리는 교사활동의 적극성을 최대한 줄이고 유아의 자연적 활동을 최대화하라는 것이다. 그래서 학습자의 입장에서 보면 오히려 적극적인 교육방법이라 할 수 있다.

셋째, 유아생활중심 교육방법이다. 유아에게 미래를 위한 준비가 아닌 현재 생활 그 자체를 위한 생활교육을 해야 함을 의미한다. 올바른 교육은 올바른 유아교육에서 출발해야 한다는 것으로 유아기 매 순간의 생활 그 자체가 절대적 가치와 의미를 지닌다는 것을 강조한 것으로 볼 수 있다.

넷째, 직관중심 교육방법이다. 실물을 통한 감각교육을 통해 학습자 내부의 자발적인 발달을 도모할 수 있다. 직관은 외부세계와 접촉하여 감각적 경험을 통해 지식을 획득하는 방법이다.

다섯째, 사회중심 교육방법이다. 루소는 궁극적으로 문명 상태의 자연인을 기르고자 했다. 즉, 사회 속에 살면서 사회의 속박을 받지 않고 자주적으로 생활할 수 있는 인간을 만드는 것이다. 자연인이라고 해서 원시 시대의 야만 상태로 돌아가는 자연인을 의미한 것은 아니라는 것이다. 자기 자신만의 자유와 행복을 추구하는 자연인이 아니라 새로운 문화 속에서 자신의 자연성이 그대로 길러진 자연인이 사회의 일원으로 임무를 다하는 이상사회를 건설하고자 했던 것이다.

루소의 교육사상은 오늘날의 유아교육에 많은 시사점을 주고 있다. 인간성 회복을 위해 유아기 그 자체에 절대적 가치를 부여하는 것, 지식중심의 유아교육에서 진정한 자연인으로 유아를 바라볼 필요성을 제기한 점, 주입식 방법이 아닌 유아의 적극적, 자발적 교육을 강조하는 소극적 교육방법 등이 그것이다.

4) 신인문주의 보육

신인문주의는 19세기 철학과 문학의 낭만주의적 사조가 교육에 반영된 사상체계이다. 신인문주의자들은 18세기의 합리적인 교육론이 이성과 지성의 계발 및 도야를 지나치게 강조함으로써 절름발이 인간을 길러 냈다고 비판하면서, 지(知) · 정

(情) · 의(意)를 고루 겸비한 전인을 길러 내야 한다고 주장했다(신득렬, 2005). 인간 발달에 적합하도록 교육과정을 개혁하였는데, 신인문주의자들에게 있어서 교육이란 외부에서 성인의 표준을 중심으로 아동을 맞추는 것이 아니라, 내부에서 아동의 내면세계를 계발해 내는 것이라고 보았다.

신인문주의 대표적인 교육사상가로는 페스탈로치와 프뢰벨을 들 수 있다.

(1) 페스탈로치

페스탈로치(1746~1827)는 스위스 출생으로 교육이론가라기보다는 교육실천가이다. 루소의 『에밀』에서 주장한 인간의 선한 본성을 평생 그의 신념으로 지켰으며, 1774년 노이호프(Neuhof)에 학교를 세워 자신의 신념을 실천하고자 하였다.

페스탈로치는 교육의 본질은 인간의 본성을 계발하는 데 있으므로, 모든 교육활동은 인간의 본성을 전개해 가는 것에 집중되어야 한다고 보았다. 페스탈로치는 교육목적을 전인교육에 두고 있다. 특히 3H의 조화로운 발달을 주장했는데, 머리(정신: Head) · 가슴(마음: Heart) · 손(기술: Hand)이 바로 그것이다. 머리의 발달을 위해서는 실물학습이 필요하다고 보았고, 손을 발달시키기 위해서는 노작교육이 필요하며, 가슴을 발달시키기 위해서는 가정교육이 필요하다고 생각했다(신득렬, 2005). 가정은 사랑을 실천할 수 있는 가장 중요하고도 적합한 장소라고 보았다. 아울러, 좋은 교육내용과 체계적인 교육방법이 있다 하더라도 사랑이 없으면 참된 교육을 할 수 없다고 보았다.

페스탈로치가 실천한 교육원리는 합자연(合自然)의 원리이다. 합자연의 원리는 다음의 다섯 가지 원리를 포함한다(심성경 외, 2004 재인용).

첫째, 자발성의 원리이다. 주입식 교육이 아니라 학습자 내부에 깃든 자연적인 힘을 스스로 잘 발전시켜 나가도록 하는 것이다. 자기 활동적인 방법, 자율적인 교육방법을 중시하게 된다.

둘째, 단계의 원리이다. 인간의 발달은 일정한 단계를 거치는데, 교육 역시 이러한 단계를 거쳐서 이루어져야 한다. 도덕성의 발달단계도 규범적 의식 없이 행동하는 무율의 단계, 타인의 명령이나 관습 제도에 의해 행동하는 타율의 단계, 마지막으로 스스로의 규범에 의해 행동하는 자율의 단계를 거친다. 교육을 한다는 것은 이 마지막 단계에 이르게 돕는 것이다.

셋째, 직관의 원리이다. 교육에 있어서 구체적 사물을 접하고 실제로 일을 행하고 효과를 거둘 수 있는 솔선수범, 작업, 노동 등을 중시하는 직관교수와 노작교육을 강조했다.

넷째, 조화의 원리이다. 인간은 정신, 마음, 기술력이라는 기본적인 세 가지의 상호 균형과 조화적 발달을 도모해야 한다.

다섯째, 개성과 사회의 조화의 원리이다. 개인의 도야는 사회에서 이루어지고 사회의 개선은 개인의 향상을 통해 이루어질 수 있다. 개인과 사회는 주종관계가 아닌 협동의 관계여야 함을 의미한다.

페스탈로치는 학교운영에서는 실패했지만, 그의 교육에 대한 열정과 신념은 유럽과 미국의 교육사상가와 실천가들에게 많은 영향을 주었다. 특히 보통교육에 대한 열정, 즉 빈민학교, 가정교육, 노작교육, 고아교육 등의 발전에 많은 영향을 주었고, 교사가 되려는 자들에게는 사랑을 기반으로 한 교육행위의 중요성을 일깨워 주었다.

(2) 프뢰벨

프뢰벨(1782~1852)은 1782년 독일에서 태어났으며, 아버지는 학식과 덕망이 높은 목사였으나, 출생 후 9개월 만에 어머니를 여의었던 탓에 우울한 어린 시절을 보냈다. 10세 때에 외삼촌의 집에서 거주하면서 안정을 되찾기 시작했다. 주로 자연을 벗 삼아 지낸 유년시절은 이후 그의 교육사상에 많은 영향을 주었다. 예나대학에서 자연과학과 공학을 전공했고 건축을 공부하던 중 페스탈로치를 만나 페스탈로치의 높은 인격과 교육정신에 감명을 받았다. 괴팅겐대학에서 화학,

물리학, 광물학, 자연철학 등을 배우고 다시 베를린대학에서 광물학을 공부하기도 했으나(이은화 외, 2001) 이후 교육자로서의 길을 걷게 되었다.

1816년 '일반 독일연구소'를 세우고, 페스탈로치에게서 배운 '합자연' 교육을 실천하고자 했다. 1826년에는 이 기관을 알리기 위해 『인간의 교육』을 저술했다. 프뢰벨은 스위스의 부르크도르프 고아원장을 지내는 동안 유아기의 교육에 대한 중요성을 깨닫고 1836년 '자기교수 자기교육으로 이끄는 직관교수 학원'을 설립했다. 이곳에서는 유아교구를 제작하기도 했고 '유희와 작업 교육소'를 세워 유아들을 가르쳤다. 1840년 숲속을 산책하던 중 '어린이 정원(Kindergarten)'이라는 말이 떠올라 '유희와 작업교육소'를 '어린이 정원', 즉 유치원(Kindergarten)으로 이름을 바꾸었다(이은화 외, 2001). 이곳에서 프뢰벨은 유아들이 사용할 많은 교구를 제작했는데, 기하학적인 형태를 이용해 은물(恩物: Gabe)을 개발하였다. 1852년 프러시아 교육장관 라우머는 이 유치원이 전통적인 가치를 무시한다는 이유를 들어 폐쇄하였고, 이후 프뢰벨은 타계하였다(신득렬, 2005). 프뢰벨의 교육사상은 미국에 전해져 1855년 슐츠(Schurtz)에 의해 위스콘신주 워터타운에 미국 최초의 유치원이 세워졌다.

프뢰벨 교육사상의 기본개념은 통일성이다. 만물에는 하나의 법칙이 있다고 생각했고 이 법칙이 삶에 작용하고 지배한다고 믿었다. 이렇게 하나의 법칙으로 설명되는 통일성의 근원은 바로 신이다. 모든 것은 신에게서 나왔고 신에 의해 제약받는다. 그래서 프뢰벨이 생각하는 교육이란 인간을 사고하고 이성적으로 행하며 스스로 인식하도록 이끌어 주는 내재적 법칙, 즉 신적인 통일성을 자유롭게 표현하도록 방법과 수단을 가르치는 것이라고 보았다. 그러므로 교육의 목표는 신의 존재를 받아들이고 이를 표상하고, 신과 인간의 통일 · 통합을 이루는 것이라고 생각했다.

프뢰벨은 페스탈로치의 이론을 발전시킨 교육사상가로서 특히 중등과정의 청소년보다 유아들의 교육에 관심을 더 가졌는데, 이는 인간의 선천적 능력은 유아기를 통해 더 잘 계발될 수 있다고 판단했기 때문이다. 교육내용은 자기표현 활동을 할 수 있는 유희, 공작, 노래, 언어, 율동, 그림 등을 강조하였으며 수공과 유희를 자기표현의 가장 가치 있는 교육으로 보았다. 자기활동은 놀이를 의미한다. 놀이는 유아가 자신의 신성을 표현하는 창조적이고 자발적 활동이므로 교육적 가치를 인정하고 그 기능과 중요성을 강조했다.

프뢰벨의 교구는 은물(gabe)과 작업(occupation)으로 나눌 수 있는데, 가베(gabe)를 우리나라에서는 은물이라 부르고 있다. 은물 중 제5은물까지는 프뢰벨의 생전에, 제6은물에서 제10은물까지는 프뢰벨의 사후에 출간되었다. 프뢰벨은 은물에 대해 많은 의미를 부여했다(이기숙, 2003).

① 제1은물

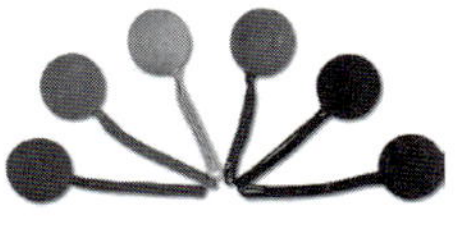

- 통일성과 완전성을 상징
- 색 털실로 입힌 6개의 공(빨강, 노랑, 파랑, 주황, 초록, 파랑)

② 제2은물

- 나무로 만든 공, 원기둥, 정육면체로 구성
- 구, 원주, 입방체는 모든 형태의 기본으로, 기본적인 사물의 특성 이해에 도움을 줌

③ 제3은물

- 8개의 작은 정육면체(각 변의 길이 3cm)
- 사고력, 상상력, 수 개념, 미적 감정, 창의력 신장을 목적으로 함

④ 제4은물

- 8개의 직육면체(각 변의 길이 3cm, 6cm, 1.5cm)
- 서로 다른 면과 모서리를 가졌고 쌓는 방법에 따라 다양한 형태를 만들 수 있음
- 사고력과 상상력을 기르게 함

⑤ 제5은물

- 작은 정육면체(각 변 3cm) 21개, 큰 삼각기둥 (정육면체를 대각선으로 자른 것) 6개, 작은 삼각기둥(밑면에 직각으로 이등분) 12개
- 홀수와 짝수가 섞여 있음
- 지적 · 정신적 발달을 도모함

⑥ 제6은물

- 36개 직육면체로 구성
  큰 직육면체(각 변 3 · 6 · 1.5cm) 18개, 가로 · 세로 2등분한(각 변 1.5cm, 높이 6cm) 기둥 6개, 받침(각 변 3cm, 높이 1.5cm) 12개, 상자 1개
- 단일과 복잡, 부분과 전체, 다양성과 통일성 원리 내포

⑦ 제7은물

- 8가지 도형의 색판으로 한 변이 3cm기준인 원, 반원, 정사각형, 정삼각형, 직각이등변삼각형, 직각부등변삼각형, 둔각이등변삼각형, 마름모

⑧ 제8은물

- 여러 가지 색의 여섯 종류의 막대(3, 6, 9, 12, 15cm)
- 관찰력, 수리력, 창의력을 기를 수 있음

⑨ 제9은물

- 세 가지 크기(지름 3 · 4. 5 · 6cm)의 원고리와 같은 세 가지 크기의 반고리
- 제1, 2은물의 곡선을 기초로 하여 원과 반원을 구체화한 것

- 아름다운 모양과 형태 구성

⑩ 제10은물

- 지름 1cm, 높이 0.5cm인 작은 알갱이
- 추상적인 점을 입자로 구체화한 것
- 점은 미세한 구의 형태를 취하고 있어 순환적인 자연의 질서를 의미하는 통합의 원리 내포

은물과 함께 작업을 고안하여 구체적 자료로 교육적 활동을 하도록 하였는데, 이는 유치원의 일과 중에서 '작업'이라는 용어를 사용하는 근거가 되기도 했다. 작업의 종류는 다음과 같다(이기숙, 2003).

- 제1작업: 구멍뚫기
  두꺼운 종이에 눈금을 그려 준 후 바늘이나 송곳으로 뚫어 여러 가지 형태를 표현하는 활동
- 제2작업: 바느질하기
  제1작업에서 한 구멍을 실로 꿰어 보는 활동
- 제3작업: 그리기
- 제4작업: 색칠하기
- 제5작업: 종이끈으로 형태 만들기
- 제6작업: 매트짜기
- 제7작업: 종이접기
- 제8작업: 종이 오리기
- 제9작업: 콩 작업, 콩을 막대기에 끼우면서 구성하는 활동
- 제10작업: 상자 만들기
- 제11작업: 점토로 만들기

은물과 작업활동 외에도, 노래, 이야기, 동시, 율동, 게임, 정원 가꾸기, 동물 돌

보기, 산책 등의 활동이 포함되어 있는데, 프뢰벨이 지향하는 교육방법은 다음과 같다.

① 통일의 원리

신성에 기초하여 정신, 자연, 개인과 사회는 분리될 수 없다는 통일성을 지향하고 있다. 그러므로 교육은 통일체의 근본인 신과 개인에게 내재된 신성을 계발하는 것이다.

② 자기활동의 원리

유아의 자발적 활동을 통해, 스스로의 힘에 의해 활동해야 한다는 것을 알게 하는 것으로 교육은 유아가 교육받을 준비가 되어 있을 때, 행해져야 한다.

③ 은물을 통한 유희의 원리

유희와 작업은 유아기 교육의 중요한 원리로서 그 재료는 은물이다. 은물을 통해 감각기관을 훈련하고 신성을 인식하도록 해야 한다.

④ 연속적 발달의 원리

발달과정은 연속적이다. 즉, 성장에는 비약이나 단절이 없으며 발달의 출발점은 유아기의 교육이다.

이상에서 살펴본 프뢰벨의 교육사상은 유아교육에 많은 시사점을 준다. 몸, 마음, 정신의 균형과 조화를 중시하는 전인교육 사상의 바탕을 이루었고, 자기활동을 강조함으로써 놀이의 중요성을 일깨웠다. 또한 근대교육에 있어서 개성존중, 아동중심의 교육사상이 좀 더 구체화되었다.

5) 근대 중기 이후

20세기에는 교사중심, 서적중심, 암기중심, 강의중심에서 학생중심, 생활중심, 활동중심, 참여식 교수법으로 변화를 시도한 신교육운동이 일어났다. 이러한 교육에 동참한 학교로는 듀이의 실험학교, 몬테소리(Montessori)의 아동의 집 등을 들 수 있다. 본 강에서는 20세기 현대사회의 유아교육에서 자세히 연구해야 할 교육사상가로 듀이와 몬테소리에 대해 살펴보고자 한다.

(1) 듀이

듀이(1859~1952)는 20세기 미국을 대표하는 실용주의 철학자이다. 그의 교육이론은 현재까지 교육이론의 기초가 될 정도로 전통적인 교육형태를 민주화하는 데 크게 기여하였다.

듀이는 1859년 미국의 동부 버몬트 주, 벌링톤에서 태어났다. 대학졸업 후 3년간 고등학교 교사로 근무하고 철학공부를 위해 1882년 존스 홉킨스 대학원에 진학하여 헤겔 철학으로 박사학위를 취득하였다. 미시간 대학, 시카고 대학의 교수로 철학, 심리학, 교육학을 폭넓게 연구하고 가르쳤다(신득렬, 2005).

1896년 시카고 대학 내에 '실험학교'를 세워 그의 교육이론을 적용하고자 했다. 이 학교에서의 활동을 통해 『나의 교육신조』, 『학교와 사회』, 『아동과 교육과정』 등을 저술하였다. 이후 듀이는 컬럼비아 대학으로 옮겨와 47년간 연구하고 후학을 양성했다. 그의 활발한 저술활동을 일일이 언급할 수는 없으나 대표적인 것으로 『교육의 도덕적 원리』, 『사고하는 방법』, 『내일의 학교』, 『민주주의와 교육』, 『경험과 교육』 등을 꼽을 수 있다. 교육학에 관련한 저서 외에도 『철학의 개조』, 『인간성과 행위』, 『경험과 자연』, 『경험으로서의 예술』 등을 저술하여 다방면에 걸쳐 연구물을 출간했다.

듀이는 헤겔(Hegel)의 사상에 큰 영향을 받았다. 즉, 문화와 사회는 끊임없이 변화 발전한다는 것에 동의했다. 듀이는 다윈의 『종의 기원』에서 인간이 환경과의 상호작용을 통해 스스로를 갱신해 가는 과정에 있음을 발견하고, 교육 역시 학습자가 환경과의 상호작용을 통해 자신의 경험을 끊임없이 갱신해 가는 과정이라고 보게 되었다(신득렬 외, 2005).

듀이의 교육사상은 현대 교육의 이론적 근거의 기틀이 될 만큼 큰 영향을 끼쳤다. 특히 우리나라 유아교육과정의 이론적 밑바탕이 되고 있다. 듀이의 기본사상은 도구주의, 경험주의, 상대적 진리관으로 요약될 수 있다. 도구주의라 함은 진리와 지식은 인간생활에 도움을 주는 수단이며 도움을 줄 때에만 진리며 지식이라고 생각한다는 입장이다. 경험주의는 의미 그대로 경험을 중시하는 입장으로 경험은 인간과 환경과의 상호작용이라는 것이다. 상대적 진리관이란 듀이의 실용주의를 대표하는 말로서 모든 실체는 '변화'한다는 사실이다.

교육은 생활 그 자체라고 보았다. 유아교육과정이 생활에서 경험할 수 있는 것을 중심으로 구성되는 것은 바로 이 때문이다. 교육은 그 자체가 교육목적이며, 현실생활의 적응이 교육의 본질이며, 유아가 경험하는 것을 끊임없이 재구성하고 이를 통해 성장하는 것이 교육이라고 말한다. 그래서 듀이에게 있어 교육은 곧 성장을 일컬으며, 성장은 교육이다. 이러한 경험의 재구성을 통한 성장은 죽을 때까지 연속적으로 발전한다고 보고 있다. 유아들의 활동 속에서 우리는 이러한 경험의 재구성, 연속성, 성장을 자주 발견하게 된다. 어떤 활동을 하고자 할 때, 유아들은 지난 경험에 기초하여 새로운 어떤 것을 구성한다. 그것이 처음에는 미미한 것이었을지라도 연속적이고 새로운 경험의 재구성이 일어나면서 개념을 획득하고 성장하게 된다. 이것이 곧 교육이다. 이러한 교육이 되기 위해서는 유아의 자발적인 활동, 능동적인 참여가 있어야 한다. 듀이는 교사 혹은 성인은 이를 자세히 관찰하여 적절한 시기에 교육내용으로 준비해 줄 것을 유념하라고 한다.

『민주주의와 교육』에서는 '성장', '흥미', '놀이', '경험' 등의 주제를 중심으로 자신의 견해를 자세히 설명하고 있다. 여기서 교육목적이란 유아 개인의 내재적 활동과 관련되어야 하며, 고정된 교육목적이 되어서는 안 된다고 주장한다. 유아의 내적 욕구, 흥미와 활동을 존중해 주어야 한다는 것이다.

듀이의 교육방법은 행함으로써 배운다(learning by doing)이다. 행하는 과정에서 발생하는 흥미를 중요시했으며 발견되는 문제상황에서는 반성적 사고에 기초한 문제해결법을 강조했다. 반성적 사고란 문제에 있어서 유아가 성인과 같은 지성적 존재로서 자신의 판단을 스스로 평가해 나가는 과정을 말한다.

듀이의 교육사상은 현대의 많은 유아교육 프로그램들의 이론적 기초가 되었다. 그의 경험중심, 흥미중심, 활동중심의 교육론은 유아교육기관에 활력을 불어넣었다. 현재, 유아가 교사와 함께 주제를 선택하는 과정, 이 주제가 유아의 일상생활과 관련 있는 활동으로 선정되는 것 등은 듀이의 교육사상에서 영향을 받은 것이라고 볼 수 있다.

(2) 몬테소리

몬테소리(1870~1950)는 이탈리아 안코나 지방의 카라발레에서 부유한 가톨릭 집안에 태어났다. 남학생들이 진학하는 공업학교와 공과대학을 졸업한 후, 의과대학을 지망하여 1896년 이태리 역사상 최초의 여성 의학박사가 되었다. 2년간 로마대학 부속 정신 클리닉에서 정신지체아를 치료하였는데, 이곳에서 정신지체아는 치료의 대상이 아니라 교육의 대상이 되어야 함을 확신했다(이은화 외, 2001). 이후 몬테소리는 정신지체아 교육을 위한 국립특수아동학교의 관리를 맡아 이를 성공적으로 운영하였다.

몬테소리는 프랑스의 의사이면서 정신지체아 교육에 공헌한 이타르(Itard)와 세강(Seguin)에게 사사받고 그들의 교수법을 연구하고, 그 과정에서 독특한 교육방법 및 연구를 구상했다. 1907년에는 로마의 빈민 유아들을 위한 '어린이의 집(Casa dei Bambi-ni)'을 세워 2~7세 유아 50명에게 이타르와 세강이 사용한 특수교구를 개량하여 사용하였다. 이후에는 7~10세 유아의 교구도 개발하였는데 이것이 몬테소리 교구이다.

몬테소리의 교육에 관한 기본신념은 아동은 스스로 성장할 수 있는 내적 생명력을 지닌 존재라는 것이다. 그러므로 아동에게 어떤 잘못이 있더라도 그것을 스스로 깨우치도록 유도하고 지나친 간섭을 하지 않도록 하였다. 또한 교사는 길을 안내하는 역할을 해야 하는데, 동기유발을 할 수 있도록 잘 정비된 환경 속에서 유아들이 자기활동을 전개해 갈 수 있도록 인도하고 자극을 줄 것을 요구하였다. 하지만 유아가 일단 작업에 몰두하면 어떠한 경우에라도 방해하지 말아야 하는데, 칭찬, 주의, 조력 등 일련의 모든 행동이 방해가 된다고 주장하였다.

몬테소리는 민감기(sensitive period)의 중요성을 강조하였다. 이는 유전적으로 계획된 기간으로 유아 스스로 특정과제를 숙달하고자 강하게 집중하는 현상이 나타나고 결과적으로 과제를 숙달하여 정상화에 도달할 수 있는 시기를 일컫는다(이은화 외, 2001). 몬테소리는 최적의 환경을 위한 방안으로 특별한 교구를 활용할 것을 제안했다. 몬테소리 교구는 거의 대부분 유아가 교사의 도움 없이도 교구와의 상호작용을 통해 스스로 과제의 성공과 실패를 확인하도록 되어 있어 자동교육이 가능하다. 교구 사용법이 엄격하게 규정되어 있어 정해진 방법 이외에는 허용되지 않는다. 몬테소리 교육은 감각, 수, 언어, 일상생활, 문화교육을 위한 교구로 구성되어 있다.

1920년대 이후 미국에서는 몬테소리 교육이 자취를 감추게 되었는데, 이는 진보주의 학자인 킬패트릭이 몬테소리 교육이 시대적으로 뒤떨어진 것이며 기계적이고 형식적이며 제한적이라는 혹평을 하였던 것에서 기인한 것으로 보인다. 사실 몬테소리는 상상놀이나 동화를 금지함으로써 사회, 정서 및 창의성 발달을 경시하고 인지적인 활동만을 강조하였다는 비판을 받고 있다. 하지만 몬테소리는 루소 등의 교육사상을 교육 실제에 적용하고 교구를 직접 개발함으로써 유아교육에 큰 영향을 준 교육자로 평가받고 있다.

2 발달심리학적 기초

보육과정이란 보육목표를 설정하고, 보육활동을 선정하고 조직하여 보육계획을 수립하고, 이를 바탕으로 보육과정을 운영하며, 그 과정을 평가하는 전 과정을 담은 전체적인 계획이자 보육활동 전반에 관한 설계도라고 할 수 있다. 보육은 영유아를 대상으로 하기 때문에 특히 영유아의 발달에 적합한 보육을 위해 발달수준을 고려해야 한다.

현대사회는 여성의 사회 참여도 증가로 인해 영유아 보육이 점차 필요한 가운데 통합보육 방법을 지향하고, 통합의 개념은 아동중심적 철학에 기초하며 영유아를 전인적 인격체로 성장하도록 돕기 위하여 영유아에게 보다 의미 있는 교육과정을 제공하는 것이다. 전인적 발달과 효율적 학습을 위해서는 영유아의 경험, 흥미 및 요구와 교육내용을 통합하고 영유아와 주변의 인적 및 물적 환경을 통합하며, 포괄적이고 전문적인 보육서비스를 제공하여 사회적 책임을 강화하는 등 다양한 보육서비스가 필요할 것이다. 진정한 보육을 함에 있어 교육의 양보다 질 중심으로 어떤 이론을 바탕으로 어떤 보육을 할 것인지가 중요하며 그것들은 교사중심이 아닌 아동중심의 보육학습이 주가 되어야 할 것이다. 아이들을 어떤 환경과 어떤 철학으로 보육을 할 것인지가 이제부터 알아볼 보육과정의 접근법이다.

1) 성숙주의 보육과정 접근법

성숙주의 이론에서는 인간이 태어날 때부터 가지고 있는 내적 성장의 힘에 의해 보편적 발달패턴을 토대로 예정된 내용과 순서에 따라 발달이 전개된다고 본다. 아동의 발달은 주로 생물학적, 유전적 혹은 내재적 요인에 의해 이루어진다는 입장이다.

(1) 철학적 요소

인간의 보육과정의 철학적 기초는 영유아들을 어떤 존재로 바라보아야 하는가에 대한 사상 또는 이념을 말한다. 영유아들을 어떤 존재로 생각할 것인가? 낭만주의자들은 아동은 내적 자아를 소유한다고 믿고, 아동의 자유, 인격, 독창성, 자발성 등을 강조하고 있다. 문화전승주의 교육은 그 사회 · 문화의 규칙, 지식, 정보, 기술 등을 계승 · 발전시키는 데 있으며, 이러한 정보와 규칙의 습득은 직접적인 교수에 의해 이루어진다. 또 진보주의는 교육이란 인간이 사회 혹은 환경과의 부단한 상호작용을 통해 스스로 성장 · 발달하는 것으로 보고 있다.

맹자와 루소는 인간의 본성은 원래 선하다고 보는 입장의 성선설을 주장하였고, 순자는 '인간의 본성은 악하고 그 선함은 인위적이다. 도덕은 결코 인간의 본성으로부터 나온 것이 아니고 그 본성에 반하여 만들어진 인위적인 것이다.'라고 성악설에서 인정하고 있다.

또한, 백지설로 인간의 본성은 선하지도 악하지도 않은 백지판과 같다고 영국의 철학자 로크는 "어린이의 마음은 물처럼 이쪽으로 또 저쪽으로 쉽게 전환된다고 생각한다."고 지적하고 있다.

(2) 심리적 요소

아동의 발달은 주로 생물학적, 유전적 혹은 내재적 요인에 의해 이루어진다는 입장이다. 이 이론은 18세기 중엽 루소의 자연주의적 아동관과 19세기 초 프뢰벨의 유치원 교육의 중심을 이루는 사상으로서 다윈(Darwin)의 유전론 내지 사전결정론으로 이어져 게젤(Gesell)의 표준행동연구에 의해 확립되었다. 특히 게젤은 아동은 모든 성장에 있어서 표준이 되는 아동발달의 표준 행동 목록을 제시하고 있다. 성숙은 유아교육에 중요한 요소를 미쳤다. 유아를 위한 교육과정은 나이 단계에 나타나는 표준행동 중심으로 계획된다.

(3) 교육적 요소

이 관점의 대표적인 프로그램으로 썸머힐학교, 몬테소리 프로그램, 발도르프 프로그램, 생태유아교육 프로그램 등이 있다. 몬테소리교육은 자기교육을 기본으로 한다. 몬테소리의 철학은 자발성과 자기통제에 기반을 두는 것을 특징으로 한다. 생물학적 · 정신적 성장과 관련을 맺고 있다.

2) 정신분석주의 보육과정 접근법

(1) 철학적 요소

프로이트(Freud)의 주된 관심은 성인의 인성이었지만 성인의 인성을 이해하기 위해서는 아동기의 인성발달과 초기 경험의 중요성을 파악해야 한다. 정신분석이론은 리비도로 대표되는 본능적 충동, 의식과 무의식, 원자아 · 자아 · 초자아로 이루어진 성격구조 등의 기본개념들을 통해 인성의 형성 · 발달을 설명하고 있다. 이 이론에 의하면 인간의 인성은 각 개인이 자기 자신의 내부에서 파생되는 갈등의 연속을 통해 발달하며, 건전한 사회 · 정서적 발달은 초기 경험의 종류와 안정성에 달려 있다는 것이다. 프로이트는 인간의 발달단계를 5단계로 구분하였다.

① 1단계 구강기(0~1세)

이 시기 아동의 리비도는 입, 혀, 입술 등 구강에 집중되어 있으므로 먹는 행동을 통해 만족과 쾌감을 느낀다.

② 2단계 항문기(1~3세)

어머니와의 인간관계에 중요한 의미를 두고, 어머니의 교육에 따라 어떤 일정한 시간 동안 배설을 억제하고 필요에 따라 배설을 할 수 있게 된다.

③ 3단계 남근기(3~6세)

이 시기는 정신 에너지를 성기에 집중시켜 성기를 가지고 놀며 쾌락을 느끼며, 출산, 성에 대한 질문을 한다. 이때 심리적 변화가 크게 일어난다. 남아는 오이디

푸스 콤플렉스 경험하게 되고 여아는 엘렉트라 콤플렉스를 겪게 된다. 남아는 거세불안을 유발시킬 수 있고, 여아는 남근을 선망하게 된다. 그러나 아동들은 자기 부모와 동일시함으로써 적절한 역할을 습득하여 양심이나 자아 이상을 발달시켜 나간다.

④ 4단계 잠복기(6~12세)

다른 단계에 비해 평온한 시기로 성적 욕구가 억압되고 성적 충동 등이 잠재되어 있는 시기이다. 반면 지적 탐색이 활발하게 이루어진다. 지적 활동에 에너지를 집중시킨다.

⑤ 5단계 생식기(12세 이후)

질풍노도의 시기이다. 제2차 성장이 나타나는 시기로서, 잠복되어 있던 성 에너지가 무의식에서 의식의 세계로 나오게 된다. 신체적, 생리적 능력 역시 갖추고 있는 시기이며, 변덕이 심하고 자아가 강하며, 가장 양심적이고 가장 꿈이 크며, 갈등이 많다. 이 시기를 순조롭게 넘긴 청소년은 이타적인 사람으로 성숙하게 된다.

반면 에릭슨(Erikson)은 심리사회적 발달이론을 주장, 인간의 인성발달은 각 개인이 접하고 있는 사회적 환경, 즉 사회, 역사, 문학 등과의 상호작용을 통해 이루어지며, 특히 자아의 발달에 강조를 두고 있다.

(2) 심리적 요소

프로이트는 마음의 커다란 부분은 물밑에 숨겨져 있는 빙산에 비유하였다. 마음은 세 개의 구성요소, 즉 의식-전의식-무의식으로 이루어져 있다. 의식은 빙산의 물위에 떠 있는 부분에 비유, 전의식은 바다의 움직임에 따라 물위로 나왔다가 들어갔다가 하는 빙산이 물과 마주치는 선으로 비유, 무의식은 물과 마주치는 선 아래의 커다란 숨겨진 부분으로 구분하였다. 즉, 이 세 영역은 끊임없는 상호작용의 상태에 있고, 의식과 무의식은 지속적인 긴박한 갈등과 교류의 상태에 놓여 있다고 하였다.

(3) 교육적 요소

영유아들의 정서발달과 사회성발달에 많은 영향을 미치게 되었다. 이러한 측면에서 영유아에게 어머니 역할을 대신할 수 있는 주요한 대안, 애착의 대상이 되고 있는 교사의 역할이 중요하다고 할 수 있으며 적절한 지도방법과 상호작용 능력을 습득해야 할 것이라고 본다. 영유아의 흥미, 욕구, 경험, 발달수준을 고려해 영유아 보육 프로그램을 구성, 운영하여야 할 것이다.

영유아에게 놀이의 중요성과 그 역할을 강조함으로써 놀이 학습을 통해 자신의 내적인 감정, 불안, 긴장 등을 해소함으로써 건전한 인성발달을 이룩해야 할 것이다. 진정한 학습은 아동 자신으로부터 나오는 것이므로 아동수준에 맞는 교육을 하여야 한다. 즉, 아동의 흥미와 학습양식에 대한 이해가 필요하며, 교사의 민감성, 융통성 있는 자세, 아동을 관찰하고 적극적으로 배우려는 자세가 필요하며 아동의 발달이 자연적, 조화적으로 되도록 모든 조건을 제공해 주어 아동의 선천적 소질의 개발에 도움을 주는 것이 중요하다 할 것이다.

3) 행동주의 보육과정 접근법

(1) 철학적 요소

행동주의 이론은 로크의 백지설의 개념에서부터 시작된 것으로, 파블로프(Pavlov)의 영향을 받아 1913년 왓슨(Watson)에 의해 처음으로 제창되었다. 후에 손다이크(Thorndike), 구띠르(Guthrie), 홀(Hull), 스키너(Skinner) 등에 의하여 발전을 보았다. 행동주의 이론은 발달을 외부환경에 의해 행동 및 심리적 특성들이 형성되는 과정으로 설명한다. 즉, 발달에 가장 큰 영향을 미치는 것을 환경이라고 생각한다.

파블로프, 왓슨, 스키너, 반두라 등의 행동주의자들은 가시적 행동에서 객관적 관찰과 수량적 측정을 이용한 과학적 접근이 가능한 것만 하고, 즉 우리들이 관찰할 수 있는 행동에 연구의 중점을 두고 자극과 반응의 관계를 고찰하였다. 이러한 왓슨을 중심으로 한 행동주의를 고전적 행동주의라 하고, 1930년~1940년대의 유기체 반응을 중시한 행동주의를 신행동주의라 한다. 무엇인가를 학습하는 데 있어서 선천적 능력의 차이가 개인차를 만든다는 결정론적 시각을 거부하고, 학습자에게 제공되는 환경의 중요성을 역설하는 행동주의 학습이론은, 모든 인간은 평등하다는 이념을 기초로 건립된 미국사회의 열띤 성원을 받으며, 학습 자체에 대한 이해뿐 아니라 정신지체나 아동기의 공포증과 우울증, 그리고 성역할 정체성 등 수많은 현상을 이해하는 데 지대한 공헌을 하였다.

(2) 심리적 요소

행동주의자들은 학습과 발달은 분리된 것이 아니며, 학습을 자극과 반응의 새로운 결합이라고 보아 학습은 아동의 나이의 많고 적음에 관계 있는 것이 아니라 학습에 투자한 시간의 양에 관계된다고 믿고 있다. 학습은 전체적 · 통합적으로 이루어지는 것이 아니라 세부적인 하위단계를 거쳐 계열적 · 위계적으로 이루어진다는 것이다.

또한 이들은 학습이 어떻게 이루어지는가를 밝히는 과정에서, 초기 행동주의자들인 파블로프와 손다이크는 자극-반응의 연합(S-R)과 조건반응으로 설명하고 있는 데 반해 신행동주의자로 불리어지는 반두라는 아동의 내적-인지적 과정을 고려한 자극-유기체-반응(S-O-R)의 원리로 설명하고 있다. 학습의 성립요인으로서는 동기화와 행동의 반복을 들 수 있지만, 이들 요인을 어떻게 생각할 것인가에 따라서 여러 이론이 주장되고 있다.

(3) 교육적 요소

행동주의자들은 과학적 접근으로 관찰 가능한 행동을 파악해야 한다는 견해를 갖고 있으며 환경의 영향을 중요시하여, 학습자를 환경에서 오는 자극에 대한 반응양식을 학습함으로써 발달하는 수동적 존재로 보았다. 따라서 인간의 모든 행동은 자극과 반응의 연합이며 이는 외적 조건과 경험에 의해서 형성된다고 주장한다.

즉, 유기체가 환경의 자극에 대한 반응양식을 학습하여 발달한다고 주장함으로써 환경의 중요성을 강조하였다. 행동주의 학습이론의 기본적 가정은 인간의 행동은 자연현상과 마찬가지로 자연법칙의 지배를 받기 때문에 엄밀한 과학적 입장에서 탐구되어야 하며, 겉으로 명백하게 드러나는 행동만이 연구의 대상이 된다.

4) 인지발달주의 보육과정 접근법

인간은 선천적으로 주어진 인지기능을 가지고 내외부의 자극을 개개인의 능동적인 활동을 통해서 변형 재구성하는 과정 속에서 이루어진다. 아동발달을 유전적 요인과 환경적 요인과의 상호작용의 결과로 보고 있다는 측면에서 상호작용론이라고 말한다. 또한 이 이론은 아동들이 지식을 어떻게 학습하거나 구성하는가를 밝힌 피아제의 이론을 근간으로 하고 있다는 측면에서 구성주의라고 일컬어진다.

(1) 철학적 요소

인간의 인지발달을 유기체와 환경의 상호작용으로 파악한 피아제의 이론이며, 심리학의 인지이론에 있어 가장 영향력 있는 이론이다. 피아제의 이론뿐 아니라 비고츠키의 이론 등 다양한 인지적 발달이론들을 일반적으로 통칭하기도 한다.

유기체가 환경에 적응한다는 말은 파란 신호일 때 길을 건너는 것, 구구단을 외우는 것 등을 말한다. 즉, 인간의 지적 능력은 타고난 것이되, 그것이 주어진 환경에 적응하는 것이 인지의 발달이라는 것이다. 이것을 설명하기 위해 피아제는 도식과 적응이라는 개념을 설정했다.

① 도식(Schema)

도식은 사물이나 사건에 대한 전체적인 윤곽을 말한다. 쉽게 말해 사고의 틀이라고 생각할 수 있다. 이는 유사한 환경 안에서, 반복에 의해 변화되고 일반화된 행동의 구조 또는 조직화를 의미한다. (예: 5세 유아가 날아다니는 물체는 새라고 배웠다고 생각해 보자. 이를 통해 이 아이는 "날아다니는 물체는 새와 같다"는 도식을 보유하게 된다.)

② 적응(adaptation)

적응은 환경과의 직접적인 상호작용을 통해 도식이 변화하는 과정을 말한다. 두 가지의 상호보완적인 과정을 통해 이루어지는데, 바로 동화와 조절이라는 수단이다. 적응은 우리에게도, 또 동식물에게도 흔히 찾을 수 있다. 홍관조의 수컷은 선명한 붉은색인 반면에 암컷은 눈에 띄지 않게 엷은 갈색을 띠면서 종의 생존에 대한 위협을 줄인다. 이런 식으로 환경에 적응하는 것을 말하는데 인지적으로는 도식이 변화하는 것을 의미한다. 인간의 경우, 새로운 도식을 만들거나 기존의 도식을 변화시키는 것을 의미한다.

③ 동화(Assimilation)

동화는 기존의 도식에 맞추어서 새로운 경험을 일반화하는 과정을 말한다. 쉽게 말해 새로운 경험을 기존에 가지고 있는 도식에 맞추어 보는 것을 의미하는데, 만약 새로운 경험이 기존의 도식에 맞는다면 유기체는 인지적으로 평형 상태가 된다. 위에서 날아다니는 모든 물체를 새라고 배운 아이는 날아다니는 비행기를 보면서도 새라고 부른다. 하지만 이 아이는 이것이 털도 없고, 날개도 펄럭이지 않는 등 기존에 알고 있던 새와는 다르다고 느끼게 되면서 불평형의 상태가 된다.

④ 조절(Accommodation)

만약 새로운 경험이 기존에 가지고 있던 도식에 맞지 않을 때, 유기체는 불평형의 상태를 겪게 되는데 이 상태에서 평형의 상태로 돌아가기 위해 기존에 가지고 있던 도식을 변경하거나 새롭게 만들게 된다.

불평형의 상태가 되었던 아이는 이제 새가 아니라고 결론짓고, 그것에 대해 새로운 이름을 만들어 내게 된다. 이 과정을 조절이라고 한다. 혹은 누군가가 그것은 새가 아니라 비행기라고 일러 줄 수도 있다. 이런 과정을 조절이라고 하는데, 조절의 과정에서는 도식의 형태에 질적인 변화가 나타난다.

⑤ 조직화

조직화는 유기체가 현재 가지고 있는 도식을 새롭고, 더욱 복잡한 도식으로 변화시키는 과정을 말한다. 즉, 지금 가지고 있는 도식을 어떤 새롭고 복잡한 구조로 재구성하는 것이다. 아까 새와 비행기를 구분하게 되었던 아이는 이제 날아다니는 대상의 하위범주로 새와 비행기를 조직하게 된다. 이런 식으로 조직화를 거듭함으로써 인지적인 발달이 이루어지는 것이다. 조직화는 인지적 발달의 핵심적인 요소이다.

(2) 심리적 요소

피아제는 인간의 인지발달은 네 단계를 통하게 되며, 질적으로 다른 이 단계들은 정해진 순서대로 진행되고 단계가 높아질수록 복잡성이 증가된다고 하였다.

① 감각운동기(Sensorimotor Stage)의 시기: 출생 직후 ~ 2세

감각운동기에는 신생아의 단순한 반사들이 나타나는 출생에서 초기의 유아적 언어가 나타나고, 상징적 사고가 시작되는 2세경에 끝난다. 이 단계에서 아동의 행동은 자극에 의해 반응하는 것에 불과한데, 이는 언어가 발달하기 이전의 단계이기 때문이다. 따라서 아동은 시각이나 청각 등의 감각과 운동기술을 사용해 외부 환경과 상호작용하게 된다.

② 전조작기(Preoperational Stage)의 시기: 2 ~ 6, 7세

조작이란 어떤 논리적인 사고를 통해 조작하는 행위를 의미한다. 즉, 전조작기란 조작이 가능하지 않은 이전의 단계라는 의미이다. 행동패턴이 상징적이지만 논리적이지 못한 사고를 보인다. 이 시기 유아의 판단은 언어화되지 않는 모호한 인상이나 지각적인 판단에 의존한다. 상징적 매체, 즉 언어가 개입되지 않은 직관에 의존하기 때문에 이 시기 유아의 사물에 대한 판단은 흔히 잘못된 것이 많다.

③ 구체적 조작기의 시기: 7 ~ 11세

구체적인 문제에 대한 논리적 사고가 가능한 시기로서, 특정 사실에 따라 사물을 분류할 수 있게 된다. 따라서 이 시기의 아동은 사물을 위계에 따라 분류하는 것이 가능하다.

④ 형식적 조작기의 시기: 11, 12세 이후

논리적 사고의 시대로 추상적인 사고가 가능하다. 추상적 사고란 융통성 있는 사고, 효율적인 사고, 복잡한 추리, 가설을 세우고 체계적으로 검증하는 일, 직면한 문제사태에서 해결 가능한 모든 방안을 종합적으로 고려해 보는 일 등과 같은 것을 말한다. 형식적 조작의 사고가 가능한지 알아보는 것으로서 피아제가 고안한 유명한 실험은 고전적 물리학에 관한 실험인데 추의 진동에 관한 것이다.

(3) 교육적 요소

아동의 발달단계를 고려하여 수업전략을 구상해야 하며, 교육과정은 아동의 발달수준에 맞게 구성되어야 한다. 아동의 인지적 성장을 돕기 위해서는 인지적 불균형의 상태를 유지시켜 주어야 한다. 이를 위해 주어진 환경이나 다른 사람들과의 상호작용 기회를 제공해 주어야 한다.

유아는 자기중심적으로 사물을 판단하고, 되돌려 생각하는 사고능력이 없어 논리적이지 못하다. 그러나 자발성과 창조성을 가지고 태어난다. 그러므로 자기중심성에서 탈피하게 하고 여러 능력에 공통으로 응용되는 기초적인 사고능력을 길러주면, 자발성 · 창조성과 결합되어 차원 높은 사고구조로 발달하며 하나를 터득하여 열을 아는 응용능력 및 지식의 구성능력이 길러진다. 주입도 아니고 독학도 아닌 환경과 도식의 상호작용을 학습자가 주관적으로 구성하는 것이라고 하였다. 이를 통해 전체적인 수업전략의 맥락을 살펴본다면 환경에 의한 자격과 안내, 학습자의 도전, 끊임없는 도식의 긴장, 학습자의 자기주도적 학습 등이 거론될 것이라고 예상이 된다.

진정한 학습은 교사에 의해 주도되는 것이 아니라 아동 자신으로부터 나오므로 아동수준에 맞는 교육의 실시가 중요하다. 아동의 흥미와 학습양식에 대한 이해가 필요하다. 이를 위해선 교사의 민감성, 융통성 있는 자세, 아동을 관찰하고 적극적으로 배우려는 자세가 필요하다. 학습은 능동적인 발견의 과정이 되어야 하며 사회적 상호작용의 중요성을 생각하는 교사가 되어야 한다. 즉, 교사는 발달이 자연적, 조화적으로 되도록 모든 조건을 제공해 주어 아동의 선천적 소질의 개발을 돕는 것이 중요하다.

3 사회적 기초

1990년대 이후 이루어진 사회적 변화는 유아교육과 탁아의 기능이 하나로 통합되는 변화를 가져왔다. 즉, 여성의 자아실현 등을 이유로 하는 여성의 사회진출 증가, 핵가족화, 형제 수의 감소, 미혼모나 이혼가정의 증가, 소득 증대로 인한 교육에 대한 투자욕구 등이 교육과 탁아제도의 통합을 가져오는 요인이 되었다. 보육은 모든 영유아를 대상으로 그들이 건전한 사회구성원으로 성장할 수 있도록 하는 것을 우선으로 하며, 가족의 복지 증진을 위한 적절한 보호와 교육을 제공함으로써 사회 국가적 제도로서의 복지서비스를 의미한다.

보육과정은 사회적 개혁 및 변화와 불가분의 관계를 갖고 발달해 왔다. 특히 보육은 경제 발전을 중시하고 노동 인력의 창출을 강조해 온 사회적 변혁과 연관되어 왔다. 보육과정에 가장 큰 영향을 미친 요인은 여성의 사회진출을 들 수 있다. 부모의 취업으로 자녀양육을 어린이집에서 대신한다. 이때 보육과정은 부모들의 자녀양육행동을 지원하는 내용으로 구성되어야 하며, 부모들의 주 양육행동인 영양, 건강, 안전이 강조되어야 한다.

1) 여성의 사회진출

결혼과 육아기라고 볼 수 있는 20대 후반과 30년 전반 여성들의 경제활동 참가율은 약 60% 정도이다. 취업률이 증가한 요인은, 첫째, 산업화에 따른 일의 분화와 전문화로 인해 노동력의 수요가 증대하면서 여성 인력을 필요로 하는 직업이 다양하게 개발되었기 때문이다. 둘째, 여성들의 교육수준 향상으로 자아실현 욕구가 향상되고 경제적 자립욕구가 강해진 의식의 변화에 있다. 셋째, 가족구조의 변화로 인한 자녀 수의 감소로 여가시간이 늘었다.

취업모가 증가하는 상황에서 어머니들의 이중적 역할수행 부담으로 가정의 보호와 교육기능이 급격히 약화되었다. 취업모가 직면한 자녀양육 어려움은 경제구조의 변화로 야기된 것으로써 취업모 개인이 아닌 사회, 국가 차원에서 다루어야 할 문제라는 인식이 확산되었다. 결과적으로 국가수준의 보육과정 제정의 필요성이 제기되었고, 보육현장은 부모의 자녀양육 기능을 수행하는 보육과정을 시행하게 되었다.

2) 가족관의 변화

여성의 경제활동 참여가 계속적으로 증가하며 남녀 모두 결혼욕구가 약화되고 취업 기대가 강화되면서 부부 역할관이 기존의 남성 1인 부양에서 2인 부양 규범으로 변해 가고 있다. 어린 자녀의 양육은 대부분 여성의 몫이 된다. 취업모의 경우 자녀양육 부담이 가중되어 국가적 차원의 보육 지원 정책이 절실히 요구된다.

3) 가족의 자녀양육 기능 약화

가족형태가 변화되어 자녀양육에 대한 지원구조가 약화되고 있다. 자녀양육기 여성 취업의 증가와 부부 역할관의 변화, 이로 인한 가족 형성 및 저출산 심화 현상이 나타났다.

지난 30년간 한국 가족형태 변화를 보면, 부부와 미혼 자녀 중심의 핵가족은 안정적으로 증가하지만 확대가족의 유형은 감소를 보이고 있다. 이혼의 증가와 한부모가족의 증가는 이전에 양 부모가 담당하였던 경제활동과 가사활동을 한부모가 수행하므로 곧바로 자녀양육 기능이 약화될 수밖에 없다.

4) 출산율 회복을 위한 육아 지원

출산율이 점점 감소하는 요인을 자녀양육의 적절한 지원시스템이 구축되어 있지 못하기 때문에 발생한다고 보고 공보육의 차원에서 육아지원정책이 시급히 마련되어야 한다고 본다.

Chapter 03

보육과정의 최근 동향

1 보육과정 모델의 발달 동향

보육과정 모델은 영유아가 배워야 할 가치 있고 중요한 것이 무엇이며 영유아가 어떻게 발달하고 학습하는지, 영유아를 위한 학습자료와 기회를 효과적으로 제시하는 이론들에서 나온다(Biber, 1973; Spodek & Brown, 1993). 교육과정 모델은 이론적 기초, 행정상의 정책, 교육과정 내용, 교수방법 등의 면에서 연구될 수 있다(Evans, 1982). 오늘날 대부분의 영유아보육과정 모델들은 특정한 학습이론이나 발달이론과 연관되어 있으나, 초기 모델들은 이와 관련이 없었다.

18세기 프뢰벨이 유아들을 위한 교육기관인 '유치원(Kidergarten)'을 설립하고 처음으로 유아를 위한 교육과정을 계획하고 적용하였다. 프뢰벨의 교육사상은 관념론적, 낭만주의, 상징주의, 실용주의적으로 불리나 프뢰벨은 자신의 교육사상의 핵심을 통합의 개념(the Law of Unity)으로 주장하고 있으며(이상욱, 1995), 이를 바탕으로 프뢰벨 유치원 교육과정을 구성하였다. 이 시기의 영유아 보육 모델은 인간발달에 대한 과학적 연구가 이루어지기 이전의 시기로 최초의 유치원을 세운 프뢰벨과 같이 철학적인 지식에 기초를 두고 만들어졌다.

1920년대 많은 유아교육자들은 프뢰벨 유치원 교육의 적합성에 대해 의문을 제기했는데 은물이 너무 추상적이고 아동의 삶과 관련이 없으며 작업은 너무 지루하다고 하였다. 특히 듀이는 프뢰벨의 상징주의를 비판하면서 인간과 환경 간의 사회적 상호작용의 개념을 제시하였다. 이에 대한 영향으로 점차 유아교육의 목표와 실제를 새롭게 변화시키게 되었다. 20세기에 접어들면서는 유아기의 성장과 발달에 대한 과학적 이해와 관찰이 매우 중요해지면서 유아에 대한 이해는 더욱 발전하였다. 특히 20세기 초 실용주의와 철학과 진보주의 운동, 정신분석학 이론은 영유아보육에 있어 직접적인 영향을 끼치게 되었다.

보육과정 모델의 발달은 여기에 비추어 볼 때 초기에는 주로 프뢰벨이나 듀이, 몬테소리의 철학적 이론에 근거하여 교육과정이 구성되었으며 곧이어 아동 연구 운동의 결과로 유아의 발달과 학습에 과학적 연구결과 등이 반영되기 시작하였다.

이 시기에 개발되어 영유아 보육에 많은 영향을 준 보육과정 모델은 몬테소리의 교육방법이었다. 몬테소리의 교육방법은 진보주의 교육에 기초한 유아교육자들의 많은 비판과 유아가 교사나 또래와의 상호작용보다는 자신이 스스로 선택한 교구와의 상호작용을 강조하여, 1900년부터 일어난 개혁유치원의 놀이, 창조성, 상상력 강조와 집단활동, 사회화와 맞지 않아 점차 쇠퇴하게 되었다. 그러나 현재에 이르기까지 몬테소리 교육은 몬테소리 협회를 비롯한 1960년대 이후 인지 이론의 대두로 현대까지도 영유아보육과정 구성에 많은 영향을 미치고 있다.

1920년대에서 1960년대에 걸쳐 영유아들을 과학적으로 연구하는 아동연구가 시작되면서 발달심리학자들은 영유아가 어떤 과정을 거쳐 성장 · 발달하며 연령에 따라 이들이 보이는 관심과 흥미, 그리고 발달과업 등이 어떻게 달라지는가에 대한 정보를 제공하였다.

이러한 영유아의 성장과 발달을 이해하는 것은 보육내용 및 방법을 정하는 데 있어서 가장 기초적인 자료가 된다. 보육의 목표가 정해지면 보육내용과 보육방법은 목표를 달성하기 위한 수단으로서 심리학의 발달이론에 도움을 받아 영아와 유아의 특성을 고려하여 선정된다. 영유아들에게 신체, 정서, 인지, 언어, 사회성 발달을 위한 보육내용과 방법을 선정하고 또는 발달에 적합한 보육을 하는 것은 모두 발달이론에 근거한 것이다. 특히 1960년대 이전의 영유아 보육은 게젤을 비롯한 성숙주의자들의 이론이 보육과정의 기초를 이루었다고 하겠다.

1920년대 아동연구운동 이후 다양하게 발달해 온 심리학 이론들은 이후 학습자의 발달적 특성에 대한 이해 및 교수방법 측면에서 보육과정에 꾸준히 영향을 미쳐 왔고 유사한 성격을 가진 이론들을 중심으로 세 가지로 구분할 수 있다. 각 입장은 특별한 발달이론에 그 가정을 두고 있으며 행동주의적 입장, 아동발달 모델, 구성주의 이론이 세 가지 주류를 대표한다.

행동주의적 입장에서 교사는 유아의 행동에 보상을 해 주고 유아에게 정확한 행동목표를 제시하고 원하는 행동을 만들기 위하여 단계적 전략을 활용한다. 로크로부터 스키너까지의 학자들의 이론을 따르는 프로그램이며 문화적 전달모델이라고 한다.

아동발달 모델은 기본 목표가 유아 개개인이 자신의 학습에 깊이 젖어 들어 독자적인 학습을 하도록 돕는 데 있다. 이 형태는 사회, 정서 발달을 중심으로 하며 1960년대 이전의 프뢰벨, 프로이트, 게젤 등의 심리학 이론이 바탕이다.

구성주의 이론은 피아제, 비고츠키 이론을 중심으로 하는 프로그램 모델로 학습은 환경이나 성숙적 요인보다 유기체와 환경의 상호작용을 통해서 일어나는 것으로 본다. 피아제 이론을 현장에 적용시킨 프로그램으로는 카미(Kamii), 와이카트(Weikart) 등의 프로그램이 대표적이다.

1960년대 이후 급격히 이루어진 산업사회의 급속한 발달과 여성취업의 확산, 핵가족화와 같은 현대사회 구조의 변화와 더불어 빈곤계층 아동에 대한 관심은 다양한 유형의 과정을 발달시키게 되었다. 다시 말하면, 이전의 철학적 기초와 심리적 기초 대신 사회적 기초가 보육과정 구성에 큰 영향을 미치게 된 것이다.

1980년대에 이르러서는 새로운 보육과정 모델이 거의 개발되지 않고 1960년대와 1970년대 모델들이 보육과정에 계속 영향을 주고 있다. 몬테소리 프로그램은 몬테소리 협회와 몬테소리 어린이집을 통해 계속되고 있으며 행동주의적 접근법은 특히 저소득층 가정의 자녀나 특수교육 대상 유아를 위해 선호되고 있다.

최근의 보육과정 모델은 복합적인 접근법의 형태를 띠고 있다(Spodek, 1992). 최근의 많은 보육과정 프로그램들은 비고츠키 이론을 적용하고 있으며 프로젝트(Project) 접근법과 이탈리아의 레지오 에밀리아(Reggio Emilla) 접근법이 많이 쓰이고 있다.

이와 함께 독특한 목적을 가지고 특별한 대상의 유아들을 상대하는 프로그램들이 개발되고 있다. 예를 들면, 유아에게 전쟁과 평화에 대한 개념을 길러 주기 위한 평화교육과정, 인간의 다양성을 수용하고 편견을 방지하기 위한 반편견 교육과정 등이 있다. 또한, 특수아동을 대상으로 하는 프로그램들이 발달지체, 학습부진, 정서장애, 영재, 통합교육 등을 중심으로 상당히 다양하게 개발되고 적용되고 있다(Williams & Fromberg, 1992). 이와 같은 프로그램 모델들은 어느 한 가지 접근법이나 모델 이론에 근거하고 있지 않다.

이상을 통해 살펴보면 보육과정은 다음과 같은 동향을 가지고 변화하고 발전해 왔다.

첫째, 초기의 보육과정 모델은 아동발달에 대한 과학적 연구가 이루어지기 이전으로 철학적인 지식에 기초를 두고 만들어졌다.

둘째, 20세기 초 아동 연구 운동의 결과로 유아의 발달과 학습에 과학적 연구결과 등이 반영되기 시작하였다.

셋째, 1960년대 이후 급격히 이루어진 산업사회의 급속한 발달과 여성취업의 확산, 핵가족화와 같은 현대사회 구조의 변화와 더불어 빈곤계층 아동에 대한 관심은 다양한 보육과정 유형을 발달시키게 되었다.

넷째, 1980년대 이후 오늘날에 이르러서는 새로운 보육과정 모델이 거의 개발되지 않고 1960년대와 1970년대 모델들이 보육과정에 계속 영향을 주고 있다. 새로운 보육과정 모델이 과거처럼 활발히 개발되고 있지는 않다.

2 현대 영유아 보육과정의 경향

1) 현대사회의 특징과 영유아 보육과정의 경향

21세기 사회는 국제화, 세계화 사회로 정치, 경제, 사회, 문화, 예술, 체육 등 모든 부분이 국경을 초월한 하나의 공통된 방향으로 통합된다. 또한 다문화 사회에서는 문화적 다원화와 문화적 상대주의에 기초하여 인류 공동의 가치와 문화를 차츰 더 인식해 가며 생활양식, 행위양식이 광범위하게 수용되고 공유된다(이기철 역, 1998).

현대사회에는 다양성을 인정하며 정해진 틀이 있는 보편성을 깨는 포스트모더니즘 사조가 깊숙이 스며들고 있다. 포스트모더니즘은 기존의 정해진 틀을 해체하고 상대성과 다양성을 표방하는 것이다.

포스트모더니즘적 관점에서 볼 때 영유아보육과정의 구성과 운영에서 가장 특징적인 것으로 꼽아야 하는 것은 '정해진 틀'에서 벗어나는 일이다. 시간과 장소, 보육목적 및 내용 등이 미리 정해져 있다면 영유아의 발달적 요구와 개성을 살리지 못하게 될 것이다. 영유아에게 자유를 허용하는 일도, 영유아를 위한 융통성 있는 보육과정의 설계도 포스트모더니즘적 관점에서 보면 너무도 당연하다 하겠다. 모더니즘 사회에서 학교교육은 억압적이며 획일적 교육구조로 인하여 학생들의 창의성과 다양성을 기르는 교육이 어려웠다. 교육의 효율성에 집착한 나머지 자율적 학습 분위기는 찾아볼 수 없었으며 획일적 교과내용 · 교수법에 따라 학생들의 순응과 복종만을 강요하였다. 즉, 관료적이고 규율적인 권력의 지배현상이 학교교육에 그대로 적용되어 나타났다. 포스트모더니즘은 이러한 정해진 틀을 해체하고 영유아들의 개별적 특성인 다양성을 인정해 주고자 하는 것이다.

교육에서 포스트모더니즘의 방향은 우리에게 진실에 대한 단 하나의 주장만이 있는 것이 아니라, 많은 주장들이 있음을 상기시킨다. 즉, 포스트모던에서 대립이나 양자택일은 무의미하다. 포스트모더니즘은 비판을 하지 않는다. 다만, 다르게 그리고 새롭게 보고, 투시하고, 해명하기를 시도할 뿐이다. 그러므로 포스트모더니즘적 관점에서 본 보육과정은 미리 정해진 계획, 결과 및 표준에 근거한 학습활동, 일방적으로 학생과 학급을 평가한다는 것은 의미가 없다고 본다. 이와 같은 예는 레지오 에밀리아의 발현적 교육과정(emergent curriculum)에서 찾아볼 수 있다. 발현적 교육과정은 일반적인 교육목표는 미리 세워 놓지만 프로젝트나 활동의 세부목표는 미리 세우지 않거나, 영유아의 욕구와 흥미에 적응할 수 있는 융통성 있는 목표를 세운다. 따라서 교육활동이 융통성이 있으며 상황에 따라 적절하게 적응하도록 되어 있다.

2) 영유아 보육과정의 방향

(1) 다문화 교육

오늘날 한국사회는 세계화의 파고로 인해 그 어느 때보다도 급변하는 양상을 보이고 있다. 세계화에 대한 이슈는 특히 편견에서 탈피하여 더불어 사는 유능하고 아름다운 세계인의 모습을 갖는 것이기도 하다. 보육시설의 질 향상을 위해서는 편견 없이 개개 영유아의 다양한 특성과 과정에 초점을 맞추고, 각 영유아의 최적 발달과정을 촉진시키는 새로운 시각으로 포스트모던적인 입장을 도입할 수 있다고 본다.

보육과정에서 다양성과 관련 있는 것으로 다중지능 이론, 다문화 교육, 비고츠키의 사회 문화적 접근 등이 있다. 다문화주의는 능력, 연령, 외모, 신념, 계층, 문화, 가족구성, 성, 인종에 차별 없이 모두 평화롭게 잘 어울리는 사회를 만들고자 한다. 전통적인 남녀 차별사상은 타고나는 것이 아니라 환경에 의해서 습득되는 것이다. 개별성을 중시하는 포스트모던 입장에서 보면, 교사나 기관은 다문화적인 사고를 가져야만 한다. 우리나라는 이중 언어 사용자가 극소수이기 때문에 이를 일반화시키기에는 무리가 있지만 세계화로 인하여 한국에 거주하는 외국인들의 수는 증가하고 있으며, 이들의 자녀가 어린이집에서 생활하는 경우도 또한 증가하고 있으므로 이에 대한 대책이 요구되고 있다.

또한 가족형태(이혼가정, 재혼가정, 편부모가정), 종교, 경제적 능력 등의 정보를 고려하여 그 영유아의 요구에 적절한 개별 보육 형태를 취할 수 있다. 편견 없이 개개 영유아의 다양한 특성과 과정에 초점을 맞추고, 각 영유아의 최적 발달과정을 촉진시키는 새로운 시각으로 포스트모던적인 입장을 도입할 수 있다고 본다.

반편견 보육과정은 영유아로 하여금 편견에 대응하는 힘을 길러 주는 것이다. 현재 우리가 살아가고 있는 이 시대는 모더니즘적인 사고를 해체하여 고정적인 틀에 한정되지 않고 다양성을 인정하는 포스트모더니즘적인 사고가 고조되고 있으며, 또한 더불어 살아가는 사회로써 집단생활에 필요한 사회적 관계성을 중시하고, 인간 각 개인의 자아실현을 추구하는 시대로 불리고 있다. 이러한 시대적 흐름에 맞물려 소외계층에 속하는 장애영유아들이 분리된 교육체제에서 벗어나 일반환경에서 일반영유아들과 동등한 교육을 받을 수 있는 통합교육(inclusion)이 확산되고 있다. 인간의 행동은 고정적이지 않고 상황에 따라서 달라지는 역동성을 가지고 있으므로 장애영유아를 제한적인 환경에서 구조적인 활동에 참여시키기보다는 가장 자연스러운 일반 환경에 포함시키는 일이 중요하다는 인식의 변화가 이루어지고 있다. 현재 우리나라 보육현장에서는 장애영유아들이 다닐 수 있는 장애아 전담 보육시설이 강화되고 있지만, 이보다는 일반영유아들과 함께 일반 환경에서 동등하게 생활하는 통합교육이 더욱 필요한 실정이다.

이러한 통합교육에서는 영유아의 개별성을 충분히 인정하고 소외계층에 대한 가치를 인정하는 수용자세가 필요하며 특히 특별한 요구를 지닌 장애영유아들에 대한 사전 지식과 배려하는 마음은 반편견적 사고에서 비롯되는 것이다.

(2) 수요자 중심의 보육과정

교육과정 이론을 탐구하는 것은 교육과 삶의 의미를 보는 것이자, 교육과정의 의미를 이해하는 것이 되고 있다. 따라서 영유아 보육에 있어서도 성인의 입장에서 보육과정을 개발하기 위한 기술과 방법을 연구하는 차원에 머물기보다는 영유아의 일상생활과 삶의 중요한 한 영역인 교육현상에 초점을 두고 보육과정을 이해하는 관점으로 이동할 필요가 있다.

최근 우리사회는 부모의 선택에 의해 영유아들이 점점 더 어린 나이에 더 오랜 시간 동안 영유아 보육기관에서 지내는 시간이 증가하고 있다. 따라서 다양한 연령의 다양한 영유아들의 요구에 부응하는 다양한 유형의 보육 프로그램을 체계화하는 것이 필요하다. 영유아들이 보육시설에서 어떤 환경의 일과에 따라 보육을 제공받고 있는지, 영유아들이 행복하게 지내고 있는지 등이 보육과정 개발에서 논의되어야 하는 것이다. 따라서 최근의 영유아보육과정에서는 성인이나 사회적 관점이 아닌 어린이의 관점을 되찾기 위한 노력으로 어린이들의 삶을 완결성의 측면에서 바라봄으로써 '권리'로서 다양하고 적합한 보육과정을 제시해 주어야 한다는 것이다.

(3) 영유아 보육과 교육과정의 통합

우리나라의 보육과 유아교육은 서로 다른 목적으로 시작하여, 서로 다른 부처에서 관장하여 독자적으로 발달해 왔다. 그러나 최근 3~5세 유아에 대한 보편적인 교육과 보육서비스를 제공하게 되어 서비스의 기능적 차이는 감소하고 있는 추세이다. 교육에 치중하던 유아교육은 보호에 관심을 기울이면서 종일반 운영 확대를 가져왔으며 보육시설은 영유아의 질적인 교육 프로그램을 제공하고자 노력하고 있는 것이다.

또한 분리된 육아지원 시설의 이원화는 육아정책의 비일관성과 비형평성은 물론 종사자와 전문가와 정책 입안가들 사이에 소모적인 갈등을 지속시켜 왔다. 따라서 국가 차원의 효율적이고 체계적인 공보육과 교육정책의 수립과 추진에 많은 장애요인이 있어 온 것이 사실이다. 비효율성의 문제는 교육과 보육서비스의 대상이 만 3~5세 유아로 중복됨으로 인해 동일 연령대의 유아를 대상으로 하는 유아교육기관과 보육시설 간의 무한 경쟁을 유발하였고 이러한 경쟁이 결국 서비스의 질적 수준을 떨어지게 하는 요인으로 작용하게 되었다.

따라서 앞으로 미래의 영유아 보육과 교육은 영유아들의 이익을 우선으로 한다는 원칙에 의거하여, 보육과 교육을 이분법적인 구별로 인해 발달단계의 중요성에 비추어 열악한 서비스를 받는 가능성이 있는 요인들을 제거하도록 노력해야 한다. 특히, OECD가 지난 우리나라 육아지원 현장의 주제 검토를 기초로 대정부 권고안을 통해 유아교육과 보육이 통합될 필요성을 강조하였다.

근본적으로 유아교육과 보육은 영유아를 중심으로 수립해야 하며 보호와 교육을 함께 실천해야 하는 것이다. 이에 따라 영유아 보육과 교육과정의 통합을 위해서는 영유아에게 무엇을 가르쳐야 하는지에 대한 탐색을 통한 구성과 국가수준의 보육과정과 교육과정의 운영을 체계적으로 점검하여 교사 교육 및 지속적 지원을 통해 영유아를 위한 보육과 교육과정이 통합 구성되어야 한다.

(4) 평가인증제에 대한 논의

기혼 여성이 일을 하기 위해서 자녀들을 방치할 수밖에 없던 시절에서 이제는 질적 수준을 높이기 위한 노력의 일환으로 평가인증제를 실시하고 있으며, 현재 보육시설에서는 평가인증제 준비를 위한 노력을 기울이고 있다.

비판론적 관점에서 보면, 저소득층과 중상류층을 대상으로 하는 기관의 질적 차이는 극명하게 보이고 있다. 저소득층 영유아는 물적 환경, 인적 환경 모두 질적 수준이 제고되어야 하는 열악한 기관에 다니고 있다. 평등의 쟁점은 '결핍된'으로 지칭되는 영유아들의 학교 경험, 영유아들마다 달리 접하는 교육기회의 불일치, 가치가 떨어진다고 간주되는 사람들의 선택을 존중하는 것에 초점을 맞추고 있다. 어떤 영유아들은 긍정적인 경험과 가난, 불평등을 뛰어넘을 수 있는 환경을 거의 접하지 못한다는 점이다. 국가는 사회적 요구에 응답하지 못하고 있고, 더욱이 저소득층은 맞벌이가정이 많으므로 자녀들을 열악한 기관에 보내야만 하는 실정이다. 영유아기는 인격형성에서 결정적인 시기이다. 어린 시절에 형성된 불신감이 지속된다면 청소년, 성인이 되어 사회 불신 문제를 일으킬 수 있는 확률이 높다.

국가수준의 평가인증제는 교육기관의 자율성과 경쟁을 강화하고, 수요자는 선택하는 방식을 취한다면 우리나라의 영유아보육의 질 향상에 도움이 될 것이다.

(5) 장애아 통합보육

「장애인 등에 대한 특수교육법 시행령」에 따라 2010년에는 만 5세 유아의 유치원과 어린이집에서의 의무교육이, 2011년에는 만 4세 유아의 의무교육이, 2012년에는 만 3세 유아까지 의무교육이 확대되었다. 이는 앞으로 장애아를 비장애아와 분리하여 보육하거나 교육하지 않고, 일반 환경에 포함하여 보육해야 한다는 것을 의미한다.

장애유아 통합보육은 사회 윤리적인 측면이나 교육-성과적인 측면에서 많은 지지를 받고 있으며 법적 차원에서도 통합보육을 지지하는 여러 가지 법조항들이 명시됨으로써 그 움직임을 촉진하고 있다. 그러나 우리나라의 경우 일반 어린이집에서 장애유아들의 통합보육을 실시함에 있어서 여러 가지 현실적인 문제들이 교육의 효율성을 감소시키고 있을 뿐만 아니라, 시행 자체를 방해하고 있는 것이 사실이다.

통합보육의 성공적 실천을 위해 살렌드(Salend, 1984)는 장애유아의 준비, 일반유아의 준비, 교사들의 준비와 의견 교환, 장애유아의 발달수준 평가 및 교사 연수 등을 들고 있으며 콜과 찬(Cole & Chan, 1990)은 아동 요인, 또래 요인, 교사와 교수적 요인, 행정적 요인 및 부모와 지역사회의 태도 등 다섯 가지 요인을 들고 있다.

유수옥(1998)은 성공적인 장애유아 통합교육 실천을 위해 우리나라 현실에서 실행 가능하고 준비해야 할 과제요인으로 프로그램, 교사, 일반유아, 장애유아, 부모, 교실환경 준비를 들고 있다. 유치원에서 장애유아를 성공적으로 통합하기 위해서는 장애유아의 전반적인 발달을 촉진할 뿐만 아니라 장애유아 개개인의 특별한 요구에 맞는 개별화 교육 프로그램이 필요하며, 발달장애 유아교육에 대한 전문적인 지식과 교육방법에 관한 기술, 그리고 발달장애 유아에 대한 긍정적인 태도를 겸비한 유아교사 양성의 중요성을 언급하였다. 그리고 일반유아들은 다양한 활동과 매체를 통하여 장애유아에 대한 바람직한 태도를 형성할 수 있도록 준비과정이 필요하며 장애유아들은 협동하고 나누고 함께할 수 있는 사회적 기술과 기능적으로 환경의 변화에 대처할 수 있는 기술 등을 준비하는 과정이 필요하다고 하였다.

또한 이러한 프로그램, 교사, 유아들의 준비 못지않게 중요한 요인으로 부모 요인을 제시하였는데 통합 이전에 통합교육의 목적과 자녀에게 미치는 영향 등에 대하여 정보를 제공해야 하며 일반유아의 부모와 장애유아의 부모가 함께할 수 있는 기회를 제공하는 등 통합 이전과 통합교육 중의 부모교육이 지속적이어야 한다고 하였다.

마지막으로 교실환경에 대한 부분은 교실의 배치구조, 교재 · 교구와 같은 물리적 환경에 대한 충분한 배려가 필요하다고 언급하였다. 교실은 유아들과 함께 사회적 상호작용을 일으키는 중요한 장소적 매개체가 되고 물리적 도구들은 도구적 매개체로 중요한 역할을 하기 때문이다.

장애유아를 일반유아들과 함께 한 장소에서 교육하는 물리적인 통합을 통해서도 교육적 혜택을 얻을 수 있는 것이 사실이지만, 진정한 의미에서의 통합교육이란 유아를 일반교육에 배치할 것인가 또는 특수교육에 배치할 것인가 하는 장소적 사건을 이야기하는 것이 아니라 언제 어떻게 어떤 방법으로 일반유아들과 접촉 경험을 제공할 것인가 하는 프로그램의 운영적인 측면을 뜻하는 것이다.

그러므로 일반교육환경에 배치하는 전일제 또는 시간제 통합교육이 아동을 위한 최소한의 제한된 교육적 배치로 판단되는 경우는 물론 분리교육을 받게 되는 경우에도 잘 계획된 프로그램의 운영을 통해서 일반유아들과의 통합이 프로그램의 구성요소로 포함되어야 하며, 장애유아나 일반유아들 모두가 서로를 이질적인 집단이 아니라 동일한 집단으로 인정하며 필요에 따라 교육의 형태가 달라짐을 인정할 수 있게 되어야 한다는 것이다.

3 포괄적 프로그램 성격을 띤 보육 프로그램

1) 헤드 스타트

미국의 헤드 스타트(Head Start)는 출생 후 만 5세 아동, 임산부와 그 가정을 위한 포괄적 발달 프로그램으로, 궁극적으로는 저소득 아동의 학습 준비를 목적으로 하는 아동중심 프로그램이다.

이 프로그램에서 제공하고 있는 서비스는 아동교육과 보육은 물론 의료서비스, 치과진료, 정신건강, 급식서비스, 영양 및 부모교육 등을 포함하고 있고, 각 아동과 가정의 발달, 윤리, 문화, 언어적 유산과 경험을 반영하여 적합한 서비스를 제공하고 있다. 헤드 스타트 프로그램은 아동발달과 가정에 매우 긍정적인 효과가 있는 것으로 평가된다. 이 프로그램 참가 아동은 그 외의 아동에 비해 IQ나 학업성적이 높았으며, 문제아를 위한 특수학급에 배치되는 비율이 낮았고, 유급되는 비율 또한 낮았다. 고등학교를 졸업하는 비율에 있어서도 헤드 스타트 프로그램을 받는 아동은 67%인 반면 받지 않는 아동은 49%였다.

2) 슈어 스타트

영국의 슈어 스타트(Sure Start)는 5세 미만 아동이 있는 가정을 위한 보육, 교육, 건강 및 가족 지원 서비스를 함께하는 것으로, 모든 아이들의 보육 가능성을 높이고, 아동의 건강과 정서적 발달을 도모하며, 그 부모를 부모로서 그리고 일자리를 가질 수 있도록 지원함으로써 아동과 부모, 지역사회가 더 나은 삶을 살 수 있도록 여건을 마련해 주는 프로그램이다. 영국 내 하위 20% 계층이 살고 있는 지역의 아동과 그 외 지역 아동의 격차를 없앤다는 것이 이 사업의 주목적이다.

사업의 주체는 지방정부로 지역별 특성에 맞게 아동과 그 가족에게 보육, 보건,

교육, 취업 관련 서비스를 제공하고 있다. 또한 시설보육, 가정보육, 유치원 이외에도 방과 후 교실이나 학교 밖 프로그램, 북스타트 등 교육과 보육이 원활하게 실시되도록 지원한다. 부모들에게는 취업정보와 보육정보를 제공하고 건강, 영양, 비만, 사회적 · 감정적 발달까지 지원함으로써 가정과 지역공동체의 안정을 도모하고 있다.

또한 지역별 구직센터와 연계하고 아동수당을 늘리며, 가족공제 대신 근로가구 조세공제를 도입하는 등 소득지원도 함께하고 있다. 슈어 스타트의 특징은 지역의 동반자적인 역할을 강조하는 것이다. 영국정부는 이러한 정책을 통해 2010년까지 빈곤아동 규모를 반으로 줄이고, 2020년에는 '0'으로 만들겠다는 목표를 세워 놓았다.

3) 위 스타트와 희망 스타트

위 스타트 운동(We Start)은 저소득층의 아이들에게 가난의 대물림에서 벗어날 수 있도록 복지와 교육의 기회를 제공하여 아이들에게 보다 동등한 삶의 출발선이 주어지도록 하는 대한민국의 운동이며, 이름은 복지(Welfare)와 교육(Education)의 영문명의 첫 글자와 출발(Start)의 영문명을 합하여서 만들어졌다. 아동과 해당 가정에 대한 개별 사례관리를 통해 맞춤형 서비스를 제공하며, 전문 인력 및 지역사회의 자원봉사 네트워크와 자치단체의 지원 등으로 빈곤층 아동의 가난의 대물림을 끊어 주자는 운동이다.

2004년 5월 중앙일보, 사회공동모금회, 한국복지재단 등 언론사와 여러 시민단체들이 모여 위 스타트 운동본부를 발족하였다. 가장 기본 사업은 위 스타트 마을 사업으로, 위 스타트 마을센터가 중심이 돼 자원봉사자나 지방자치단체, 사회복지관, 학교, 사회단체, 기업, 보건소, 병원, 약국 등과 주민이 힘을 합해 아동복지 네트워크를 구성해 12세 이하 빈곤아동들을 돕고 있다. 기본 사업인 위 스타트 마을 사업을 펼치기 위한 시범마을인 '위 스타트 마을 만들기'와 방과 후 교실을 활성화하고 무료교육을 실시해 뒤처진 공부를 보충하는 한편 사랑의 책보내기 운동 등을 펼쳐 동등한 교육의 기회를 제공하는 '교육출발선 만들기', 무료 건강검진과 예방접종, 치료도 해 주는 '건강지킴이', 후견인을 찾아 맺어 주는 '후견인 맺기', 방과 후 갈 곳이 없거나 부모의 보호를 받지 못하는 아이들에게 쉬거나 배우는 공간을 제공하는 '희망의 집 꾸미기' 등을 5대 사업으로 펼치고 있다.

위 스타트 마을은 경기도 성남, 군포(2곳), 안산(2곳), 수원, 광명, 고양, 양주, 구리 등 10곳, 강원도 정선, 속초, 철원 등 3곳, 서울 강북, 강서 등 2곳, 전라남도 진도, 장흥, 광양 등 3곳이 운영 중이다.

〈표 3-1〉 위 스타트 사업 사례(안산 초지동)

구분	내용
건강지킴이 사업	• 아동건강검진 사업, 영양지도 사업, 영유아 건강지킴이 사업, 건강교육 사업 • 정신건강진단 사업, 심리검사 및 난치병 아동 치료비 지원 사업
포괄적 보육 사업	• 보육센터 운영, 시간 연장형 보육 및 틈새보육 지원 서비스 이용 • 가정방문 보육서비스, 예비 초등학교 학교 준비 프로그램
교육복지 중점 투자 사업	• 공부방 운영, 초등학교 학교 사회복지실 운영, 기초학습증진을 위한 멘토링 사업 • 세상구경 문화체험단 활동
가족지원 사업	• 아동을 위한 사례관리 프로그램, 가족역량강화 캠프, 부모상담과 교육 • 가족지원 서비스, 지역사회 조직화 사업, 조사홍보 사업

희망스타트 프로젝트는 모든 아동의 평등한 출발과 잠재적 역량 발현을 위한 빈곤아동의 전인적 발달 지원으로 저소득 임산부와 12세 이하 아동 가구를 대상으로 보건, 복지, 보육(교육)의 맞춤형 통합서비스를 제공하는 데 목적을 두는 국가사업이다.

4) 드림 스타트(Dream Start)

모든 아동이 공평한 양육여건과 출발기회를 보장받을 수 있도록 하여 빈곤의 대물림을 차단하고 나아가 건강한 사회구성원으로서 성장할 수 있도록 하는 능동적

복지사업이다. 추진배경은 가족해체에 따른 가족기능 약화 및 사회양극화에 따라 빈곤 대물림이 심화되고 있으나, 밀착형 서비스가 필요한 빈곤층 취약아동에 대한 집중관리는 미흡하고, 국가 성장잠재력 재고를 위한 전제적 인적투자로서 아동 투자의 필요성을 느낀 것이다.

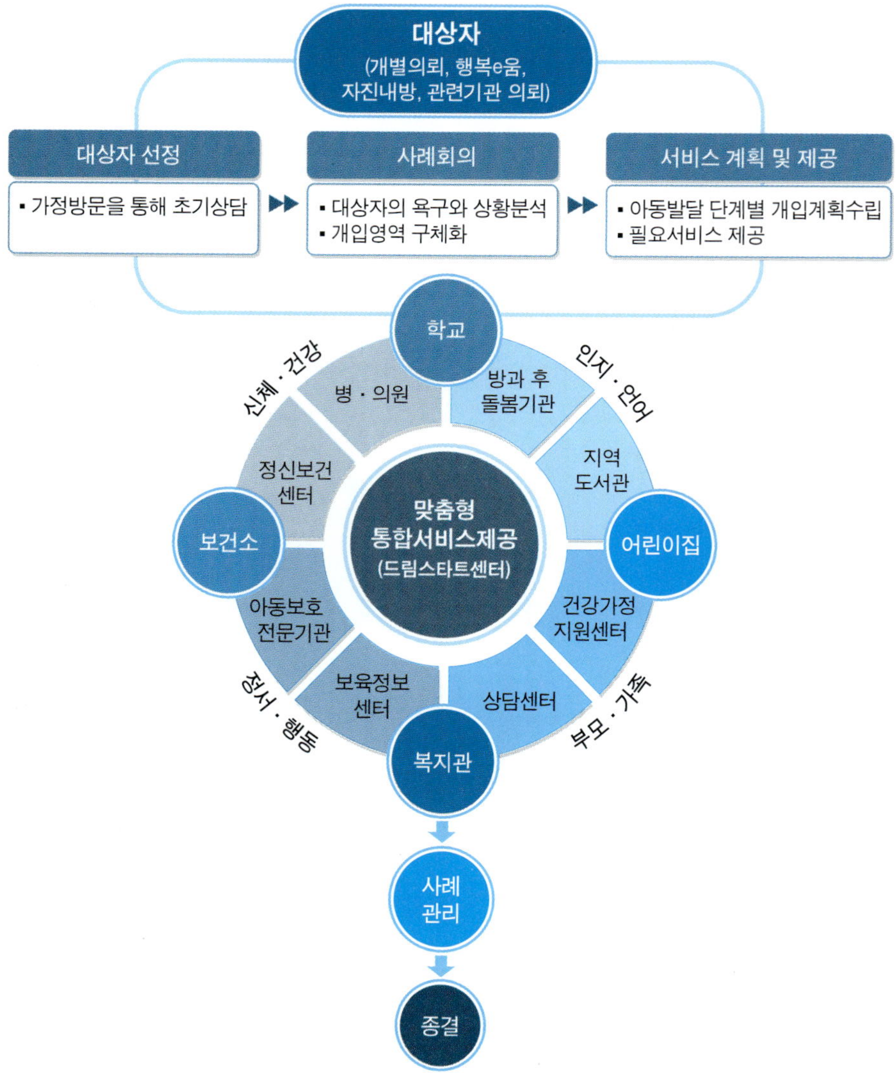

[그림 3-1] 맞춤형 통합서비스 내용

시군구별 드림 스타트 개소지역에서 기초생활 수급가정 및 차상위(120%) 가정 등 취약계층 0~12세 아동 및 임신부와 그 가족(센터별 300명 내외)에게 시군구별 드림 스타트 센터에서 이루어지고 있으며, 가정방문을 통한 사례관리로 빈곤아동의 성장, 발달에 필요한 신체 · 건강, 인지 · 언어, 정서 · 행동 등 아동발달의 필수 서비스를 제공하고, 이외 아동의 개별적 욕구와 상황에 맞춰 선택적 서비스를 제공하는 맞춤형 통합서비스이다.

4 포괄적 보육 프로그램의 삼성 어린이집

1) 삼성 포괄적 보육 프로그램의 개발배경

삼성의 보육사업은 1989년 재단 법인의 설립 이후 여성의 사회참여 증가와 핵가족화로 인한 가정양육 기능이 약화되는 현상에 적극적으로 대처하기 위해 공익 활동의 일환으로 시작되었다. 어린이의 건강한 성장을 도모하고, 여성의 사회참여를 유도하여 경제 발전에 기여하며, 부모를 경제적 · 사회적으로 지지해 줌으로써 가정복지의 증진과 '함께 사는 건강한 사회'를 만드는 것을 목적으로 한다.

이와 같은 목적에 따라 삼성 복지재단에서는 1989년부터 현재까지 40개소의 어린이집을 건립하였고, 그중 직장 어린이집을 포함한 34개소 어린이집을 직접 운영하고 있다. 34개소 어린이집은 중산층 지역에 위치한 어린이집과 저소득층 밀집 지역에 위치한 어린이집으로 구별되며, 이러한 사회 · 경제적 수준의 차이는 차별화된 보육서비스의 필요성을 인식하게 하였다.

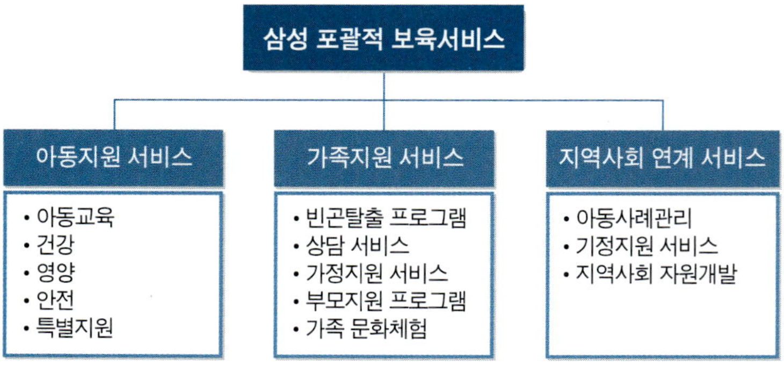

[그림 3-2] 삼성 포괄적 보육서비스 내용

삼성어린이개발센터에서는 발달적으로 적합한 '아동 중심 보육 프로그램'을 1997년에 개발하여 중산층 어린이가 대부분인 어린이집에 보급하였다. 이후 2001년 개정 작업을 시작하여 2003년 10월에 『삼성어린이집 영유아프로그램』 6권을 출간하여 삼성어린이집에 제공하고 있다. 한편 95년 당시 5%에 머무르던 저소득층 가정 아동의 비율이 98년 말에는 11% 정도로 증가하였고, 2004년 현재 16.4%에 이른다. 특히 포괄적 보육 서비스를 실시하고 있는 7개소의 평균 저소득층 아동의 비율은 34%이며, 40% 이상(40.9%, 48%) 되는 어린이집도 2개소가 있다.

삼성 보육사업의 근본 취지는 '달동네 저소득층 빈곤 탈출'에 있으므로 저소득 가정 아동을 위한 포괄적 보육 프로그램을 개발하게 되었다. 따라서 삼성복지 재단에서는 1999년 3월부터 현재까지 아동학, 유아교육학, 사회복지학, 사회학, 여성학 전공자로 연구진을 구성하여 다각적인 관점에서 '포괄적 보육 프로그램'을 개발하게 되었다. 삼성 포괄적 보육 프로그램의 개념은 다음과 같다.

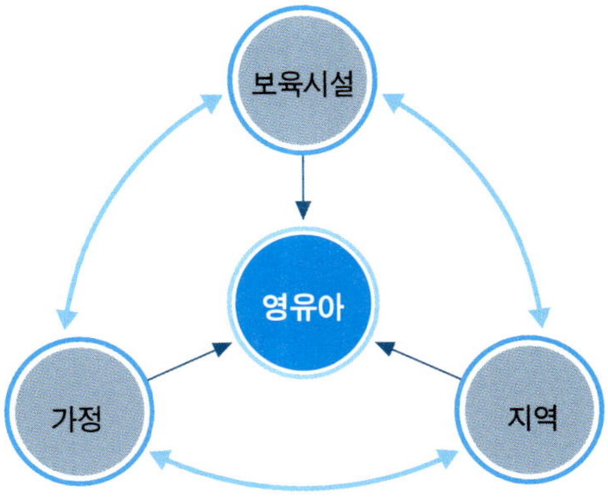

[그림 3-3] 삼성 포괄적 보육서비스 개념도

2) 삼성어린이집의 입소절차

① 입소할 수 있는 아동

보호자가 근로, 질병, 기타 사정으로 인해 직접 보호자가 양육하기 어려운 아동으로 보호자가 위탁한 1~5세 이하의 취학 전 아동이면 누구나 가능

② 입소 우선순위

㉠ 1순위

- 「국민기초생활보장법」에 따른 수급자(법정)
- 「한부모가족지원법」 제5조의 규정에 의한 보호대상자의 자녀
- 「국민기초생활보장법」 제24조의 규정에 의한 차 상위 계층의 자녀(최저생계비의 약 120% 이하)
- 「장애인복지법」 제2조의 규정에 의한 장애인 중 보건복지부령이 정하는 장애등급 이상에 해당하는 자의 자녀(장애부모)
- 아동복지시설에서 생활 중인 영유아
- 부모가 모두 취업 중인 영유아

- 「다문화가족지원법」 제2조 제1호에 따른 다문화가족의 영유아
- 자녀가 3명 이상인 가구의 영유아

◇ 부모가 모두 취업 중인 영유아 적용 원칙 및 서류 확인

- 원칙적으로 아동의 부모가 모두 일을 하는, 즉 맞벌이 부모의 자녀
- 취업의 정의: 1일 6시간 이상(점심시간 포함), 월 20일 이상 근로
- 부 또는 모가 취업활동을 하는 한부모가구 포함

◇ 취업증명: 부와 모 모두 다음의 서류를 제출

- 재직증명서(필수)와 고용보험피보험자격내역서(고용지원센터), 직장건강보험 자격 취득 확인서(국민건강보험공단지사), 국민연금가입자가입증명서(국민연금공단) 중 1부 또는 갑종근로소득에 대한 소득세납세증명서, 근로소득원천징수영수증(재직기관)
- 자영업: 사업자등록증(필수)과 소득금액증명원(세무서), 부가가치세과세표준증명원(세무서) 중 1부(부부공동사업자인 경우 서류상 확인이 가능해야 함)

◇ 시설장은 취업증명서류에 대한 확인을 철저히 하고 필요에 따라 추가증빙서류(사원증 등)를 요구할 수 있음

◇ 「다문화가족지원법」 제2조 제1호에 따른 다문화가족의 영유아 확인서류

- 외국인등록증 사본(필수)과 혼인관계증명서, 가족관계증명서 중 1부(외국인등록증이 없는 경우, 외국인등록시설증명서(출입국사무소)를 제출)

㉡ 2순위

- 기타 한부모, 조손가족, 입양된 영유아
- 차등 보육료 지원대상 영유아 중 기타 지원층의 영유아(영유아 가구 소득하위 7% 이하)

③ 입소 아동 결정

수시로 신청이 가능하며, 입소 우선순위에 따라 선 순위자를 우선 입소자로 결정하고 입소순위가 같을 경우 선착순(대기자순)으로 입소 결정을 한다. 입소 포기나 입소 연기 등으로 1순위 기회를 수용치 못하는 경우 1순위 기회가 박탈되고 재접수 요청 시 마지막 순위로 접수된다.

④ 입소절차

대기자 명단에 신청 ➞ 어린이집으로부터 연락 ➞ 입소 전 면담 ➞ 입소

⑤ 어린이집 운영 시간

평일 7:30~19:30(12시간), 토요일 7:30~14:30(7시간)

5 대중매체를 통한 사례

A씨는 불의의 사고로 남편과 사별했다. 세상에 남은 것은 A씨와 6살 된 아이, 그리고 빚더미였다. 삶의 무게에 짓눌려 살아갈 의욕마저 꺾일 즈음, 한 어린이집이 그에게 손을 내밀었다. 아이를 무료로 돌봐 줬다. A에게는 간호학원 교육비와 기초생계비가 1년간 지원됐다. A씨는 지금 간호조무사 일까지 얻어 내 집 마련의 꿈을 키워 가고 있다.

B씨는 10대 미혼모였다. 혼자서 아이를 낳아 줄곧 친정집에 맡겨야만 했다. 아이와 떨어져 공장생활을 하며 돈을 모아 양육비를 대왔다. 하지만 갓난아이 때부터 엄마와 떨어져 자란 아이는 성격마저 공격적이었다. 생활고로 방황을 거듭하고 있을 때, 한 어린이집이 그의 손을 맞잡았다. 아이에게 양질의 보육서비스가 제공됐고 B씨에게는 제과 제빵 학원비와 함께 기초생계비가 1년간 지원됐다. B씨는 현재 자영제과점에 취업해 아이와 함께 살고 있다.

〈대전 삼성어린이집의 자유놀이 시간〉

대전 삼성어린이집(중구 선화동). 이곳은 삼성복지재단에서 지원 · 운영하는 곳으로 지난 1991년 4월 문을 열었다. 저소득층 가정이 마음 놓고 맞벌이를 할 수 있도록 해 빈곤에서 벗어나도록 돕는다는 것이 설립 목적이었다. 현재 150여 명의 영유아에 교직원 수는 23명에 이른다. 지난 2002년부터는 '포괄적 보육서비스'를 개발, 시행하고 있다. 이는 저소득층 영유아에게 제공돼 온 보육서비스에 부모교육 및 지원 프로그램과 지역사회 연계 프로그램을 결합한 것이다.

대표적 사업의 하나인 '빈곤 탈출 기반 조성사업'은 해당 가정 자녀의 보호에서 아이의 부모를 위한 교육과 지원을 통한 가정의 삶의 질 복원까지를 완결점으로 삼는다. 즉, 아동보육에서부터 가정복지까지 책임지는 포괄적인 보육서비스를 지향하고 있다. 이 어린이집에는 보육교사 외에 사회복지 전문가가 배치돼 있다. 보육교사는 아이들의 교육과 보호를 주된 업무로 하는 반면, 사회복지사는 아이의 부모상담과 지역사회와의 자원연계 등을 통해 아동복지를 추구하는 업무를 전담한다.

이 밖에도 무료법률상담, 이 · 미용 서비스, 1:1 결연을 통한 언어-놀이치료, 건강검진, 의료서비스, 가족사랑 문화체험 등 아동에게 필요한 갖가지 서비스를 제공하고 있다. 실제 이 프로그램을 지원하기 위해 변호사, 가정의학과 전문의, 치과의사, 간호사, 미용사, 인근 대학 아동복지학과와 지역대학생들이 나서고 있다. 대전 삼성어린이집 이지혜 사회복지사는 “우리 사회 내 보육시설과 보육아동 수가 크게 증가했지만 보육 서비스는 이에 미치지 못하고 있다.”며 “포괄적 보육서비스 시행으로 적은 가정이지만 기초 생존권을 보장받지 못하는 저소득층 가정과 결손 가정 자녀들이 보호되고 있다는 점에서 많은 보람을 느끼고 있다.”고 말했다.

이와 같은 포괄적 보육서비스가 이뤄지고 있는 곳은 대전 삼성어린이집(042-253-2285)뿐만이 아니다. 많지 않지만 서울의 구로 삼성어린이집(서울시 구로구. 02-839-0667)과 상봉 삼성어린이집(중랑구 상봉2동. 02-434-0191), 부산의 사하 삼성어린이집(부산시 사하구. 051-261-4626)과 수정 삼성어린이집(동구 수정5동. 051-465-3214), 전주의 전주 삼성어린이집(063-287-2035)과 덕진 삼성어린이집(063-212-4354) 등 전국 7곳에서 시범 시행되고 있다. 안타까운 것은 그나마 이와 같은 서비스가 제공되는 사실을 알고 있는 주민들이 많지 않다는 것이다. 대전 삼성어린이집(중구 선화동) 박성경 원장은 “저소득층 아동 가정이 경제적으로 자립해 삶의 질을 높일 수 있도록 가정복지 지원사업을 펼치고 있다.”며 “하지만 이와 같은 사실이 알려지지 않아 정작 이 서비스가 절실한 아동과 부모들이 필요한 혜택을 보지 못하고 있어 안타깝다.” 고 말했다. 그렇다고 지원자 모두에게 혜택을 주는 것은 아니다. 대전 삼성어린이집의 경우 저소득층 아동과 부모에 대한 지원사업인 ‘빈곤 탈출 기반 조성사업’ 대상자 선정기준에 따라 매년 선정한다. 지원을 희망하는 가정은 해당 어린이집 사회복지사와 상담하면 된다.

PART 2

보육과정의 구성

Chapter 04

보육과정의 구성

1 보육과정의 구성원리

1) 보육과정 구성의 필요성

우리나라의 「영유아보육법」 제2조에서는 '보육'의 개념을 "영유아를 건강하고 안전하게 보호 · 양육하고 영유아의 발달특성에 맞는 교육을 제공하는 보육시설 및 가정 양육 지원에 관한 사회복지서비스"로 정의하고 있다. 이때 '영유아'란 6세 미만의 취학 전 아동이라고 하였으며 "보육시설"이란 보호자의 위탁을 받아 영유아를 보육하는 시설을 "보호자"란 친권자 · 후견인, 그 밖의 자로서 영유아를 사실상 보호하고 있는 자로 정의하였다. 또한 "보육시설종사자"는 보육시설에서 영유아의 보육, 건강관리 및 보호자와의 상담, 그 밖에 보육시설의 관리 · 운영 등의 업무를 담당하는 자로서 보육시설의 장 및 보육교사와 그 밖의 종사자라고 하였다.

제29조에는 영유아를 보육하는 보육시설의 장은 제2항의 표준보육과정에 따라

영유아를 보육하도록 노력하여야 한다고 하고 이에 대한 주무부처인 보건복지부 장관은 표준보육과정을 개발 · 보급하여야 하며 필요하면 그 내용을 검토하여 수정 · 보완하며, 보육과정의 구체적인 내용은 보건복지부령으로 정하고 영유아의 신체 · 정서 · 언어 · 사회성 및 인지적 발달을 도모할 수 있는 내용을 포함하여야 한다고 명시하고 있다.

보육시설에서 보육시설종사자들이 영유아를 보육할 때 보육과정을 통해 보육해야 하며, 특히 우리나라의 경우에는 국가수준의 표준보육과정을 중심으로 영유아의 전인발달을 도모할 수 있는 내용을 중심으로 하여 영유아를 보육하고 있다.

따라서 보육시설에서는 국가수준의 표준보육과정을 포함하여 영유아를 보호하고 교육하기 위한 보육시설의 보육철학에 근거한 보육목적과 보육목표가 포함되어야 하며 이를 달성하기 위해 보육의 전체적인 계획과 영유아의 직접 · 간접적인 경험을 포함하는 전문적인 보육활동으로 구성한 보육과정을 운영해야 한다. 보육과정 운영 시 가장 기초적이면서도 가장 중요한 점은 먼저, 실제 보육현장에서 직접 영유아의 보육을 담당하는 교사 및 종사자들이 전문적인 지식을 가지고 영유아들의 다양한 직접 · 간접적인 경험을 제공하기 위한 보육활동 전반에 체계적인 계획을 수립할 수 있어야 한다는 것이다.

스포덱(Spodek)의 관점에 따르면 보육과정은 프로그램의 교육목적에 따라 계획되고 조직된 학습 경험들의 목록으로 제시되어야 한다. 이 과정에서 영유아교육과 보육에 있어서의 특징은, 교수를 위한 계획으로서의 교육과정과 교수요목으로서의 교육과정 외에 학습의 과정에서 의도하지 않았던 경험 혹은 우연히 나타나는 영유아의 발달 요구와 흥미를 강조하고 있기 때문에 보육과정 계획 및 운영 시 교사는 교육과정의 계획과 실행에 있어서 초 · 중등교사에 비해 보다 더 많은 자율성을 가지고 계획하며 운영할 수 있다는 점이다. 그러므로 획일적인 문서화된 자료와 활동, 정책방향, 철학 등이 결여된 보육과정은 질적인 보육을 제공하기에 어려움이 있다.

따라서 보육과정을 구성하고 운영하기 위해 보육시설과 교사들은 보육과정의 대상인 영유아의 발달 및 학습의 원리(NAEYC, 1997)에 대해 인식하고 이를 기초로 보육과정을 구성해야 할 필요가 있다(Bredekamp & Copple, 1997).

① 유아의 신체적, 사회적, 정서적 및 인지적 발달은 서로 긴밀한 관련을 가지고 통합적으로 발달한다.

② 이미 획득된 것을 바탕으로 새로운 능력, 기술, 지식 등이 연속성 있게 발달한다.

③ 같은 연령의 유아 간에도 발달의 속도에는 차이를 보인다.

④ 초기 경험은 유아발달에 누적적이며 지연된 효과를 가진다.

⑤ 발달은 보다 복잡하게 조직적이며 내면화된 방향으로 진행한다.

⑥ 발달과 학습은 다양한 사회 · 문화적 맥락 내에서 그리고 맥락에 의하여 이루어진다.

⑦ 유아는 주변 세계에 대한 이해를 구성하기 위하여 문화적으로 전달된 지식과 함께 직접적인 물리적 및 사회적 경험에서 지식을 이끌어 내는 능동적인 학습자이다.

⑧ 발달과 학습은 생물학적인 성숙과 물리적 및 사회적 환경과의 상호작용을 통해 이루어진다.

⑨ 유아에게 있어 놀이는 발달의 반영이며 사회적, 정서적 및 인지적 발달을 위한 중요한 요인이다.

⑩ 발달은 유아가 새롭게 획득한 기술들을 연습해 보는 기회를 통해 향상된다.

⑪ 유아는 나름대로의 학습방법이 있으며 다양한 방식으로 알고 있는 바를 표상한다.

⑫ 유아는 신체적 요구를 만족시키고 심리적 안정감을 느낄 수 있는 지역사회 환경에서 더욱 잘 학습한다.

2) 보육과정 구성의 기본 원리

보육과정은 영유아의 연령, 성별, 특성에 따른 발달적 차이와 개인차를 고려해서 구성해야 한다. 영유아기의 발달은 같은 연령이라도 월령에 따른 발달 차이가 크게 나타나는 특성을 지니므로 영유아기의 보육과정은 연령에 따라 보다 세분화하여 다루어질 필요가 있으며, 성별 및 개인의 특성도 고려해야 한다. 여아와 남아의 성장속도 및 개인이 가지고 있는 신체적, 인지적 특성 등이 각각 매우 다르게 나타나는 시기이므로 성별에 따른 발달수준의 차이도 고려해야 한다. 또한 발달의 개인차도 고려해야 하는데, 영유아는 자신의 학습속도와 기질, 상황, 사전경험, 환경에 따라 개인차를 나타내며 이러한 개인차를 고려해 줄 때 자신의 잠재력을 최대한으로 발휘한다.

또한, 보육과정은 활동, 자극, 영양, 휴식, 섭식 등에 대한 영유아의 생물학적 욕구를 충족시켜야 하며 영유아의 신체적 안전 및 심리적 안정감을 도모해야 한다. 즉, 심신의 건강 및 안전에 대한 생활이 기본적으로 지원되어야 한다. 또한 영유아의 발달이나 경험은 사회, 언어, 인지, 정서, 신체 측면이 상호 연결되어 전인적으로 발달한다. 따라서 한 영역의 발달이나 경험만을 강조해서는 바람직한 성장을 이룰 수 없다.

3) 표준보육과정 구성의 기본 원리

표준보육과정이 기본적으로 전제한 영유아에 대한 관점, 영유아와 환경과의 관계, 학습과 발달에 대한 관점 등에 대한 그동안의 연구결과와 실증적 자료를 바탕으로 다음과 같은 6가지 기본 원리를 제시하였다.

첫째, 모든 영유아는 어떤 상황이나 환경에서도 자신의 발달과 과업을 스스로 구성해 갈 수 있는 능력이 있다.

둘째, 영유아의 발달이나 경험은 사회, 언어, 인지, 정서, 신체 측면이 상호 연결되어 다차원적으로 관련되어 발달한다. 따라서 한 영역의 발달이나 경험만을 강조해서는 바람직한 성장을 이룰 수 없으며 심신의 건강 및 안전에 대한 생활이 기본적으로 지원되어야 한다.

셋째, 영유아는 자신의 학습속도와 기질, 상황, 사전 경험, 환경에 따라 개인차가 나타나고 개인차를 고려해 줄 때 자신의 잠재력을 최대한 발휘한다.

넷째, 보육환경과 보육교사뿐만 아니라 또래, 가족 및 지역사회 구성원은 영유아 개인의 성장과 경험에 중요한 영향을 미치는 요인들이다. 환경은 영유아의 발달에 적합하고 우리나라 사회 · 문화에 적합하며 개별적 흥미가 고려될 때 영유아에게 더 바람직한 영향을 미친다.

다섯째, 영유아가 자신의 선택에 의해 놀이하고 주변의 환경을 직접 탐색하도록 격려될 때 관련 지식과 기술 및 태도를 가장 잘 습득할 수 있다.

여섯째, 영유아에게 자연스러운 상황에서 다양한 경험 기회를 제공하고 편안하고 안전하게 보호하며 영유아가 또래나 교구들과의 상호작용을 통해 새로운 지식이나 기술을 습득할 수 있도록 세심한 관찰을 개별적으로, 민감하게 지원하는 교사를 질적으로 우수한 교사라고 한다.

4) 영유아를 위한 보육과정의 내용구성 시 고려사항

(1) 적기성의 원리

영유아기는 인간의 생애 중에서 가장 급속한 발달이 이루어지는 시기이다. 따라서 질적 · 양적 측면에서 그 차이가 매우 급격히 이루어지므로 각 발달시기에 적절한 보육이 이루어질 수 있도록 세심한 배려가 있어야 한다. 이를 위해 시기별로 발달의 특성을 이해하고 그에 따른 대표적 발달특징을 제시하여 적기에 보육경험을 제공하여야 한다.

(2) 적합성의 원리

영유아가 보육기관에서 경험하는 보육의 내용은 영유아에게 의미가 있는 적합한 보육경험과 내용이어야 한다. 이를 위해 영유아를 위한 보육과정은 영유아의 발달적 특성에 기반을 두고 구성되어야 한다.

(3) 연속성의 원리

영유아보육과정의 내용은 다른 발달적 단계의 보육내용과 자연스럽게 연결되어야 한다.

(4) 계열성의 원리

보육과정의 내용을 조직함에 있어 가장 핵심적인 요소는 현재 영유아의 수준에서 시작하는 것이다. 이를 위해 영유아를 위한 보육의 내용은 이미 알고 있는 내용에서 앞으로 알아야 할 내용으로, 친숙한 내용에서 덜 친숙한 내용으로, 쉬운 내용에서 어려운 내용으로, 간단한 내용에서 복잡한 내용으로의 순서로 보육활동이 제시되도록 구성해야 한다.

(5) 통합성의 원리

영유아의 보육활동은 사회적 · 신체적 · 언어적 · 정서적 · 인지적 발달이 통합적으로 이루어지도록 계획되어야 한다. 그 이유는 영유아기는 발달적 특성상 분리된 경험보다는 체계적인 경험을 좀 더 의미 있게 받아들이기 때문이다.

2 보육과정의 구성절차

일반적으로 교수-학습이 이루어지는 전 과정의 절차는, ① 교수-학습 목표의 설정, ② 교육내용의 선정, ③ 교육내용의 조직, ④ 교수-학습 지도, ⑤ 교수-학습의 평가 등의 순서를 따르고 있다.

우리나라 영유아보육과정인 표준보육과정에서 제시하고 있는 구체적 내용 및 교사 지침을 살펴보면, ① 보육과정의 목표, ② 보육내용의 선정, ③ 보육내용의 조직, ④ 보육과정의 평가로 나누어 제시하고 있다. 이를 기초로 보육과정 구성절차를 자세히 살펴보면 다음과 같다.

1) 보육과정의 목표

보육목표는 보육과정을 계획할 때 가장 먼저 실시해야 하는 첫 단계의 작업으로 보육목표를 설정하기 위해서는 보육대상 영유아에 대한 연령별 발달과 특징 등에 대한 지식과 사회적 요구에 대한 지식, 각 영역별 활동에 대한 전문적인 지식, 전문가들의 조언이나 연구자료를 토대로 하여 보육목표를 설정해야 한다.

일반적으로 보육목표를 설정할 때는 보육시설의 이념을 나타내는 교육철학을 보육에 대한 사회적인 요구, 영유아들의 특성, 보육 프로그램의 특성 등을 고려하여 설정해야 한다.

2) 보육내용의 선정

보육목표가 설정되고 나면 그 목표를 달성하기 위해 무엇을 가르칠 것인가에 대한 보육내용이 선정되어야 한다. 보육내용을 선정할 때는 보육목표를 달성할 수 있는 내용과 가장 기본적인 개념을 중시하여 내용을 선정해야 한다. 또한, 보육내용은 영유아들이 직접 경험해 볼 수 있는 실생활과 밀접하게 관련된 내용을 중심으로 선정하고 영유아들의 전인적인 발달을 도모할 수 있는 언어 · 인지 · 신체 · 사회 · 정서 발달의 모든 영역을 통합할 수 있는 내용으로 선정해야 한다.

3) 보육내용의 조직

보육내용이 선정되고 나면 이 내용을 어떻게 가르칠 것인가를 조직해야 한다. 보육내용의 조직은 보육내용을 어떻게 배열할 것인가에 대한 문제이다. 표준보육과정에서는 보육내용을 연령집단별로 구분하여 각 영역은 연령별 목표와 내용을 기술하되, 세 연령집단의 보육목표와 내용을 계열성 있게 경험하도록 조직하여 제시하고 있다.

또한 각 연령집단별 보육내용은 연령, 발달, 개인차를 고려한 수준으로 나누어 조직하고 영역별 교사 지침을 마련하여 연령별 보육목표와 내용뿐 아니라 교사가 각 영역에서 알아야 할 영유아에 대한 발달 지식, 바람직한 물리적 환경 구성과 지도 방법, 지도할 때 유의할 점 등을 포함하고 있다. 이는 보육교사가 보육과정을 계획하고 운영할 때 교사지침의 내용을 숙지하여 환경구성 및 영유아 지도 시 이를 반영하고 교사와 영유아 간 바람직한 상호작용이 이루어질 수 있도록 제시한 것이다.

4) 교수-학습의 지도

보육의 목적에 따른 목표를 설정하고 나면 목표에 따른 보육내용 및 활동 선정과 조직이 이루어진다. 이는 보육시설에서 영유아의 보육을 담당하는 교사 및 종사자들이 영유아 발달에 대한 학습의 원리 등에 대한 전문적인 지식을 가지고 영유아들의 다양한 경험을 제공하기 위하여 보육활동 전반에 대한 체계적인 계획을 수립하기 위한 설계도를 작성한 것과도 같다.

실제 보육시설에서 영유아를 대상으로 보육을 한다는 것은 이와 같은 설계도에 기초하여 보육활동, 즉 교수-학습활동이 이루어진다는 것을 의미한다. 보육 실제에서 가장 기본적인 과정인 가르치며 배우는 과정인 교수-학습은 영유아의 발달과 교육에 관한 이론들을 근거로 영유아의 개별적 성향, 능력 등을 잘 판단하여 이에 적합한 교수-학습 방법과 상호작용을 할 수 있어야 한다.

5) 보육과정의 평가

평가(evaluation)란 일정한 준거에 의해 어떤 자료와 방법이 목적을 위해 가치 있는가를 판단하는 것이다. 보육과정의 평가는 영유아에 대한 평가와 프로그램에 대한 평가로 크게 나눌 수 있다. 영유아에 대한 평가는 영유아의 발달 정도를 파악하는 평가이고, 프로그램에 대한 평가는 보육과정 운영 프로그램에 대한 평가이다.

표준보육과정에서 제시하고 있는 보육과정에 대한 평가를 살펴보면, 보육과정 평가는 보육목표의 달성 정도, 보육내용과 교수-학습 방법의 적절성 등에 대한 정보를 제공하며, 영유아의 발달 및 성취 정도를 알려 준다. 따라서 보육시설은 보육과정에 대한 정기적인 평가를 통해 보육의 질적 수준을 향상시키고 영유아의 전반적인 발달수준을 파악하도록 한다.

3 보육과정 목표설정

1) 보육의 목적

일반적으로 보육과정의 계획과 운영에 있어 목적 및 목표가 내용과 활동의 선정 및 조정방식에 기본적인 방향을 제공한다는 점에서 목적 및 목표의 설정과 진술이 실제적 의미에서 보육과정 계획의 출발점이라 할 수 있다.

보육의 목적과 목표를 설정하는 데는 철학적 · 심리적 · 사회적 이론이 기초가 되어야 한다. 따라서 보육과정의 목적과 목표는 보육시설에서 추구하는 인간상을 기초로 보육의 대상, 보육대상자의 성장과 발달특징 및 요구, 그리고 보육에 대한 사회의 특징과 요구, 보육에 대한 사회적 기대 등을 반영해야 한다. 즉, 보육시설에서 추구하는 보육 이념과 철학과 더불어 영유아와 부모 및 가정의 보육에 대한 요구를 알고 이에 부합하는 목적과 목표를 수립해야 하며, 개별 가정과 지역사회, 사회에서 영유아에게 무엇을 기대하고 원하는지를 고려하여 목적과 목표를 수립해야 하는 것이다. 이를 위해서 보육교사는 보육대상 영유아의 학습방법과 발달에 관한 최근의 연구와 이론, 지식의 본질, 사회의 기대와 문화적 가치 등을 알고 이에 기초하여 보육과정의 목적과 목표를 수립해야 한다.

우리나라의 영유아 교육과 보육이 시작된 이래 우리나라는 계속 영유아의 전인발달을 목적으로 하는 전인 교육과 보육을 표방해 왔으며 결과중심적인 교육목표보다는 과정중심의 교육목표관을 지향해 왔다. 「영유아보육법」 제1조를 살펴보면 보육의 목적은 "영유아의 심신의 보호와 건전한 보육을 통하여 건강한 사회성원으로 육성함과 아울러 보호자의 경제적 · 사회적 활동을 원활하게 함으로써 가정 복지 증진에 기여함을 목적으로 한다."이다.

「영유아보육법」에 명시되어 있는 보육의 목적을 살펴보면 크게 심신의 보호와 건전한 교육으로 나눌 수 있다. 영유아기의 신체적 및 정신적 건강은 바람직한 성장발달의 기초가 되는 것으로 보육을 통한 운동, 영양, 휴식, 식습관, 안전 등이 조화롭게 경험되는 활동을 통해 영유아의 심신 보호와 정신적 및 신체적 건강과 발달을 도울 수 있는 것을 목적으로 두고 있는 것이다. 교육적 측면에서는 영유아의 신체적 · 사회적 · 정서적 · 언어 및 인지적 발달에 기여할 수 있는 경험을 교육내용으로 제공하여 영유아의 전인적 성장을 위한 능력과 태도, 기술 등을 익힐 수 있도록 하는 것을 목적으로 두고 있다고 할 것이다. 이는 보육의 목적이 영유아의 안전하고 건강한 성장이라는 보호의 목적과 영유아의 발달단계 및 발달수준을 고려하여 영유아의 연령 및 발달에 적합하고 개인적으로 적합한 최선의 발달이 이루어지도록 하는 교육의 목적이 통합적으로 구성되어야 함을 의미한다.

이러한 목적에 따라 「영유아보육법」 제29조에는 "보육과정은 영유아의 신체 · 정서 · 언어 · 사회성 및 인지적 발달을 도모할 수 있는 내용을 포함하여야 한다."라고 명시하고 있다.

국가수준의 보육과정을 통해 궁극적으로 달성해야 할 목적으로 영유아보육을 통해 추구하는 인간상은 다음과 같다.

① 건강한 사람
② 자주적인 사람
③ 창의적인 사람
④ 감성이 풍부한 사람
⑤ 더불어 사는 사람

이에 따른 보육과정의 목적은 영유아의 전인적인 성장과 발달을 돕고 민주시민으로서의 자질을 길러 영유아가 심신이 건강하고 조화로운 사회구성원으로 자랄 수 있도록 하는 데 있다고 밝히고 있는 것이다.

이를 종합해 보면 보육과정은 영유아의 전인적인 성장과 발달을 돕고 심신의 보호와 건전한 보육이 이루어질 수 있도록 신체 · 정서 · 언어 · 사회 · 인지발달 등의 전인적 성장과 발달을 도모할 수 있는 내용으로 구성하여, 영유아를 심신이 건강하고 건전한 사회구성원으로 육성함과 아울러 보호자의 경제적 · 사회적 활동을 원활하게 함으로써 가정복지 증진에 기여하는 데 목적을 두고 구성되어야 함을 알 수 있다.

2) 보육의 목표

보육을 통해 기르고자 하는 인간상을 구현하고 보육의 목적을 달성하기 위해 보육시설에서는 목적에 기초하여 보육목표를 설정하게 된다. 보육목표란 유아가 보육활동을 통하여 성취되기를 기대하는 사항을 진술한 것이라고 할 수 있다. 교육목표는 유아의 연령, 유아의 발달과 학습 정도, 교사와 학부모의 교육철학 및 요구, 지역과 유치원의 특수성, 전문가의 제안 등을 고려하여 설정되어야 한다. 예를 들어, 행동주의 교육철학을 가진 교사들은 구성주의 교육철학을 가진 교사와는 다른 교육목표를 세울 것이라는 것이다.

교육과정에 있어 타일러(Tyler)는 교육목표 설정의 요소로, 학습자에 대한 연구,

생활 연구, 교육 전문가의 제안, 철학의 적용, 학습심리학의 적용 등을 들었다. 이를 보육과정 목표 설정에 비추어 보면, 보육시설에서 영유아를 위한 보육과정을 운영하기 위해서는 보육시설의 철학, 보육대상자들의 특성, 보육에 대한 사회적 요구, 발달 영역이나 생활 영역의 특성 등의 구성요소를 중심으로 보육목표를 설정하는 것이 바람직하다.

(1) 보육목표 구성요소

보육목표의 구성요소는 다음과 같다.

첫째, 보육시설의 철학적 기초를 고려한다. 학습자의 필요나 흥미, 사회적 요구 등에 의해 설정된 보육목표는 다양하게 나타날 수 있다. 그러나 이러한 목표들 가운데 가장 기초적인 목표 선정의 첫 단계는 보육시설이 어떠한 철학적 가치와 이념을 가지고 보육시설을 운영하는지를 고려하는 것이다. 보육시설의 철학 및 이념에 따라 보육의 목적이 정해지고 이에 따라 보육목표 또한 달라지기 때문이다. 따라서 보육교사와 종사자들은 보육시설의 이념 및 철학적 기준에 따라 가장 가치 있는 보육목표를 설정해야 한다.

둘째, 보육대상자인 영유아의 특성에 대한 이해가 충분히 반영되어 설정되어야 한다. 보육대상자들의 연령, 기질적 특성, 개인이 가지고 있는 발달의 특성, 장애아와 비장애아, 다문화가정, 통합학급인가의 여부, 혼합 연령과 단일 연령 구성 등의 여러 요인에 따라 보육목표가 달라지게 되므로 보육대상자인 영유아의 성장과 발달특성에 대한 이해와 고려에 기초해서 보육목표를 설정해야 한다. 또한, 영유아 시기는 발달속도가 매우 빠르며 개인차가 크다는 특징을 가지고 있기 때문에 교수-학습에 있어서도 영유아의 발달특성을 충분히 이해한 후 보육목표를 설정하는 것이 중요하다.

셋째, 보육에 대한 사회적 요구, 특히 보육시설이 속해 있는 지역사회의 요구가 충분히 반영되어져야 한다. 보육목표 설정을 위해서는 영유아가 속해 있는 사회에 대한 이해가 필요하다. 사회의 이념 및 보육에 대한 사회적 인식과 문제, 보육에 대한 사회구성원들의 공통적인 가치관 등이 반영되어야 한다. 또한 영유아에게 있어서도 보육을 통해 사회구성원으로 자라나게 되므로 개인으로 하여금 그가 속한 사회에 잘 적응할 수 있도록 도와주는 것이 반드시 반영되어야 한다. 따라서 보육목표에는 각 사회가 요구하는 가치나 기대와 더불어 영유아가 살아가는 현 시대뿐 아니라 미래의 사회 변화까지도 예측하고 그에 맞추어 바람직한 인간상을 설정하고 보육목표에 반영하여야 한다. 또한, 사회 각계 각층의 의견 및 보육과 유아교육전문가의 제안을 반영하여야 한다. 전문가들은 연구자로서 영유아들의 발달특성을 이해하고 연령별로 발달에 적합하면서 가치 있는 보육목표 및 내용들에 대해 제안하고 있다. 따라서 보육목표 설정을 위해 전문가들의 제안을 기초로 하는 것은 필수적인 과정이라 볼 수 있다.

넷째, 영유아들의 발달 영역 및 생활 영역의 특성에 맞추어 보육목표를 설정해야 한다. 보육목표는 각 영역의 특성과 교육적 기능에 적합하도록 설정되어야 한다. 그러기 위해서는 보육교사와 보육 종사자들이 각 발달 영역에 대한 전문적인 지식을 갖추고 있어야 한다.

(2) 목표 설정 시 고려할 점

일반적으로 교육목표를 설정하는 데 있어서는 다음과 같은 점을 고려하여 교육목표를 설정하는 것이 바람직하다고 제시하고 있다.

첫째, 유아, 교사, 학부모의 특성 및 상황과 유치원과 지역의 실태를 조사하고, 전년도 교육과정 운영 평가 등을 반영해서 목표를 설정해야 한다.

둘째, 유아교육을 통해 성취되어야 할 국가수준의 유치원 교육과정과 표준보육과정의 교육목표와 긴밀하게 연계되어야 한다.

셋째, 유아의 인지적, 신체적, 정의적 목표가 균형 있게 포함되도록 해야 한다.

넷째, 일반적으로 교사가 무엇을 가르쳐야 하고 영유아가 무엇을 배워야 하며, 또 교육이 얼마나 효과가 있고, 초기에 설정한 교육목표를 어느 만큼이나 성취해 나가고 있는지를 알 수 있도록 구체적이고 명확한 목표를 진술한다.

(3) 보육목표의 설정

일반적으로 보육목적과 보육목표는 같이 사용되기도 하지만, 목적은 목표보다 더 포괄적이고 일반적인 성격을 지니고 있는 개념으로 사용한다. 보육의 목적이 보육시설에서 추구하는 이념 및 철학을 의미한다면 보육의 목표는 보다 구체적이고 특수하며 단기적인 특성을 지닌다. 보육의 목표는 다시 장기적 목표와 단기적 목표로 구분할 수 있다.

보육의 목표를 수립할 때 고려해야 할 두 가지 점은 장기 목표와 단기 목표라 할 수 있다. 장기 목표는 사고의 틀을 제공해 주고 지극히 포괄적 · 일반적이며 추상적인 반면, 단기 목표는 특수하고 구체적이다. 따라서 장기 목표는 보육과정을 구성하는 철학적 · 이론적 관점을 반영하는 반면에 단기 목표는 교수형태나 실제 교수상황을 반영한다.

장기 목표와 단기 목표는 서로 연계성을 가지고 설정되어야 하지만, 영유아의 발달과 성장에 관한 관점과 학습의 본질에 대한 견해의 불일치로 인해 현대 교육과정과 교육 프로그램들이 장기 목표를 강조하거나 혹은 단기 목표를 강조하는 극단적 입장을 취하는 경향이 있다.

예를 들면, 성숙주의적 교육이념을 따르는 프로그램들은 교육의 목표를 '인간이 갖추어야 할 건전하고 바람직한 인성 특성과 일련의 덕목'이라고 규정지음으로써 장기적 목표를 강조하고 있다. 반면, 행동주의에 기초한 교육 프로그램은 '영유아의 학교 적응과 성공을 위한 기능 습득과 태도 형성'을 강조해 단기적 차원의 목표를 설정하고 더욱 세부적인 행동목표를 제시하고 있다. 이러한 불일치점은 유아의 발달을 가능한 한 효율적으로 할 수 있도록 '최적의 환경'을 구성해 주는 것이라는, 가정과 유아가 최적의 환경 속에서 스스로 발달하기보다는 환경에 적응할 수 있을 때까지 '조작적 개입환경'을 제공해 주어야 한다는 가정에서 기인하는 것이다.

NAECY에서 제시하는 목표는 학습과 발달에 관한 특정한 접근법을 떠나서 '민주시민으로서 충분히 역할을 수행할 수 있도록, 영유아의 개인적 성장과 성취뿐 아니라 의사결정을 하고 사고하며 추론할 수 있도록 도와주는 것'으로 하고 있다.

즉, 민주시민을 육성하는 것을 장기적 목표로 하고 이러한 목적을 달성하기 위해 목표를 설정하고 있다.

우리나라의 국가수준 보육과정인 표준보육과정의 목표는, 영유아의 전인적인 성장과 발달을 돕고 민주시민으로서의 자질을 길러 영유아가 심신이 건강하고 조화로운 사회구성원으로 자랄 수 있도록 하는 표준보육과정의 목적을 달성하기 위한 목표에 따라 선정되어 제시하고 있으며 다음과 같다.

① 자신의 소중함을 알고, 건강하고 안전한 환경에서 즐겁게 생활한다.
② 자신의 일을 스스로 하고자 한다.
③ 호기심을 가지고 탐색하며 상상력을 기른다.
④ 일상에서 아름다움에 관심을 가지고 감성을 기른다.
⑤ 사람과 자연을 존중하고 소통하는 데 관심을 가진다.

(4) 보육목표의 진술

보육과정의 목적과 목표는 보육을 담당하는 성인의 입장과 보육의 대상인 영유아의 입장에서 각각 정리할 수 있다. 성인의 입장에서 진술한 보육과정의 목적과 목표는 성인의 판단과 결정에 따라 영유아에게 무엇을 제시할 것이며 어떤 환경을 마련해 줄 것인지가 정해진다. 이 경우에 보육하는 성인이 보육활동을 통해 무엇을 영유아에게 기대하는가가 바로 보육의 목적과 목표가 될 것이다.

영유아의 입장에서 진술한 보육과정의 목적과 목표는 영유아가 경험하는 것을 포함하게 된다. 보육이 이루어지는 과정에서 영유아가 경험하는 모든 것은 성인입장에서 계획된 것과 관계가 있을 수도 있고, 없을 수도 있으며, 영유아마다 제각기 다를 수도 있다. 이 경우에 보육과정의 목적과 목표는 보육활동을 통해 각 영유아에게 나타난 결과 형태로 진술된다.

구체적인 목표의 설정은 보육대상의 특성을 고려하여 차별화된 내용으로 제시할 수 있다. 다음과 같이 일반 목표와 보육대상에 따른 목표로 제시될 수 있으며, 프로그램에 따른 목표가 제시될 수도 있다.

① 일반 목표

영유아보육은 영유아의 전인적 발달과 복지, 영유아 부모와 가정의 복지를 목적으로 한다. 영유아의 전인적 성장 · 발달을 위해 영유아의 건강과 안전을 확보하고 심리적 · 정서적 안정감, 실험과 탐색 욕구, 의사소통의 욕구, 자신의 성취에 대한 자부심을 느끼고 자기 신뢰와 독립심을 얻으며, 자신 있게 문제를 해결하는 방법을 배우고자 하는 욕구, 놀이와 적당한 여가 및 삶을 즐기려는 욕구 등 발달적 요구를 충족시키는 것을 구체적 목표로 한다. 이를 위해 안전하고 건강한 생활을 위한 기본생활습관 형성, 신체적 건강과 건강한 자아, 타인 및 외부 세계에 대한 관심, 더불어 생활하는 태도, 자신의 생각과 느낌을 표현하고 상호 소통하는 능력, 풍부한 언어적 자극과 경험, 주변의 사물과 대상에 대해 탐구하는 태도 그리고 창의적인 문제해결능력을 일반 목표로 제시할 수 있다.

② 보육대상에 따른 목표

영아와 유아에 따라 목표는 〈표 4-1〉과 같이 제시될 수 있다. 영아의 경우는 신체발달과 조절능력, 정서적 안정과 안정된 애착관계의 발달, 기초적 언어능력 등이 기본적 목표가 될 수 있다. 유아의 경우는 영아를 위한 목표를 포괄하며, 자조능력과 자기에 대한 긍정적 태도, 사회적 기술 및 문제해결능력, 언어적 풍부화와 창의적 표현능력 등이 일반 목표가 될 수 있다.

〈표 4-1〉 보육대상에 따른 보육목표

영아를 위한 보육목표	유아를 위한 보육목표
• 건강한 몸 • 신체조절 능력, 운동기능 • 정서적 안정감 형성과 건강한 자아 형성 • 기초적 언어능력 발달 • 사고능력 육성 • 타인에 대한 긍정적 감정 발달	• 신체조절능력과 안전한 생활습관 형성 • 기본생활습관 형성 • 자기에 대한 긍정적 태도 발달 • 사회적 지식과 태도 학습 • 타인 및 세계에 대한 배려와 관심 • 정서적 안정감과 심미감 • 언어능력 발달과 풍부화 • 합리적 문제해결 능력과 태도 • 창의적 자기 표현능력

Chapter 05

보육과정의 내용

1 보육과정 내용 선정의 기준

보육의 목적과 목표가 설정되면 그것을 달성하기 위한 보육내용과 보육활동이 선정되어야 한다. 보육목표가 설정되면 목표 달성을 용이하게 하는 적절한 보육내용을 선정하는 일이 뒤따르는 것이다. 보육내용은 보육의 목표를 구체적 활동으로 바꾸어 표현해 놓은 것이라고 할 수 있다. 보육내용은 보육의 목적과 목표를 잘 반영하여 선정되어야 한다.

우리나라 보육시설에서는 일반적으로 국가수준에서 제시하고 있는 영유아의 전인적인 성장과 발달을 돕고 민주시민으로서의 자질을 길러 영유아가 심신이 건강하고 조화로운 사회구성원으로 자랄 수 있도록 하는 보육과정의 목적과 목표를 달성할 수 있는 내용으로 선정하고 있다. 이를 위해서는 영유아보육과정 구성에 있어서 영유아를 위한 가치 있는 보육 경험, 즉 보육내용 및 활동을 선정하는 데 적어도 영유아의 전인적인 성장과 발달을 도울 수 있는 전인교육과 보육, 즉 발달적 측면, 사회문화적인 측면, 지식 측면 등과 같은 다차원적인 고려를 중심으로 내용을 선정하는 것이 바람직할 것이다.

현재 우리나라의 영유아 교육과 보육은 유치원 교육과정과 보육과정에서 아동중심, 생활 속에서의 경험중심 발달을 고려한 교육과 보육을 표방하고 있다. 이는 듀이의 진보주의 교육관을 비롯하여 피아제의 지식의 구성론, 비고츠키의 사회·문화적 환경 영향에 따른 구성주의 이론에 영향을 받은 것이라고 할 수 있다(교육인적자원부, 2000; 보건복지부, 2006).

듀이는 교육을 경험의 재구성이라고 보며, 학습자는 경험을 통해 세상을 이해하고 계속 새로운 의미를 구성해 간다고 보았다. 이에 따르면 보육의 내용은 영유아 자신의 흥미나 목적과 밀접한 관계를 맺어야 하며 일상생활 관련의 내용을 중심으로 선정되어야 한다. 피아제는 학습동기의 유발이 적정 수준의 인지적 불일치가 있을 때 일어난다고 보았다. 즉, 새로운 놀잇감이나 상황이 기존의 경험적 지식과 어느 정도 관련을 가지면서 동시에 적절한 불일치와 갈등요소를 지닐 때 유아는 학습활동을 적극적으로 수행하고자 한다는 것이다. 따라서 보육의 내용은 인지구조의 변화나 지식을 계속적으로 구성해 나갈 수 있는 내용으로 선정되어야 한다.

비고츠키는 근접지대발달을 설명하면서 학습자 발달수준에 적합한 교육과정의 필요성을 강조했다. 근접발달지대 안에 있는 지식, 기능, 가치 등을 자극하고 활성화하는 교육을 유도할 때 최상의 학습이 이루어진다. 따라서 보육교사는 유아의 실제 발달수준에 대한 올바른 진단 및 파악과 함께 잠재적 발달수준을 예측하고 고려하여 이에 상응하는 보육내용과 방법을 제공함으로써 효과적인 보육활동을 수행할 수 있을 것이다.

그러나 '실제 보육현장에서 보육과정을 계획하고 운영함에 있어 무엇을 가르치고 포함해야 하며 어떤 활동을 마련해 주는 것이 보육의 목적과 목표를 제대로 달성할 수 있을까?'에 대한 문제와 해결은 각각의 보육시설과 보육교사, 전문가들의 견해에 따라 실제 선정내용이 매우 다르게 나타난다. 예를 들어, 같은 어린이집에서 영유아를 보육하는 교사 및 종사자들이 모두 구성주의적 철학에 근거하고 있으며 모든 학급에서 국가수준의 표준보육과정에서 제시하고 있는 교육목적과 목표를 중심으로 보육과정을 계획하고 운영한다고 할지라도, 이를 달성하기 위한 내용의 선정에 있어서는 해당 학급의 보육교사가 무엇이 더 어린이집의 보육과정에서 설정한 목적과 목표 달성에 필요한 내용과 활동이라고 인식하고 선정하게 되느냐에 따라 혹은 학급을 구성하고 있는 영유아들의 특징이 어떤가에 따라 보육목적과 목표는 같을지라도 내용과 활동은 매우 다를 것이다.

따라서 보육교사는 보육내용을 선정할 때 보육목적과 목표를 가장 잘 달성할 수 있는 보육내용을 선정할 수 있도록 보육내용 선정의 원칙을 알고 이에 따라 보육내용을 선정할 필요가 있다. 따라서 보육내용 선정에 대한 기준 및 원리를 구체적으로 살펴보도록 한다.

1) NAEYC(전미유아교육협회)에서 제시한 교육내용 선정의 원리

NAEYC(전미유아교육협회)에서 제시한 교육내용 선정의 원리는 다음과 같다.

① 상호작용을 유도하는 학습활동을 촉진하는 것이며, 유아로 하여금 스스로가 지식 구성을 격려하는 것인가?

② 사회적 · 정서적 · 신체적 그리고 인지적 목표를 달성하도록 돕는 것인가?

③ 지식이나 기술을 습득해 나가는 동안 유아로 하여금 학습 관련 긍정적인 느낌을 갖게 하는가? 이는 다시 또 다른 학습을 하고자 하는 계기로 작용하는가?

④ 유아들에게 의미가 있는가? 유아의 삶과 연관되어 있는가? 유아의 개인적인 경험과 관련하여 적절한가? 유아로 하여금 그 교육과정을 통해서 직접적인 경험을 쉽게 갖도록 돕는 것인가?

⑤ 유아의 학습할 수 있는 내용이라는 기대를 할 정도의 것인가? 아니면, 유아가 성장한 후에 학습을 하는 것이 보다 효율적일 것인가?

⑥ 유아와 교사 모두에게 흥미로운 것인가?

⑦ 문화적 · 언어적 다양성을 반영하는 것인가? 유아 개인차와 가족의 다양성을

반영하는 것인가?

⑧ 유아가 보이고 있는 지식이나 능력을 토대로 하여 보다 발전시킬 수 있는 교육기회가 되는 것인가?

⑨ 유아로 하여금 개념 이해를 돕게 하는 의미 있는 상황에서 활동을 구성하도록 하는 것인가?

⑩ 전통적인 교과 영역과 충분히 통합되어 있는 것인가?

⑪ 선정된 교육내용 요소는 유아가 학습할 만한 가치가 있는 것인가?

⑫ 활동적인 학습 촉진과 의미 있는 선택을 하도록 허락하는 것인가?

⑬ 유아로 하여금 정답을 찾게 하는 것보다는 탐구와 탐색을 촉진하는 것인가?

⑭ 사고하고, 추론하고, 문제해결을 수행하고, 의사결정을 하게 하는 학습 경험을 격려하는 것인가?

⑮ 유아와 성인 혹은 또래 간의 사회적 상호작용을 장려하고 촉진하는 것인가?

⑯ 영양과 배설 등과 관련된 유아의 생리적 욕구를 존중하는 것인가?

⑰ 유아의 심리적 안정감, 안전, 소속감 등을 제공하는 것인가?

⑱ 성공의 느낌, 학습의 즐거움을 장려하는 경험을 제공하는가?

⑲ 학습활동이 진행되는 과정에서의 융통성이 교사와 유아 모두에게 허용되어지는 것인가?

2) 임재택(2000)이 제시한 원리 및 기준

보육내용 및 활동의 선정과정에서 고려해야 할 사항은 다음과 같다.

① 설정된 보육목표와 관련성이 있어야 한다.

② 영유아에게 필요하거나 경험할 만한 가치가 있어야 한다.

③ 영유아가 흥미를 느낄 수 있으며 친숙한 것이라야 한다.

④ 영유아의 능력과 발달수준에 적합해야 한다.

⑤ 계절, 기후, 행사, 지역 설정 등과 관련성이 있어야 한다.

⑥ 가능한 한 여러 가지 목표와 관련된 것일수록 좋다.

⑦ 보육시설에서 실행 가능한 것이어야 한다.

3) 전남련 · 김재환 · 권경미(2009)가 제시한 원리 및 기준

전남련 등(2009)이 제시한 원리 및 기준은 다음과 같다.

첫째, 보육목표를 달성할 수 있는 내용을 선정해야 한다. 즉, 보육내용은 보육목표와의 일관성을 가져야 한다는 것이다. 가르치려고 하는 목표와 실제로 가르치는 내용이 서로 맞지 않으면 보육목표를 달성할 수 없기 때문이다.

둘째, 보육내용을 선정할 때는 가장 기본적인 개념을 중시하여 내용을 선정해야 한다. 그러므로 여러 가지 내용 중 가장 핵심적이고 영유아들이 쉽게 받아들이고 이해하기 쉬운 내용을 중심으로 선정하여야 한다.

셋째, 보육내용은 영유아들이 직접 경험해 볼 수 있는 실생활과 밀접하게 관련된 내용을 중심으로 선정한다. 그러기 위해서 교사는 영유아들의 발달시기 등에 적합한지, 욕구, 흥미 등을 반영하고 그 내용을 성취할 수 있는 심리적, 물리적, 환경적 요소들이 제대로 갖추어졌는지를 고려하여야 한다.

넷째, 보육내용은 영유아들의 전인적인 발달을 도모할 수 있는 언어 · 인지 · 신체 · 사회 · 정서 발달의 모든 영역을 통합할 수 있는 내용으로 선정해야 한다. 그리하여 영역 간, 발달 간의 통합교육이 이루어질 수 있도록 해야 한다.

4) 보육내용 및 활동 선정방법

여러 학자들의 의견을 종합하여 구체적인 보육내용 선정방법을 제시해 보면 다음과 같다.

첫째, 국가수준 보육과정의 성격 및 목표에 부합되는 내용을 선정한다.

둘째, 유아의 흥미와 관심을 유도할 수 있는 내용을 선정한다. 유아들이 보육활동을 하는 가운데 즐거움을 느낄 수 있어야 하고 자신의 흥미와 관심의 폭을 넓히고 유지할 수 있도록 내용을 구성해야 한다.

셋째, 유아의 발달단계 및 특성에 적합한 보육내용을 선정한다. 즉, 유아의 인지적, 정의적, 신체적 발달 상태를 고려해야 한다. 교사는 일반적 연령별 발달 정도는 이론을 통해서 알 수 있으나, 개별 유아의 발달 정도는 정확한 관찰을 통해서 파악할 수밖에 없다. 따라서 보육내용을 선정할 시에는 연령별 유아 발달의 정도 및 개별 유아의 발달 정도 모두를 고려하여 학습의 효과가 극대화되도록 해야 한다.

넷째, 유아의 일상생활에서 내용을 선정한다. 보육내용을 유아들의 경험과 밀접하게 연결시킬 수 있도록 제시해 주어야 한다. 유아들의 생활 주변의 소재로부터 놀이나 활동 중심의 보육내용을 선정하게 될 때 유아들은 생활에 보다 많은 관심과 흥미를 갖게 되고, 그 결과 어린이집 생활에 쉽게 적응하게 될 것이다.

다섯째, 유아의 생활 경험과 발달이 통합적으로 이루어지도록 돕기 위해서는 보육과정의 내용을 개념적으로 조직한 형태로 제시한다. 개념적으로 보육내용을 조직하면 보육내용을 좀 더 깊이 있고 구조적으로 이해, 유아의 현재 발달수준에서 교육활동을 시작, 문화적 · 개인적 측면에서 유아의 관심 범위 알기 등의 좋은 점이 있다.

여섯째, 각 교과의 개념중심의 틀에서 벗어나 활동중심으로 내용을 선정한다. 통합한 형태로 내용을 선정 구성하여 유아들이 주변생활에 쉽게 적응하고 주변생활을 이해할 수 있도록 해야 한다.

2 보육과정 유형에 따른 목표

1) 기본생활의 목표

건강, 안전, 바른 생활에 관한 지식 · 기술 · 태도를 배우고 익히며 올바른 습관을 길러, 자신의 건강과 안전을 자기 스스로 보호하고 타인을 존중하며 즐겁게 생활한다. 청결과 위생, 수면과 휴식, 바른 식생활, 의생활 및 심신의 건강을 바탕으로 발달을 촉진한다. 위험 요인과 상황에 대해 알고 안전하게 대처하는 능력을 길러서 자신과 타인을 보호한다. 일상 속에서 예의 바르고 질서를 잘 지키며 절약하는 행동을 습관화하여 즐겁게 생활한다.

2) 신체운동의 목표

자신의 신체를 긍정적으로 인식하고 즐겁게 신체활동에 참여함으로써 영유아기에 필요한 기본운동 능력을 기른다. 기본적 감각능력을 키우고, 자신의 신체를 긍정적으로 인식한다. 신체를 조절하고 기본운동 능력을 기른다. 신체활동에 즐겁게 참여한다.

3) 사회적 관계의 목표

자신에 대해 존중감을 키우고, 자신과 다른 사람의 정서를 인식하고, 이를 사회적 관계에서 적절히 조절하여 활용할 수 있도록 하며, 가족, 또래, 지역사회와 긍정적인 관계를 형성하고, 유능한 사회구성원으로 기능하게 하기 위하여 필요한 사회적 지식을 획득하도록 한다. 자신의 독특한 자아에 대해 인식하고 자신감과 독립심을 기른다. 자신과 다른 사람의 정서를 이해하고 표현하며, 자신의 정서를 조절하고 활용한다. 다른 사람과의 관계를 이해하고 더불어 살아가는 능력을 기른다. 자신을 둘러싼 사회현상에 관심을 가지고 이해한다.

4) 의사소통의 목표

듣고 말하는 것을 즐기며 상황에 맞는 언어를 익혀 바른 언어생활을 하도록 하고 일상생활에 필요한 의사소통능력과 기초적인 문해능력을 기른다. 다른 사람의 이야기를 주의 깊게 듣는 태도와 이해력을 기른다. 바르게 말하는 태도와 정확한 발음으로 자신의 느낌, 생각, 경험을 말로 표현하는 능력을 기른다. 주위의 사람들과 대화하고 여럿이 함께 토론하며 서로의 의견을 나누는 경험을 하게 한다. 글과 글자에 친숙해지는 경험을 쌓아 읽기와 쓰기에 흥미를 갖게 한다.

5) 자연탐구의 목표

주변의 사물과 자연현상을 지각하고 호기심을 가지며, 지속적으로 탐구하는 태도를 가지며 문제해결을 위한 기초능력을 기르고, 자연을 사랑하는 마음을 가진다. 주변사물과 자연환경에 대해 지속적으로 호기심을 가지고 탐구하는 태도를 가진다. 일상생활의 여러 상황과 문제를 수학적으로 이해하고 해결하기 위하여 기초능력을 기른다.주변사물과 자연현상에 대한 기초 지식을 쌓고 자연을 사랑하는 마음을 가진다.

6) 예술경험의 목표

주변의 친근한 환경과 생활에서 예술적 요소에 관심을 보이고 흥미롭게 경험하고 즐김으로써 창의성과 감성을 기른다. 주변 생활에서 발견한 단순한 예술적 요소에서부터 점차 다양한 요소까지 아름다움에 관심을 보이고 탐색한다. 자신의 생각과 느낌을 음악, 움직임과 춤, 극놀이, 미술활동으로 표현하는 것을 즐기며 점차 다양하고 창의적으로 표현한다. 생활에서 자연, 사물, 예술 작품들을 보고 즐긴다.

3 보육내용 선정

보육의 목적과 목표가 설정되면 그것을 달성하기 위한 경험과 활동의 계획, 즉 보육 프로그램에 대한 계획이 마련되어야 한다. 영유아 삶의 다양한 일상경험들을 분석하여 교육적으로 의미를 지닌 내용을 구조화할 필요가 있으며 이렇게 한 것이 영유아를 위한 경험과 활동이 될 수 있다. 영유아 보육에서 중요한 지침이 되고 있는 발달에 적합한 실제는 주로 발달이론에 근거하고 있다는 점에서 비판이 제기되고 있으나, 영유아를 위한 학습 경험과 활동을 선정할 때 연령별 특성, 개별 적절성, 그리고 사회문화적 배경을 고려할 것을 제안하고 있다(이기숙, 2000). 각 영역들의 내용이 통합적이고 균형적으로 잘 조직 · 선정되어야 하며, 이는 목표 설정과 마찬가지로 학습자의 발달수준, 학부모, 교사, 국가의 요구조사와 이론에 근거하여 구성되어야 한다(문미옥, 2008). 영유아를 위한 보육내용 선정 시 유의할 점은 다음과 같다.

첫째, 영유아의 직접적 경험을 통해서 학습이 이루어지도록 해야 한다. 암기, 반복훈련, 주입식 설명, 학습지 사용 등을 지양하고 일상생활 속에서의 자연스러운 경험을 통해 의미 있는 학습활동이 이루어질 수 있는 내용을 선정해야 한다는 것이다.

둘째, 영유아의 발달수준에 적합하고 만족할 만한 다양한 활동을 중심으로 구성해야 한다. 영유아의 신체, 언어, 인지, 정서, 사회적 발달에 대한 목표를 성취할 수 있고, 영유아의 사전 지식과 경험을 고려하여 현재의 발달수준, 학습유형, 욕구와 흥미를 고려하는 것이어야 한다. 또한 다양한 활동매체와 다양한 방법으로 활동할 수 있는 충분한 기회를 갖는 것이 중요하다.

4 보육내용 및 활동의 조직원리

보육내용이 선정되고 나면 이 내용을 어떻게 가르칠 것인가를 조직해야 한다. 보육내용의 조직은 보육내용을 어떻게 배열할 것인가에 대한 문제이다. 보육과정의 내용과 활동의 선정이 유아에게 '무엇을 가르칠 것인가'와 관련된 것이라면 보육내용 및 활동의 조직은 '어떻게 가르칠 것인가'를 모색하는 과정이다.

다시 말하자면, 보육과정의 내용 및 활동을 언제, 어디서, 어떻게 전개할 것인가를 알기 쉽게 조직하는 작업인 것이다. 목표 달성을 위한 보육 경험 및 활동의 선정은 보육 경험 및 활동의 조직과 밀접한 관계를 가지고 있다. 보육내용 및 활동의 조직은 효과적인 목표 달성을 위해 선정된 보육내용을 계열화하고 다른 교육내용과 조화 및 균형을 이루며 학습자인 유아와 연결될 수 있도록 적절하게 조직되어야 한다. 즉, 앞에서 제시된 다양한 기준들에 의해 선정된 학습 경험과 활동이 적절히 조직되어 영유아들에게 제공되어야 하는 것이다. 학습내용 조직은 일반적으로 교육내용을 계열화하고 상호 연관을 지으며, 학습자인 영유아와 연결되도록 하는 것이다.

보육내용 선정 및 조직의 원칙과 관련하여 생각할 수 있는 것은 타일러(1985)가 제시한 교육내용의 조직원칙이다. 타일러는 교육내용의 조직을 논리적 원칙, 발달적 원칙, 심리적 원칙의 세 가지로 설명하였다. 논리적 원칙이란 내용들이 서로 관련성을 맺고 있는 상태로서, 예를 들어 가까운 데서 먼 곳으로, 쉬운 데서 어려운 데로, 구체적인 데서 추상적인 데로, 연대순의 나열 등의 방식으로 내용들이 조직되는 원칙을 말한다. 발달적 원칙이란 유아가 자람에 따라서 점차 복잡해지고 내면화되며 가치적인 해석과 응용으로 나아갈 수 있도록 조직하는 원칙이다. 심리적 원칙이란 유아의 흥미와 관심을 기초로 하면서 유아가 마음속에서 반성적 사고과정을 통하여 경험할 수 있도록 조직하는 원칙이다. 일반적으로 초·중등의 학령기 교육이 논리적 원칙에 비중을 두고 조직된다면 유치원 교육과정과 보육과정은 유아의 발달적 원칙과 심리적 원칙에 비중을 두고 내용을 조직한다고 할 수 있다.

보육내용 및 활동을 효과적으로 조직하기 위해서는, 계속성, 계열성, 통합성의 원리가 고려되어야 하는데 이를 구체적으로 살펴보면 다음과 같다.

첫째, 계속성의 원리이다. 보육내용이 시간적으로 계속되고 반복적으로 경험되도록 조직하는 것을 말한다. 즉, 경험의 지속성이 유지되도록 구성하는 것이다. 보육활동의 경험을 효과적으로 배열하려면 목표 달성을 위한 활동이 반복적으로 제시되어야 하고 일정 기간 동안 영유아들이 계속적인 반복 경험을 할 수 있어야 한다. 하나의 지식이나 기술을 습득하기 위해서는 연습의 기회를 자주 제공함으로써 완전히 익힐 수 있으며 이를 통해 새로운 지식과 기술에 숙달되도록 하는 것이 목적이다. 영유아에게 한 가지 목표 달성을 위해 학습이 일어나도록 조직하는 것이 중요하다. 보육은 영아에서부터 취학 전까지의 영유아들을 모두 대상에 포함하고 있기 때문에 보육활등의 시간적 · 공간적 연계성을 고려하여 활동을 조직하는 것이 필요하다.

둘째, 계열성의 원리이다. 시간적인 순서와 관련된 개념이나 단순한 반복의 의미가 아닌 계열의 기본적인 줄기는 유지하면서 그 줄기에서 보다 더 넓고, 깊은 학습이 심화되고 확대되어 가는 개념이다. 즉, 연령이 높을수록 더 심화된 학습을 해야 하고 연령이 어릴수록 구체적이고 단순한 활동을 해야 한다는 것이다. 예를 들면, 동일한 보육목표를 위한 활동이라 하더라고 영아반과 유아반의 활동수준이 질적으로 서로 다르게 구성되어야 한다는 것이다. 이것은 브루너(Bruner)의 나선형 교육과정의 구성원리와 유사한 개념으로 사람에 대한 내용을 조직한다고 할 때 나로부터 시작해서 우리 가족, 사회, 국가, 세계 여러 나라 사람들도 확대하여 구성하는 것이다. 계열성을 고려하기 위해서는 단순한 내용에서 복잡한 내용으로, 친숙한 내용에서 점차 모르는 내용으로, 구체적 사실에서 추상적 개념으로 나아가는 것이 바람직하다. 즉, 동일 목표를 위한 활동이라도 영아에 비해 3세나 5세 유아의 활동은 더욱 심화된 활동이 되어야 한다. 어릴수록 보다 구체적이고 단순한 활동을 제공하고 점차적으로 추상적이고 복잡한 활동으로 나아가도록 조직해야 한다.

우리나라 영유아보육과정인 표준보육과정은 수준별로 고려되어 구성되어 있다. 대상 영유아의 발달적 차이를 고려하면서도, 이들의 발달이 통합적 · 연속적으로 이루어지며, 학습의 속도가 점진적으로 이루어지므로 수준별로 구성한다.

따라서 표준교육과정에서는 2세 미만 영아, 2세 영아, 3~5세 유아의 세 연령집단으로 나누었으며, 2세 미만은 1, 2, 3수준으로, 2세는 1, 2수준으로, 3~5세는 1, 2, 3수준으로 나누었다. 여기서 수준이란 연령, 발달, 개인차를 포함한 의미이다. 영유아에게 제공되는 내용은 각 발달시기에 적합하면서도 그 다음 단계의 발달과 연계되도록 경험의 연계성과 계열성을 바탕으로 구성한 것이다.

셋째, 통합성의 원리이다. 영유아가 경험하는 활동들이 하나의 통합된 의미를 지니도록 내용을 조직해야 한다는 의미이다. 보육내용의 통합성을 유지한다는 것은 영역별 또는 동일 영역에서도 하위 영역별로 서로 보완하고 강화되어 연결될 수 있는 내용으로 조직하여야 한다는 것이다. 보육목표를 달성하기 위해 보육과정의 여러 영역에서 반복적으로 활동을 경험하고 보육시설뿐 아니라 실생활에서도 경험이 확장될 수 있는 기회를 제공하는 것이 좋다. 따라서 교사는 영유아가 배운 내용을 일상의 다양한 상황 속에서 적용해 볼 수 있도록 보육내용을 조직하여야 한다. 통합적 조직 접근은 다양한 영역의 내용, 개념 등을 통합된 전체 경험으로 제공할 수 있도록 조직하는 방법을 말한다. 이러한 조직방법은 유아들에게 의미 있는 학습 경험을 제공함으로써 흥미와 참여를 높이고 지식, 기술, 성향과 태도를 개발하는 데 효과적이라는 점에서 최근 보육현장에서 활발하게 적용되고 있다.

통합적 접근은 이처럼 다양한 영역별 또는 동일한 영역에서도 하위 영역별로 서로 보완하고 강화하여 서로 연결될 수 있도록 함으로써, 영유아들이 배운 지식과 활동한 경험들이 서로 모순 없이 통합되어 오랫동안 기억될 수 있기 때문에 통합적 접근의 방법으로 보육내용이 조직되어야 한다.

Chapter 06

교수 - 학습 방법

영유아들은 생존에 필요한 대부분의 지식과 기술, 능력 등을 놀이를 통해서 발달시킨다. 그리고 놀이를 통해 지적, 신체적, 정서적, 언어적 발달을 이루어 간다. 아동들에게 있어서 놀이는 매우 의미 있는 활동이며 아동들의 활동 중에서 가장 중시되어야 한다. 그러므로 놀이를 통하여 아동들에게 다양한 활동을 지도한다면 즐겁고 능동적인 방법으로 교육을 이룰 수 있다.

1 영유아 학습의 기본 전제

영아는 출생 후 환경을 탐색하기 시작하는데 물체에 손을 뻗쳐 쥐거나 조작할 수 있게 되고, 6~7개월이 되면 이동이 가능해지면서 환경을 더욱 적극적으로 탐색하기 시작한다. 12~13개월이 되면 자신에 대한 가작화 행동이 출현하며 상징놀이가 점차 발달하게 된다. 이처럼 건강한 영아는 깨어 있는 대부분의 시간을 놀이로 보내며 영아에게서 놀이 없는 생활은 상상할 수 없을 것이다. 영유아들에게 있어서 놀이는 그들의 생활 그 자체라고 할 수 있다. 1800년대부터 최근까지 많은 심리학자, 철학자, 교육학자들이 다양한 관점에서 놀이를 정의하였다. 프뢰벨은 "인간의 가장 순수한 정신적 활동"이 놀이라고 정의했으며, 아이작(Isaacs)은 "놀이가 아동 삶 자체인 동시에 이 세상을 이해하는 수단"이라고 정의하였다. 로빈(Robin)은 "문제 해결력, 협동, 도구 사용 기술, 창조성, 언어 발달, 통찰력, 성 역할, 문화의 전승 등 사회, 도덕, 인지 발달에 공헌하는 마술 상자"라고 보았다. 듀이는 "어떤 결과를 얻기 위해 의도적으로 하는 것이 아니라 모든 활동에 강조를 두는 것"이 놀이라고 하였다(오정희, 1994).

놀이의 개념을 밝히는 데 있어서 레비(Levy)는 놀이와 놀이가 아닌 행동을 서로 대비시켜 접근하였으며, 프로스트와 클라인(Frost & Klein)도 놀이와 일(work)의 특성을 대비시킴으로써 놀이의 필수 조건을 제시하였다. 즉, 놀이는 능동적, 자발적이며 재미있고 목표가 없는데 비하여 일은 수동적, 강요적이며 단조롭고 외적인 목표를 갖는다고 하였다. 또한 영유아의 놀이 개념을 분석한 킹(King)의 연구에서 영유아들은 스스로 선택한 활동을 놀이로 분류하고 교사가 지시한 활동은 일로 정의하였다(이숙재, 1999). 따라서 영유아 학습의 기본 전제는 바로 '놀이'이다.

영유아 학습의 기본 전제인 놀이의 특징은 다음과 같다.

첫째, 놀이는 내적으로 동기 유발되어 발생한다. 즉, 놀이활동은 자발적으로 이루어지는 활동이다.

둘째, 놀이는 결과보다 과정이 중요하다. 아동 놀이의 목적인 융통성이 있다. 아동 스스로가 놀이의 목적을 정하기도 하고 놀이활동 과정 중에 그 목적이 아동의 의도에 따라서 수시로 바뀔 수 있다. 놀이는 정해진 목적에 구애받지 않고 단지 참여하는 과정으로 중요한 가치가 있는 활동이다.

셋째, 놀이는 비형식적인 것이며, 상징적인 것이다. 아동의 모든 놀이활동이 상징적인 것은 아니나, 미술과 역할의 개념들은 아동이 '만약에'라는 틀에 현실의 실제들을 상징적으로 전환한다. 놀이 행동은 무의식적인 욕구와 감정을 상징하기도 한다.

넷째, 놀이는 외적인 규제로부터 자유가 부여된다. 놀이활동 내용에 부과되는 규제가 있기는 하지만, 놀이에서 창의적으로 변화시킬 수 있는 자유가 있다.

다섯째, 놀이 전개는 사물에 의해 지배되고 결정되는 것이 아니라, 아동에 의해 지배되고 결정된다. 현실 세계에서 '막대기'는 단순한 막대기일 뿐이지만, 놀이활동에서 막대기는 '비행기', '총'으로 아동의 생각대로 변화될 수 있다. 놀이활동에서 아동이 사물과 상황을 모방하려고 시도하는 것보다는 사물과 상황에 자신이 원하고 상상하는 것을 더한다.

여섯째, 놀이는 기쁨과 즐거움과 같은 긍정적 정서를 바탕으로 활동적이고, 적극적으로 아동을 활동에 참여시킨다. 놀이활동을 전개할 때 주의집중하고, 자신이 하고자 하는 활동을 숙달하려는 의도를 가지고 참여해야 한다.

인간의 학습은 하나의 연속적인 과정이기 때문에 자연스럽고 연속적으로 이루어져야 한다. 즉, 관리 및 행정상의 편리성을 추구하기 위하여 학교 구조를 일정한 간격으로 구획하여 구분한다면 아동의 효율적인 발달을 기대하기 어려울 것이다. 학습의 불연속성은 학습자의 정상적인 발달에 장애가 되며 학습자의 교육적 성취를 저해하는 요인으로 지적되고 있다. 교육과정의 효율성 측면에서도 양 교육단위 간의 연계성은 점차 더 요구될 것으로 보인다. 따라서 기본전제에 충실할 수 있는 방법은, 명확히 특정화한 목적과 의도로 놀이를 교육과정에 통합시켜야 하며 놀이를 통한 학습을 확대하기 위하여 양질의 상호작용을 위한 시간을 구성하여야 한다는 것이다. 또한, 자발적 학습에 의존하기보다 놀이를 통한 교육기회를 인식하고 재고하는 시간을 구조화하여 제공한 뒤 유아들이 놀이에서 자신이 한 것, 학습한 것, 성취한 것이 무엇인지를 보다 의식적으로 인식하게 한다.

2 교수–학습 방법의 중요성

보육의 목적에 따른 목표를 설정하고 나면 목표에 따른 보육내용 및 활동 선정과 조직이 이루어진다. 이는 보육시설에서 영유아의 보육을 담당하는 교사 및 종사자들이 영유아 발달에 대한 학습의 원리 등에 대한 전문적인 지식을 가지고 영유아들에게 다양한 경험을 제공하기 위하여 보육활동 전반에 대한 체계적인 계획을 수립하기 위한 설계도를 작성한 것과도 같다. 그러나 실제 보육시설에서 영유아를 대상으로 보육을 한다는 것은 이와 같은 설계도에 기초하여 보육활동, 즉 교수–학습 활동이 이루어진다는 것을 의미한다.

실제 보육현장에서 일어나는 보육의 장면을 생각해 보면 영유아와 교사 간에 일어나는 교수–학습 과정을 가장 먼저 떠올릴 것이다. 이는 교수–학습이 가장 기본적이고 핵심적인 것으로 영유아와 교사 간에 일어나는 가르치며 배우는 과정이기 때문이다.

교수(teaching)활동이란 영유아가 알고 있어야 할 지식과 정보를 효과적으로 습득할 수 있도록 교육활동 및 교수환경을 계획하고 이끌어 가는 일련의 과정이라 할 수 있다. 또한 학습(learning)은 유아에게 제공되는 활동에 대한 경험 결과 일어나는 비교적 지속적인 행동의 변화라고 정의할 수 있다. 즉, 교수는 가르치는 활동과정이며 학습은 배우는 과정에 관한 활동이다. 보육활동을 전개하는 과정에서 교수–학습 활동은 독립적으로 이루어지지 않으며 상호작용적 성격을 띠게 된다. 일반적으로 가르치는 주체를 교사로, 배우는 주체를 영유아라고 할 때 교사와 영유아 간의 사회 정서적이고 교육적인 상호작용은 보육의 질을 결정하는 중요한 요소가 된다.

그러므로 보육교사는 보육의 목표와 내용에 근거한 보육활동, 즉 교수–학습 활동을 효과적으로 제공함으로써 보육의 질을 높일 수 있다. 교사는 발달과 교육에 대한 이론을 근거로 하여 영유아의 개별적 성향, 능력 등을 잘 판단하여 이에 적합한 교수–학습 방법을 사용하고 상호작용 할 수 있어야 하는 것이다. 특히 보육 실제에서 교사는 영유아의 흥미, 요구, 발달수준 및 학급 형태 등을 고려하여 적절한 교수–학습 방법을 선택하고 활용할 수 있어야 하는 것이다.

3 교수–학습 원리

목표를 설정하고 목표에 따른 활동 선정과 조직이 이루어지고 난 후, 보육내용을 보육의 실제에 적용하고 실행하기 위해서는 효율적인 보육방법이나 교수–학습 방법이 요구되어진다. 교수는 가르치는 활동과정이며 학습은 배우는 과정에 관한 활동이다. 보육활동을 전개하는 과정에서 교수–학습 활동은 독립적으로 이루어지지 않으며 상호작용적 성격을 띠게 된다. 영유아를 위한 보육활동은 영유아들의 발달과 학습의 기본원리를 전제로 하여 영유아 중심의 보육과정이 이루어져야 한다. 이러한 교수–학습 과정이 일어나기 위한 보육방법의 기본 원리를 제시하면 다음과 같다(방인옥 외, 2003).

1) 놀이중심의 원리

영유아들의 보육은 놀이중심으로 이루어질 때가 가장 효율적이다. 놀이에는 흥미, 몰입, 자발적인 동기유발, 자율적인 선택과 같은 요소들이 포함되어 있다. 또한 지식구성에 필수적인 자발적 탐색, 실험 및 조작을 위한 기회를 제공한다. 영유아들은 놀이를 하는 동안 주변의 사물을 관찰하고, 상황을 이해하는 지식, 기술, 태도를 발달시킨다. 따라서 보육시설에서 일어나는 활동들은 놀이 속에서 통합되어 자연스럽게 유아가 몰입하도록 구성해야 한다. 보육과정에서 놀이를 통한 활동은 유아 스스로 선택, 계획, 참여하여 이루어질 수 있도록 교사의 격려와 안내가 필요하다.

보육과정에서 교사는 보육목표와 내용에 의해 계획된 놀이활동을 제시하고 다양하게 제시된 놀이자료와 사물이 포함된 활동에 영유아가 자연스럽게 몰두하도록 지도한다. 보육시설에서 일어나는 활동들은 놀이 속에서 통합되어 자연스럽게 유아가 몰입하도록 구성하여야 한다. 영유아를 위한 보육활동이 놀이활동을 통해 이루어지도록 하는 것이 영유아의 흥미와 자발성을 이끌며 발달을 도와주는 교수-학습의 원리이다.

2) 개별화의 원리

개별화 원리에 의한 학습은 영유아들이 보육목표에 도달할 수 있도록 각 영유아의 흥미 및 이해 정도에 따라 학습활동을 선정하여, 유아의 학습속도에 맞게 제시하는 방법이다. 모든 영유아가 흥미, 활동에 대한 이해 및 참여도, 자발성 등이 다르기 때문에 개별화 학습은 매우 효과적인 방법이다. 영유아들의 흥미와 능력, 그리고 사전 경험을 알아보기 위해 교사는 놀이활동을 잘 관찰하여야 한다. 관찰 및 진단 평가를 실시한 후에 모든 활동을 다양한 놀이형태로 준비하여 능력에 맞게 제시한다. 이 과정에서 교사는 유아에게 의도한 학습이 잘 이루어졌는지 알아보기 위해 활동 시 적절히 질문하거나 영유아의 반응을 관찰하여 영유아가 흥미 있게 놀도록 해 준다.

개별화 학습을 위해 교사는 각 영유아의 발달 상태에 따라 지도할 수 있는 다양한 자료와 활동을 제시한다. 이때 제시하는 활동들은 가능한 한 단계적으로 구성하여 어떤 활동을 성공적으로 끝내면 보다 높은 단계의 학습활동으로 진행하도록 한다. 교사는 각 단계의 발달이 자연스럽고 원활히 이루어지도록 개별적으로 상호작용한다.

3) 일상생활 중심의 원리

영유아를 위한 보육방법은 일상생활 속에서 일어나는 흥미와 관심, 요구를 중심으로 구성될 때 가장 직접적이고 구체적이며 유의미한 학습 경험이 된다. 따라서 교사는 영유아의 일상생활과 관련된 경험을 제공하고 그들의 주변에서 일어나는 일들에 대해 관심을 가져야 할 것이다.

생활중심의 교수–학습을 위해서 교사는 영유아 주변에서 일어나는 일, 매일의 생활과 연관된 체험들을 통해 보육활동을 전개하는 것이 바람직하다. 예를 들어, 유아의 가정, 유치원, 친구들과의 경험, 지역사회 내의 여러 직업 및 기관들, 계절과 관계된 현상들, 풍습, 국가와의 관계 등 모든 내용이 중요한 요소가 된다.

4) 통합의 원리

통합은 여러 차원에서 고려될 수 있다. 통합의 원리는 영역별 보육내용, 활동 영역, 보육시설과 지역사회가 서로 분리되지 않고 연결되어 다루어지는 것이다. 내용 영역 간의 통합은, 예를 들어 표준보육과정에서 영유아의 전인 발달을 위해 기본생활, 신체운동, 사회관계, 의사소통, 자연탐구, 예술 경험 영역의 보육내용들이 하나의 보육활동에 통합되는 것이다. 활동 영역 간의 통합은 여러 활동 영역들이 영유아가 계획한 활동들에 의해 서로 연결되어 통합되는 것을 뜻하며, 예를 들어 언어와 미술활동의 통합활동이다. 보육시설과 지역사회의 통합은 견학이나 자원 인사를 초청하여 어린이집 안팎의 경험이 통합되는 것을 뜻하며, 예를 들어 보건소 견학 등이 있다. 보육내용을 통합적으로 다루기 위해 보육시설에서는 주제를 중심으로 활동 영역별로 연결되는 활동을 계획하고 구성하고 있다.

또한 보육주제를 중심으로 하는 활동 영역들과 하루의 일과들이 자연스럽게 통합되어야 하며, 이 과정에서 가정과 지역사회와의 통합도 반영되어야 한다. 이를 위해 유아의 경험의 범위 내에서 하나의 주제나 개념을 선정하여 여러 생활 영역,

흥미 영역의 목표 및 학습내용들을 탐색하고 학습하도록 하는 것이 바람직한 방법으로 고려되고 있다.

5) 탐구학습의 원리

영유아들은 능동적 학습자로 자신이 스스로 탐색하고 자신의 감각을 이용해 주변의 사물이나 현상을 직접 경험함으로써 물리적, 사회적 및 논리 · 수학적 지식을 얻는다. 즉, 스스로 탐구하는 과정을 통해 학습이 이루어진다.

탐구학습을 통해 영유아들은 질문하는 능력, 자료와 정보를 분석하는 능력, 문제의 해결을 위해 스스로 해결방법을 발견하는 능력 등이 발달하게 된다. 그러므로 보육활동에서 교사는 영유아에게 다양한 경험을 할 수 있는 풍부한 기회를 제공하고 유아가 관찰하고 실험해 보도록 격려하며 자신의 생각이나 호기심을 창의적으로 전개하도록 도와야 한다. 이를 위해 교사는 사회적 현상이나 개념에 대한 지식을 탐구할 수 있는 다양한 실제 상황을 관찰할 기회를 풍부하게 제공해야 한다.

보육활동은 영유아들의 흥미와 욕구를 중시하는 탐색활동을 강조하는데, 이를 위해 발생된 문제상황을 파악하고, 이것을 해석하며 일반화하는 능력을 길러 영유아의 인지 및 사고발달을 촉진시키도록 해야 한다. 탐구학습을 장려하기 위해서 교사는 다양한 경험의 기회를 제공하고, 관찰과 실험의 활동을 시도하며, 창의적 문제해결과정 등을 격려하는 교수-학습 방법을 보육과정에 반영하여야 한다.

4 영유아를 위한 교수-학습 방법

교육활동에 적합한 교사의 교수-학습 방법은 다음과 같이 제시할 수 있다.

1) 자기표현

영유아가 자연적인 발달이나 의도적인 교수–학습의 결과로 얻게 된 느낌과 생각을 다양한 활동형태로 표현하는 것이다. 자기표현의 방식으로는 역할놀이, 게임, 신체 표현 등의 행동적 표현과 그리기, 만들기 등의 조형적 표현, 생각과 느낌을 말로 표현하는 등의 언어적 표현이 있다.

2) 토의하기

영유아들이 어떠한 주제나 갈등상황에 대해 서로 의견을 나누고 여러 의견들 사이에서 유사점이나 차이점을 살펴보며 궁극적으로 상황을 어떻게 해결할지 논의해 보는 과정이다.

3) 문제해결

학습자와 교사가 함께 문제상황에 대해 원인과 해결방안을 모색해 보는 방법이다. 영유아의 신체나 정서, 대인관계 및 물리적 문제에 대해 문제가 무엇인지 정의내리고 문제해결과 관련된 정보 수집, 해결방안의 선정 및 적용, 해결방법에 대한 장단점의 평가 및 새로운 방법의 재적용을 통해 문제해결이 이루어진다.

4) 추론하기

가설적 딜레마나 상황에 대해 상황 속의 주인공이 '어떻게 해야 할까?'와 '왜 그렇게 해야 하는가'를 이야기하도록 한다.

5) 모델링

영유아에게 영향력이 있는 부모, 친구, 교사, 매체 속의 인물 행동을 관찰하여 개념, 지식, 태도, 기술을 익힐 때 동기유발체제로 사용되나 교사의 기계적인 시범이나 영유아가 단순히 모방하는 데서 그치지 않도록 해야 한다.

6) 설명

영유아의 주의를 끌만한 시청각 자료, 구체적 사례, 다양한 관련 자료를 사용하여 일반적 원리를 구체적 사례에 적용하여 개념의 구조를 형성하도록 설명하는 방법이다.

Chapter 07

보육 평가

1 보육 평가의 이해

1) 평가의 개념과 목적

정보 지식기반 사회에서 인적자원은 국가 경쟁력의 기본이며, 영유아들은 가까운 미래의 국가 경쟁력의 주역이다. 영유아기의 중요성을 고려할 때 질적 수준이 높은 보육서비스를 제공받아야 하며, 이는 UN에서 제시한 어린이 인권선언의 주장인 좋은 보호 및 교육받을 권리를 보장한다는 측면에서 매우 의미 있는 일이다. 보육은 매우 전문적인 영역으로써 보육현장의 의미와 보육교사의 전문적인 노력 없이 질적 수준의 향상은 불가능하기 때문에 보육시설 평가인증제도의 도입은 보육의 질을 고양할 수 있는 가장 효과적인 대안이라고 할 수 있다.

일반적으로 사용되는 평가(evaluation)의 사전적 의미는 '가치를 따지고 판단하다'라는 뜻이다. 교육평가는 교육이라는 행위의 가치나 수준을 판단하는 일이라 볼 수 있다. 이를 보육과정에 적용한다면, 보육과정 평가는 영유아들의 전인적 성장과 발달을 도와주기 위해 이루어지는 보육과정 전반에 대한 가치판단과정이라고 할 수 있다. 즉, 보육평가는 영유아보육의 목표달성 정도를 알아보는 과정이며, 객관적 자료수집을 통해 영유아들의 행동을 과학적으로 이해하는 수단이다(서영숙 외, 2006).

보육평가는 영유아에게 적합한 교육목표를 설정하고 설정된 목표를 달성하기 위한 교수-학습 경험을 선정, 조직하고, 이를 실제 교수-학습 활동으로 이끈 후 나타난 결과를 평가하는 보육과정의 모든 활동과 관련되어 있다. 보육평가의 목적은 보육과 관련된 모든 활동을 대상으로 일어난 사실을 그대로 파악하여 기술함으로써 보육 프로그램의 효율성을 밝히는 데 있다. 평가를 통해 보육에 참여하는 모든 대상들, 즉 영유아, 교사, 부모, 보육시설 종사자, 관련행정가, 기타 관계자 등에 정보를 제공하고 영유아 개개인의 발달수준 및 행동변화를 평가하는 데 있다(황해익, 2000).

평가제 시행 목적은 다음과 같다.

첫째, 상시적인 보육서비스 질 관리를 위해 주요 핵심지표를 중심으로 질 관리 표준을 제시하고 보육시설 스스로 질적 수준을 제고하도록 한다.

둘째, 전체 보육시설에 대한 주기적 평가를 통하여 보육서비스 품질관리의 사각지대를 해소하고 전반적인 보육서비스 수준을 지속적으로 관리하여 국가의 책무성을 강화하고자 한다.

셋째, 궁극적으로 평가제를 통해 보육서비스의 질 향상을 제고함으로써 영유아의 안전과 건강, 조화로운 성장과 발달을 도모하고자 한다. 이를 위해 영유아의 인권과 놀 권리를 보장하고 영유아가 건강하고 행복하게 성장할 수 있는 안심 보육환경을 조성하며, 보육교직원이 영유아 보육에 집중할 수 있는 여건을 조성한다.

2) 평가제 과정

보육시설 평가제 과정은 대상 선정 및 통보, 기본사항 확인 및 자체점검, 현장평가, 종합평가, 결과통보, 결과공표, 평가 후 관리로 진행된다.

- **대상 선정 및 통보**: 선정통보(1차), 확정통보(2차)
- **기본사항 확인 및 자체점검보고서 제출**: 사전점검사항(5항목), 위반이력사항 자체점검위원회 구성(3~7인 이내), 자체점검 실시 및 입력
- **현장평가**: 현장관찰자 방문(2~3인), 현장관찰 실시, 현장평가 후 상호확인
- **종합평가**: 종합평가위원회 구성, 종합평가 진행, 등급 및 평가주기 결정
- **결과공표**: 결과통보, 평가결과 확인, 소명, 결과공표
- **평가 후 관리**: 연차별 자체점검 및 보고서 제출, 사후방문지원

2 보육 평가의 영역

보육시설 평가제지표의 토대가 되는 보육의 질은 영유아가 보육시설에서 직접 경험하는 보호와 교육의 발달적 적합성, 영유아의 건강한 발달과 안전을 위한 환경의 제공, 그리고 이를 지원할 수 있는 종사자의 전문성, 합리적인 운영체계 등을 의미한다.

보육시설 평가제지표의 항목별 평가기준은 3단계 기술 평정 척도로 이루어져 있다.

- **우수**: 평가항목 모두 Y
- **보통**: '우수' 및 '개선필요' 등급에 해당하지 않는 경우
- **개선필요**: '개선필요' 등급 지표가 1개 이상

보육시설 평가제 지표는 4개 영역 18지표 59항목(장애영유아 60항목)으로 구성되어 있다.

1) 영역 1. 보육과정 및 상호작용

(1) 보육과정 및 상호작용

보육과정 및 상호작용 영역은 총 5개의 지표로 구성되어 있다. 영유아의 권리존중, 어린이집의 보육철학과 표준보육과정에 기초한 보육계획 수립 및 실행, 영유아의 놀이 및 활동에 대한 적절한 지원, 영유아 간 상호작용 지원, 보육과정 운영에 대한 평가를 실시하고 있는지에 대해 평가한다.

〈표 7-1〉 평가지표 및 세부 평가항목

평가영역	평가지표	평가항목
1. 보육과정 및 상호작용 (18)	1-1 영유아 권리존중(2) [필수]	1. 교사는 영유아를 존중한다.
		2. 교사는 영유아를 차별 없이 대한다.
	지표 등급	우수: 'Y'가 2개, 보통: 'Y'가 1개, 개선필요: 'Y'가 0개
	1-2 보육계획 수립 및 실행 (6)	1. 표준보육과정을 바탕으로 어린이집의 철학을 반영한 보육계획을 수립한다.
		2. 영유아가 편안한 분위기에서 일상경험을 할 수 있도록 운영한다.
		3. 하루 일과에서 영유아의 놀이가 충분히 이루어지도록 한다.
		4. 바깥놀이 시간을 매일 충분히 배정하여 운영한다.
		5. 특별활동은 운영 지침에 따라 운영한다.
		6. [장애영유아]장애영유아를 위한 관련 서비스(치료지원 포함)를 일과 중에 통합적으로 제공한다.
	지표 등급	(일반)우수: 'Y'가 5개, 보통: 'Y'가 3~4개, 개선필요: 'Y'가 2개 이하 (장애)우수: 'Y'가 6개, 보통: 'Y'가 3~5개, 개선필요: 'Y'가 2개 이하

	1-3 놀이 및 활동지원 (3)	1. 교사는 놀이와 활동이 영유아의 자발적 선택에 의해 주도적으로 이루어지도록 격려한다.
		2. 교사는 영유아의 놀이 상황을 관찰하면서 놀이와 관련된 상호작용을 한다.
		3. 영유아의 다양한 놀이와 활동에 필요한 자료를 제공한다.
	지표 등급	우수: 'Y'가 3개, 보통: 'Y'가 2개, 개선필요: 'Y'가 1개 이하
	1-4 영유아 간 상호작 용지원 (4)	1. 교사는 영유아의 감정에 공감하고 스스로의 감정을 다룰 수 있도록 돕는다.
		2. 교사는 영유아가 일상에서 자신의 의견, 생각 등을 또래와 나눌 수 있도록 격려한다.
		3. 교사는 영유아가 적절한 약속과 규칙을 지키도록 격려한다.
		4. 교사는 영유아 간 다툼이나 문제가 발생할 경우 다양한 해결 방식을 사용한다.
	지표 등급	우수: 'Y'가 4개, 보통: 'Y'가 2~3개, 개선필요: 'Y'가 1개 이하
	1-5 보육 과정 평가 (3)	1. 반별 보육일지에 하루 일과 및 놀이실행에 대한 기록이 있고, 필요한 경우 그 내용을 다음 놀이 지원 및 활동 계획에 반영한다.
		2. 영유아의 일상생활, 실내외 놀이 및 활동에 대한 관찰 내용을 기록하고, 영유아의 발달 특성과 변화를 평가한다.
		3. 원장은 각 반별 보육과정 운영에 대한 평가를 통해 어린이집 전체 보육과정 운영을 파악하고 있다.
	지표 등급	우수: 'Y'가 3개, 보통: 'Y'가 2개, 개선필요: 'Y'가 1개 이하
1영역 등급		(우수) '우수' 등급 지표가 4개 이상(필수 포함) (보통) '우수' 및 '개선필요' 등급에 해당하지 않는 경우 (개선필요) '개선필요' 등급 지표가 1개 이상

(2) 보육환경 및 운영관리

보육환경 및 운영관리 영역은 총 4개의 지표로 구성되어 있다. 실내 공간 구성 및 운영, 실외 공간 구성 및 운영, 기관 운영, 가정 및 지역사회와의 연계가 원활하게 이루어지고 있는지에 대해 평가한다.

〈표 7-2〉 평가지표 및 세부 평가항목

평가 영역	평가 지표	평가항목
2. 보육 환경 및 운영 관리 (14)	2-1 실내 공간 구성 및 운영 (4)	1. 보육실 내 놀이영역은 영유아의 연령, 발달특성 및 놀이를 반영하여 구성한다.
		2. 실내 시설 및 설비가 영유아의 발달수준에 적합하다.
		3. 영유아의 요구를 충족하는 보육실 이외의 별도의 공간을 마련하고 있다.
		4. 비품과 활동자료를 보관하는 별도의 공간이 있고 체계적으로 정리하고 있다.
	지표 등급	우수: 'Y'가 4 보통: 'Y'가 2~3개, 개선필요: 'Y'가 1개 이하
	2-2 실외 공간 구성 및 운영 (3)	1. 옥외놀이터 등을 구비하고 있다.
		2. 영유아의 발달을 지원하는 다양한 놀이 및 활동자료가 준비되어 있다.
		3. 영유아의 발달에 적합한 다양한 바깥놀이 및 활동이 이루어진다.
	지표 등급	우수: 'Y'가 3개, 보통: 'Y'가 2개, 개선필요: 'Y'가 1개 이하
	2-3 기관 운영 (4)	1. 모든 반을 편성 규정에 맞게 운영하고 있다.
		2. 어린이집 운영계획을 수립하여 부모에게 안내한다.
		3. 신규 보육교직원에게 오리엔테이션을 실시하고 있다.
		4. 신입 영유아 적응을 위한 지원을 하고 있다.
	지표 등급	우수: 'Y'가 4 보통: 'Y'가 2~3개, 개선필요: 'Y'가 1개 이하
	2-4 가정 및 지역사회와의 연계 (3)	1. 어린이집을 개방하여 다양한 부모참여와 교육이 이루어진다.
		2. 평소 가정과 다양한 방법으로 소통하고 정기적인 개별면담을 통해 가족을 지원한다.
		3. 지역사회와 연계한 다양한 활동을 실시하고 있다.
	지표 등급	우수: 'Y'가 3개, 보통: 'Y'가 2개, 개선필요: 'Y'가 1개 이하
2영역 등급		(우수) '우수' 등급 지표가 3개 이상 (보통) '우수' 및 '개선필요' 등급에 해당하지 않는 경우 (개선필요) '개선필요' 등급 지표가 1개 이상

(3) 건강 · 안전

건강 · 안전 영역은 총 5개의 평가지표로 구성되어 있다. 실내외 공간의 청결 및 안전, 급 · 간식, 건강증진을 위한 교육 및 관리, 등 · 하원의 안전, 안전교육과 사고예방 등에 대해 평가한다.

〈표 7-3〉 평가지표 및 세부 평가항목

평가 영역	평가 지표	평가항목
3. 건강 · 안전 (15)	3-1 실내외 공간의 청결 및 안전 (3)	1. 실내외 공간을 청결하고 쾌적하게 관리한다.
		2. 실내외 공간과 설비를 위험요인 없이 안전하게 관리한다.
		3. 실내외 공간의 놀잇감 및 활동자료와 위험한 물건을 안전하게 관리한다.
	지표 등급	우수: 'Y'가 3개, 보통: 'Y'가 2개, 개선필요: 'Y'가 1개 이하
	3-2 급 · 간식 (3)	1. 영양의 균형을 고려한 급 · 간식을 제공하고 있다.
		2. 식자재의 구입 · 보관 및 조리공간을 위생적으로 관리하고 있다.
		3. 조리 및 배식과정을 청결하고 위생적으로 관리하고 있다.
	지표 등급	우수: 'Y'가 3개, 보통: 'Y'가 2개, 개선필요: 'Y'가 1개 이하
	3-3 건강증진 을위한 교육 및 관리 (3)	1. 손 씻기, 양치질 등 청결한 위생습관을 실천한다.
		2. 교사는 영유아의 건강상태를 살펴보고 적절하게 지원한다.
		3. 영유아와 보육교직원의 건강증진을 위한 예방관리와 교육을 실시한다.
	지표 등급	우수: 'Y'가 3개, 보통: 'Y'가 2개, 개선필요: 'Y'가 1개 이하
	3-4 등 · 하원의 안전 (3)	1. 교사는 영유아의 출석을 확인하며 인계규정에 따라 귀가지도를 한다.
		2. 영유아는 등원부터 하원까지 성인의 보호 하에 있다.
		3. 등 · 하원용 차량을 운행할 경우 안전요건을 갖추어 관리한다.
	지표 등급	우수: 'Y'가 3개, 보통: 'Y'가 2개, 개선필요: 'Y'가 1개 이하

	3-5 안전 교육과 사고 예방 (3)	1. 영유아를 대상으로 안전교육을 지속적으로 실시하고 있다.
		2. 보육교직원은 안전교육을 받고 영유아 학대 예방 지침을 준수한다.
		3. 안전설비를 비상시 효율적으로 사용할 수 있도록 관리하고 있다.
	지표 등급	우수: 'Y'가 3개, 보통: 'Y'가 2개, 개선필요: 'Y'가 1개 이하
3영역 등급		(우수) '우수' 등급 지표가 3개 이상 (보통) '우수' 및 '개선필요' 등급에 해당하지 않는 경우 (개선필요) '개선필요' 등급 지표가 1개 이상

(4) 교직원

교직원 영역은 총 4개의 평가지표로 구성되어 있다. 원장의 리더십, 보육교직원의 근무환경, 보육교직원의 처우와 복지, 보육교직원의 전문성 제고 등에 대해 평가한다.

〈표 7-4〉 평가지표 및 세부 평가항목

평가 영역	평가 지표	평가항목
4. 교직원 (12)	4-1 원장의 리더십 (3)	1. 원장은 자신의 전문성 향상을 통해 어린이집 발전에 기여한다.
		2. 원장은 보육교직원을 존중한다.
		3. 원장은 건전한 조직문화 조성을 위해 노력한다.
	지표 등급	우수: 'Y'가 3개, 보통: 'Y'가 2개, 개선필요: 'Y'가 1개 이하
	4-2 보육 교직원의 근무 환경 (3)	1. 교사를 위한 별도 공간을 마련하고 있다.
		2. 교사를 위한 개인사물함과 업무지원 설비를 마련하고 있다.
		3. 성인용 화장실을 영유아용과 별도로 설치하여 사용하고 있다.
	지표 등급	우수: 'Y'가 3개, 보통: 'Y'가 2개, 개선필요: 'Y'가 1개 이하

	4-3 보육 교직원의 처우와 복지 (3)	1. 보육교직원의 복무와 보수에 관한 규정이 있으며, 이를 준수하고 있다.
		2. 교사의 직무스트레스를 예방하고 관리할 수 있는 서비스를 안내 제공한다.
		3. 보육교직원을 위한 복지제도를 운영하고 있다.
	지표 등급	우수: 'Y'가 3개, 보통: 'Y'가 2개, 개선필요: 'Y'가 1개 이하
	4-4 보육 교직원의 전문성 제고 (3)	1. 보육교직원의 전문성 제고를 위한 다양한 교육 기회를 부여하고 있다.
		2. 교사의 상호작용에 대한 관찰과 지원을 실시하고 있다.
		3. 교사에 대한 근무평가를 실시하고 있다.
	지표 등급	우수: 'Y'가 3개, 보통: 'Y'가 2개, 개선필요: 'Y'가 1개 이하
4영역 등급		(우수) '우수' 등급 지표가 3개 이상 (보통) '우수' 및 '개선필요' 등급에 해당하지 않는 경우 (개선필요) '개선필요' 등급 지표가 1개 이상

참고: 한국보육진흥원(2020).

3 보육시설 평가인증제도

좋은 질에 대한 개념은 어떻게 정의할 것이며, 그 준거들을 어떻게 정할 것인가는 시간, 공간, 문화 등의 여러 변수에 따라 달라질 수 있는 것으로 이에 대한 많은 연구가 이루어져 왔다(Howes & Smith, 1995; Kangan & Cohen, 1996). 보육시설의 질과 관련된 연구에 의하면 질적으로 우수한 보육시설에 다닌 유아가 자아개념이 더 높았고, 또래와 긍정적인 상호작용을 더 많이 했으며, 교사와 부정적 상호작용을 더 적게 했다(이기숙 · 박경자 · 김영옥, 2007).

유아교육기관의 질 수준이 높으면 아이들의 사물놀이나 사회적 놀이수준이 높고(Howes Stewart, 1987), 더 사려 깊고 사교적이며(Phillips et al., 1987), 사회적으로 더 유능하다고 하였다(McCartney, Scarr, Phillips, Grajek & Schwarz, 1982). 이러한 유아교육기관의 질 향상을 위해 평가인증제가 실시되어야 하는 이유에 대해 이기숙(2002)은 인증제는 기관의 질적 향상을 유도하는 안내자의 역할을 할 수 있고, 기관의 질 개선 뿐만 아니라 교사들의 전문성을 향상시킬 수 있으며, 유아교육기관의 질을 체계적으로 관리하는 일련의 정책이 되고, 우리사회가 요구하는 높은 질의 교육을 유아들에게 제공해 줄 수 있기 때문이라고 하였다.

평가인증제에 대한 정의를 보면 Doherty–Derkowski(1995)는 평가인증이란 일정한 수준에 도달한 것에 대한 공식적인 인정이고, 보육시설 평가인증제는 보육서비스의 표준을 정하고, 각 보육시설이 자발적으로 참여하여 질을 평가받고, 보육서비스가 표준 이상의 수준에 도달하면 인증하는 증서를 부여하는 제도이다. 평가인증제 실시와 관련된 법조항을 보면, 평가인증제도는 「영유아보육법」 30조에 해당하며, 「영유아보육법 시행규칙」 31조에 평가인증실시의 내용이 있으며, 제2항에 '보건복지부장관은 법 제30조 7항에 따라 보육정책심의를 거쳐 운영체계, 평가지표, 수수료 등 어린이집의 평가인증에 필요한 사항을 정한다.'로 규정하고 있다(보건복지부, 2015).

1) 도입 배경 및 목적

여성의 사회경제적 활동이 늘어남과 동시에 저출산 문제가 심화되면서 영유아보육 및 교육에 대한 사회적 관심과 요구가 증가해 왔다. 정부에서는 이러한 사회적 요구에 부응하여 1991년 「영유아보육법」을 제정하고 본격적으로 어린이집 확충을 계획 추진해 왔다. 그러한 결과 어린이집은 양적으로 확대되었으며 2000년대를 지나면서부터 영유아 교육기관의 질적인 측면에 대한 논의가 사회적으로 이슈화되었고, 교육과 보육의 주체인 영유아와 학부모가 만족하는 질적으로 우수한 교육을 제공하기 위한 교육기관의 자발적인 노력과 함께 교육기관들에 대한 공신력 있는 평가의 필요성이 제기되었다. 그리하여 정부는 어린이집 유형에 따른 차이를 줄이면서 일정한 수준의 보육으로 향상시키고자 2005년 시범 운영을 거쳐 2006년부터 평가인증제도를 본격적으로 확대 시행하였다(보건복지부, 2014).

어린이집 평가인증제는 관련된 주체인 영유아, 보육교직원, 학부모 등에 따라 다음과 같은 목적을 가진다. 먼저, 영유아를 위해서는 안전한 보육환경에서 건강하게 양육될 권리를 보장할 수 있도록 보육서비스의 질적 수준을 향상시켜야 하며, 원장과 보육교사의 전문성 향상이 증진되도록 지원한다. 또한 부모들을 위해서는 합리적으로 어린이집을 선택할 수 있도록 보육서비스의 질적 수준에 대한 정보를 제공하며 보육정책 수립의 주체인 정부가 보육현장을 효율적으로 지원하고 관리하는 체계를 확립한다는 것이다(한국보육진흥원, 2014). 평가가 실시되어야 하는 이유를 보면, 평가란 기관의 질적인 향상을 유도할 수 있는 안내자의 역할을 할 수 있으며, 기관의 질 개선뿐 아니라 교사들의 전문성을 향상시킬 수 있으며 보육의 질을 체계적으로 관리하는 일련의 정책이 될 수 있어서 우리사회가 요구하는 질 높은 보육을 제공할 수 있기 때문이다(이기숙 외, 2002).

OECD 보고서(OECD, 2006)에 의하면, 질 평가 개념은 구조적인 질과 과정적인 질로 나타내는데, 구조적인 질에는 학급의 크기, 물리적인 환경, 교사 대 유아의 비율, 교사의 교육수준과 훈련 정도, 교사의 경력과 급여 및 안전성을 들 수 있으며, 과정적 질에는 교사-유아 간 상호작용의 질, 교사의 민감성과 반응성, 교사-부모-동료-유아 간 긍정적 의사소통, 발달적으로 적합한 활동과 경험 제공 등의 요인들을 향상시키려는 것이다(이기숙 · 강수경, 2012).

이러한 적합한 환경을 제공하여 평가인증의 목적이기도 한 유아가 안전한 보육환경에서 건강하게 자랄 수 있도록, 실내외의 물리적 환경은 영유아의 발달에 적합해야 하며 심리적으로 안정감을 느낄 수 있도록 구성해야 하며 실내외 환경은 건강과 안전에 적합해야 한다. 또한 영유아의 흥미를 이끌어 내고 요구에 반응할 수 있도록 실내외 환경을 구성해야 하며, 실내외 공간의 크기는 영유아의 수와 활동의 수행에 적합해야 한다(양옥승 외, 2003). 이러한 보육환경이 지속적으로 유지되도록 정부 당국은 어린이집 운영과 관련된 업무에 대해 보육교직원들을 위한 체계적인 관리가 이루어질 수 있도록 평가인증 진행 여부와 관계없이 지속적으로 사전, 사후관리가 이루어져 보육의 질적 수준을 꾸준히 관리하고 지원하여 인증을 유지하도록 해야 한다.

2) 추진 경과

어린이집 평가인증제도의 추진 경과를 보면, 평가인증제의 핵심이라 할 수 있는 평가인증지표는 2003년 보건복지부의 지원으로 '보육시설 인증제도 실시모형 개발'연구가 시작되어 평가인증지표 및 운영체계 시안이 확정되었으며, 2004년 평가인증지표 및 지침서의 개정을 통해 21인 이상, 21인 미만 보육시설용 지표를 개발하게 되었다. 2005년부터는 시설 종류 및 특성을 더욱 구체적으로 반영하여 영아전담 및 장애아전담 보육시설용 평가인증지표가 개발되었으며, 이렇게 마련된 4종(21인 이상, 21인 미만, 영아전담, 장애아전담)의 지표를 가지고 어린이집 평가인증을 시범적으로 실시하게 되었다.

이러한 시범 운영 결과를 토대로 2006년에는 평가인증지표의 시설 규모 및 유형을 기존의 4종에서 3종(21인 이상, 21인 미만, 장애아전담 보육시설용 지표)으로 조정하였고, 영아전담 보육시설용 지표는 21인 이상과 21인 미만 보육시설용 지표내용에 통합하였다. 2008년에는 평가인증 개선 적용안에 따른 지표 유형 적용기준을 변경하여 21인 이상, 20인 이하 보육시설용 지표를 40인 이상, 39인 이하로 변경함으로써 현행 3종(40인 이상, 39인 이하, 장애아전담)의 지표 유형을 갖추게 되었다. 2009년까지 1차 시행시기를 마치고, 2010년부터는 제2차 시행을 실시하게 되어 현행 어린이집 평가인증지표는 시설 규모 및 유형에 따라 '40인 이상 어린이집용 지표' 7개 영역 80개 항목, '39인 이하 어린이집용 지표' 5개 영역 60개 항목, '장애아전담 어린이집용 지표' 7개 영역 85개 항목으로 구성되어 있다. 연도별 추진 경과는 〈표 7-5〉와 같다(한국보육진흥원, 2014).

〈표 7-5〉 평가인증제도의 추진 경과

기간	경과 내용
2002. 04. ~ 12.	어린이집 평가인증제도 실시모형 연구용역 실시
2004. 01.	어린이집 평가인증제도 도입 근거 마련 「영유아보육법」 제30조
2004. 10.	평가인증사업 한국여성개발원 위탁
2005. 01. ~ 12.	어린이집 평가인증 시범 운영 실시
2006. 01.	평가인증사업 육아정책개발센터 위탁
2006. 01. ~ 2008. 09.	어린이집 평가인증 확대 실시
2008. 10. ~ 2010. 01.	어린이집 평가인증 개선 방안 시행 – 자체점검기간(4~5개월→3~4개월)을 단축, 전체 소요 기간 6~7개월로 축소 – 평가인증지표 유형 구분의 기준을 21인에서 40인으로 변경
2009. 03. ~ 2009. 12.	제2차 어린이집 평가인증 추진을 위한 연구 및 공청회 진행
2010. 01. ~	평가인증사업 재단법인 한국보육진흥원 위탁
2010. 02. ~	제2차 어린이집 평가인증 시행
2010. 08. ~	어린이집 평가인증 재인증 시행 – 자체점검기간(1개월), 전체 소요 기간 4개월 진행
2012.	어린이집 평가인증 사후관리 강화 – 확인점검 시범 실시(2012) – 확인점검 본격 실시(2013)
2013.	어린이집 평가인증 개선 방안 시행 – 자체점검 과정을 상시화하여 전체 소요 기간을 6개월→4개월로 단축 – 기본 사항 중 필수 항목을 4항목→9항목으로 확대하여 참여자격기준 강화
2013. 09.	어린이집 평가인증 결과 공표 시행
2014. 02. ~	제3차 어린이집 평가인증지표 개발 및 의견 수렴 진행

위의 표에 덧붙여 평가인증 2차 운영 경과를 보면 〈표 7-6〉과 같이 요약해 볼 수 있다.

〈표 7-6〉 평가인증 2차 운영 경과

기간	경과 내용
2010년~	• 평가인증 과정을 신규인증과 재인증으로 나누어 진행함 • 평가인증 과정의 소요 기간을 6개월로 단축함으로써 평가인증의 효율성을 증대 • 어린이집 법적 관련 사항을 확인하는'기본사항확인'절차를 추가하여 이를 지자체에서 확인하도록 함으로써 신뢰성 향상을 모색함 • 자체점검보고서의 비중을 축소(25%→10%) 현장관찰보고서의 비율을 상향 조정(50%→55%)하는 등 인증결정 반영 비율을 합리적으로 개선하고자 함 • 2차 평가인증지표는 1차 시행 대비 지표 수준을 고려하여 인증통과 기준 점수를 상향 조정함
2011년~	• 평가인증지표의 일부 개정, 우수사례 기준 변경, 현장관찰 운영에 대한 개선 '어린이집 평가인증 문서자료집'을 발간 • 현장관찰 운영에서 현장관찰자의 실명을 공개, 현장관찰자에 대한 다면적인 평가를 실시하여 어린이집과 현장관찰자 간 상호존중 및 현장관찰자의 책임성을 강화하고 현장관찰의 객관성과 공정성을 높이고자 함 • 평가인증에 영향을 미치는 항목들에 대해 어린이집과 현장관찰자 간 상호확인을 함으로써 원활한 현장관찰이 이루어지도록 개선함
2012년~	• 인증사후관리 강화(확인점검 제도 시범 적용): 평가인증 유지 중인 어린이집 중 일부를 방문하여 인증 당시 품질 수준이 유지되고 있는지 확인
2013년~	• '자체점검'과정을 상시화하여 자체점검을 완료한 어린이집이 평가인증에 참여할 수 있도록 함 • 기본 사항 항목 중 법적 관련 필수 항목을 기존 4항목에서 9항목으로 확대하여 참여에 대한 제한 강화 • 보다 공정하고 실효성 있는 현장관찰을 위해 현장관찰 전 2주간의 현장관찰 주간을 공지, 어린이집 규모에 따라 현장관찰자 파견 인원 조정 • 인증 유보된 어린이집의 재참여 과정 중 재인증 어린이집의 재참여 과정을 폐지하여 인증기간 동안 질 유지에 대한 노력 강화 • 확인점검 대상을 확대 실시, 그 결과에 따라 인증유효기간을 조정 • 아이사랑보육포털 등 인터넷 홈페이지에 어린이집 평가인증 결과 공표 시행: 「영유아보육법」 제30조 제4항, 「동법 시행규칙」 제32조의4에 의거(2013. 8. 5. 시행)하여 부모의 알 권리와 어린이집에 대한 선택권 강화

위와 같이 진행되고 있는 평가인증 2차는 보육현장에서 평가인증 3차지표 시범사업과 함께 자유롭게 선택되어 참여하고 있는 실정이다. 또한 유보통합을 앞두고

있는 시기로, 유치원과 어린이집을 대상으로 하는 통합평가지표도 개발되고 있는 시점에서 평가인증의 효과와 한계에 대해 알아보면 다음과 같다.

평가인증의 효과를 알아보면, 평가인증 참여 어린이집에서는 매우 효과적이었다고 하였으며, 평가인증에 참여한 교사들은 평가인증에 대한 인식이 증가하였다. 평가인증 참여 교사들은 평가인증 참여 후 어린이집의 질적 수준이 '좋아졌다'고 평가하였으며, 변화로는 '업무의 전문성 향상', '직무에 대한 애정과 만족도 향상'을 꼽았다. 좋았던 점으로는 '영유아를 위한 환경이 개선된 점'과 '교사 자신을 계발하는 기회'가 되었다는 점을 꼽아 평가인증제도가 영유아를 위한 환경 개선 및 교사의 전문성 향상이라는 목적을 달성하는 효과를 나타냈다(한국보육진흥원, 2014).

한편, 조용남(2014)이 새누리당 안심보육정책 토론회에서 발표한 내용을 보면, 평가인증기관에서의 아동학대 사건 등으로 인해 평가인증제도의 신뢰성 저하로 인한 제도적인 개선을 요구받기도 하며, 질적 수준 향상을 목적으로 시행된 평가인증제가 평가인증 결과 공개로 인해 평가제 성격이 강화되어 인증제와 평가제의 혼재에 대한 불만이 제기되고 있다고 하였다.

4 보육 평가의 활용

평가인증제도는 보육시설이 스스로 강점과 약점을 파악하여 보육시설 종사자들의 보육서비스 수행에 관한 자신감을 고양할 뿐만 아니라 보육시설의 취약점을 개선하여 보육의 질을 향상시키고자 하는 동기를 부여하기 위해 구성되고 지원되어진다(백혜리 외, 2003; 김동례, 2007).

평가인증제를 실시함으로써 직접적인 교육의 수혜자인 유아와 부모뿐만 아니라 보육을 담당하고 있는 교사, 나아가서는 보육정책 담당자에게도 긍정적인 영향을 줄 수 있다고 기대할 수 있다(원정아, 2007). 보육교사의 이직률은 낮아지고 교사의 전문성이 향상되는 경향이 있으며 보육시설장이나 보육교사 이외에도 평가인증을 위한 자체평가 과정에 부모들의 참여기회가 증가하여 부모들을 지원하고 부모들은 보육을 지원하게 된다. 이처럼 평가인증제에 의하여 보육현장에서 일어나는 변화는 보육의 질을 향상시켜, 결국은 아동들에게 긍정적인 결과를 가져다준다고 하였다(이옥, 2002).

평가인증제도에 대한 이론적인 근거와 선행결과를 통해 볼 때, 보육시설에 대한 평가인증제도의 도입에 따른 기대효과를 요약해 보면 다음과 같다.

첫째, 보육서비스의 질적 수준을 향상시켜 영유아의 건강하게 양육될 권리를 보장할 수 있다. 보육시설 평가인증제도의 도입은 무엇보다도 보육시설을 이용하는 많은 영유아의 건전한 발달을 저해하지 않고 잠재능력을 키울 수 있는 환경의 제공이라는 점에서 필수적인 과제이다. 보육서비스의 질적 수준을 고양한다는 것은 전체 사회적인 측면뿐만 아니라 영유아의 권리 측면에서 매우 유용한 일이다. 보육이라고 하는 전문적인 영역의 질을 고양하기 위한 좋은 방법이 평가인증제도이다. 따라서 평가인증제도를 통하여 영유아에게 질 높은 보육서비스를 받을 권리 보장을 강조하며 보육시설과 보육시설 종사자의 전문성을 증진함으로써 보육시설의 질적 수준을 관리할 수 있다.

둘째, 보육시설은 보육서비스의 질적 수준을 높이고자 준비하고 노력하게 됨으로써 보육의 목적을 성취하여 사회에 기여하게 된다. 보육시설들은 평가인증 과정을 거치면서 영유아들에게 적절한 보육서비스를 제공할 수 있게 되는 한편 평가인증 이후 보육시설 종사자들은 보육전문가로서 자부심을 지니게 되는 효과를 거둘 수 있게 될 것이다. 나아가 사회적으로도 보육의 전문화를 통해 사회발전에 기여하게 됨은 물론 보육시설을 더 원활하게 운영할 수 있다.

셋째, 보육대상 영유아의 보호자는 보육시설에 대한 합리적인 선택의 판단 근거 자료로 활용할 수 있다. 보육시설의 평가인증제도는 보육수요자의 보육시설 선택을 위한 정보제공이란 점에서 필요성이 부각된다. 보육 수요자의 기대와 요구가 점점 증대되고 있으므로 인증 여부를 통하여 보육 수요자의 질적 수준에 대해 보다 상세한 정보를 제공함으로써 보육시설 선택 시 판단 근거 자료로 활용할 수 있도록 지원한다.

넷째, 정부의 보육정책 수립자는 보육현장이 효율적으로 운영될 수 있도록 하여 보육현장을 적극적으로 지원하고 관리할 수 있게 된다. 전반적으로 보육서비스의 질적 수준이 만족스럽지 못한 보육시설이 상당수 있는 것으로 조사되었다. 향후 보육시설 평가인증제는 보육시설의 질적 수준 관리 시스템으로 활용될 것이며, 나아가 정부의 지원체계와도 연결될 수 있다. 주요 국가들이 이 제도를 통하여 얻는 효과는 우리나라 보육시설 평가인증제 도입의 당위성과 기대효과를 뒷받침하고 있으며 일단 인증을 받으면 보육종사자들은 전문성을 개발하려는 훈련 프로그램에 적극 참여하게 되었다(한국보육진흥원 평가인증국, 2010).

평가인증을 하는 필요성에 있어 또 다른 가장 중요한 하나는 책무성에 관한 것인데 유치원에서는 평가와 책무성에 대해 강조하고 있다. 송옥란(2006)의 연구에서도 유치원 평가의 책무성에 대해서 설명하고 있는데 보육시설에 대한 책무성에 대한 연구는 아직 없다. 따라서 유치원평가의 책무성에 관하여 설명한 김규태의 연구에서 인용하여 보육시설의 책무성을 설명하고자 한다. 책무성은 “누가 누구에게 무엇을 보고, 설명, 해명하는 행위, 즉 이행요구자가 이행당사자에게 수행기준과 권한을 부여하고 그것의 이행여부와 결과를 평가하고, 이행당사자는 자신의 수행한 책임과 의무를 수행한 결과를 정기적으로 보고, 설명, 해명하는 행위”라고 말하고 있다(김규태, 2001). 또한 책임(responsbility)은 책무성의 개념의 핵심 조건이지만, 책임 그 자체가 책무성이라고 할 수는 없다. 책무성은 특정인이 다른 사람에게 법적 규정이나 계약 등에 의해 부여한 권한과 책임에 대해 보고 · 설명 · 해명하는 것이라면, 책임은 특정인에게 부여된 권한과 책임을 말하며, 법적인 규정 혹은 계약 등에 의하지 않고는 보고 · 설명 · 해명할 필요는 없다고 주장하고 있다(김규태, 2005).

김흥원 등(2006)에 의하면 책무성을 강조하는 평가인증에 있어서 이행당사자인 보육시설은 이행요구자에 의해 역할 기대와 책무내용을 전달받고, 이들에게 자신이 수행한 책무내용의 결과, 즉 보육시설 보육활동의 결과와 보육시설에 대한 기대와 요구 등에 대한 이행결과를 정기적으로 설명하고 그 결과를 공개해야 한다. 따라서 보육시설의 책무성 강화를 위해서는 보육시설이 수행해야 하는 목표 달성도를 의미하는 성과지표를 강조해야 한다고 주장하고 있다. 또한 보육시설의 책무성을 강화한 보육시설 평가는 다음과 같은 효과를 기대할 수 있다.

첫째, 보육결과에 대한 자료는 영유아를 위한 보육 프로그램을 개선하는 데 유용하다.

둘째, 결과에 대한 자료는 바람직한 보육목표가 얼마나 달성되고 있는가를 보육당국자에게 증명하는 데 있어서 유용하다.

셋째, 보육결과에 대한 자료는 보육시설보육의 결과에 관한 대중적 정보를 제공하는 데 유용하다.

넷째, 보육결과에 대한 자료는 보육정책을 형성하는 데 유용하다. 보육시설의 책무성 확인을 입증하기 위해서는 보육시설 운영의 전반을 파악할 수 있는 보육시설 평가인증제도가 필수적이다.

보육시설평가인증에는 보육시설운영 전반이 파악될 수 있어야 하므로, 영유아의 학업성취 수준을 포함한 영유아 평가, 보육교사 업무수행 능력 및 업적에 대한 교사평가, 보육시설경영 실적을 포함한 보육시설경영평가 등이 전반적으로 포함되어야 한다고 강조하고 있다.

PART 3

보육과정의 운영

Chapter 08

보육과정의 계획과 운영 및 환경

1 보육과정의 계획

1) 보육 프로그램의 계획

(1) 전체적인 계획

전체적인 보육계획은 보육시설의 교육철학, 설립목적이 포함되어야 하며 보육시설에 입소한 모든 원아와 부모, 지역사회의 실정을 고려하여 작성해야 한다. 또한 연령별 보육목표와 보육내용을 일관성 있게 구성해야 하며 언어, 인지, 사회, 정서, 신체발달을 포함하는 포괄적인 프로그램을 구성하되 각 영역별 목표와 보육내용은 서로 연관성이 있어야 한다.

(2) 구체적인 계획

구체적인 보육계획은 원아의 연령별(1세 미만, 2세, 3세, 4~5세, 방과후반 아동 등), 영역별(언어, 인지, 사회, 정서, 신체), 생활별(언어, 탐구, 표현, 사회, 건강), 활동주제별(나, 우리가족, 친구, 이웃, 지역사회, 봄, 여름, 가을, 겨울, 특별한 날, 전통놀이 등)로 나누어 실제로 적용할 수 있는 세부적인 계획을 작성해야 한다.

(3) 장기적인 계획

- 장기적인 보육계획은 보육시설에서 1년 동안 실시한 연간보육 프로그램을 말한다.
- 장기적인 보육계획은 보육시설에서 지향하는 전체적인 보육계획을 포함해야 하며 구체적인 계획도 고려해야 한다.
- 장기적인 보육계획에는 월간보육계획과 연간보육계획이 있으며 월간보육계획이 모여서 연간보육계획을 구성하게 되므로 계절과 환경을 고려하여 서로 연계성 있게 계획하는 것이 중요하다.

(4) 단기적인 계획

- 단기적인 보육계획은 주간보육계획과 일일보육계획 프로그램을 작성하는 것을 말한다.
- 단기적인 보육계획은 실현 가능한 것으로 구체적인 내용이 포함되어야 한다.
- 일일보육계획이 한 주 동안 구성되면 주간보육계획안이 되므로 일일보육계획안을 구성할 때에는 하루의 활동시간과 내용, 세부목표 등이 그 주의 주제와 연계성 있게 짜여져야 하며 매우 구체적인 활동까지 보육 프로그램 계획에 포함되어야 한다.

2) 보육계획에 포함되어야 할 내용

보육 프로그램 계획 시 보육시설의 장은 영유아의 연령에 맞는 일간, 주간, 월간, 연간보육계획을 수립하며 영유아를 보육하며 보육계획 내용에는 다음의 내용이 포함되어야 한다.

① 인지, 정서, 사회, 신체, 언어적 발달을 위하여 구성된 활동 5개 영역이 골고루 발달할 수 있도록 연령별 보육계획에 포함되어져야 한다.

② 개인활동, 단체활동: 영유아들의 개별성을 고려하여 개인활동 또는 소그룹 활동을 포함하고 이야기 나누기, 신체표현, 동화듣기, 음률활동, 게임활동, 바깥놀이 등 단체활동(대그룹 활동)을 포함한다.

③ 동적 활동, 정적 활동: 음률활동, 신체활동, 바깥놀이, 게임활동 등이 포함된 동적 활동 보육 프로그램과 휴식하기, 조용한 음악듣기, 동화듣기, 낮잠 자기 등 정적인 활동이 포함되어야 한다.

④ 수유, 배변 등의 생리적 욕구에 대한 배려와 휴식시간 등이 고려된 활동: 영유아는 생리적인 조절이 마음대로 되지 않기 때문에 보육 프로그램을 구성할 때 활동이 끝날 때마다 화장실 다녀오기, 손 씻기, 휴식 등의 시간이 주어져야 한다.

3) 보육시설 프로그램의 전체계획

Ⅰ. 보육계획의 기초

1. 보육사업의 기본방향
2. OO 어린이집의 설립배경 및 지역적 특성
3. OO 어린이집 운영의 기본방향, 방침 및 중점과제
4. 원장의 보육, 경영관

Ⅱ. 어린이집 현황

1. 연혁
2. 학급편성
3. 종사자 현황
4. 원아현황(보육정원 및 현원, 입 · 퇴소 현황, 대기자 현황)
5. 보호자 현황
6. 입학금 및 월 보육료
7. 시설 · 설비 및 교재 · 교구현황
8. 전년도 운영결과 분석

Ⅲ. 어린이집 보육방향
1. 키우고자 하는 어린이 상
2. 보육목표 및 내용
3. 보육방침 및 보육방법
4. 운영방침
5. 연간보육일수 및 일일 보육시간
6. 본 어린이집 특성

Ⅳ. 보육실천계획
1. 연령별 보육 프로그램 계획(연간, 월간, 주간, 일일 보육계획안 포함)
   ① 영아보육 프로그램 ② 유아보육 프로그램 ③ 방과 후 아동 프로그램
2. 주제별 보육 프로그램 계획(연간, 월간, 주간, 일일보육계획안 포함)
   ① 초기적응 프로그램 ② 산책 프로그램 ③ 텃밭 가꾸기 프로그램
   ④ 노인 · 아동상호작용 프로그램 ⑤ 환경교육 프로그램
   ⑥ 과학교육 프로그램 ⑦ 전통놀이 프로그램 등
3. 건강 및 안전 프로그램 계획
4. 영양 프로그램 계획
5. 부모교육 및 지역사회 교류 프로그램
   ① 연간 부모교육 참여활동 계획 ② 연간 지역사회와의 교류 계획
6. 행사 프로그램 계획(연간, 월간 각종 행사 계획)
7. 실내 · 외 환경구성 계획
8. 어린이집 보육운영 평가 계획

Ⅴ. 주요 관리 계획
1. 재정운영 및 사무관리
2. 운영 종사자 관리: 복무, 연수 및 업무분담
3. 시설 · 설비 및 안전관리(화재보험, 상해보험 등)
4. 비품 및 교재 · 교구 확충계획

2 보육과정의 운영

1) 보육과정 운영의 기본 방향

영유아보육의 목적인 전인아동으로 성장시키기 위해서는 보육과정을 어떻게 계획하고 실행할 것인가가 매우 중요하다. 보육과정이 영유아의 발달특성에 맞게 잘

계획되었다 해도 실천과정에서 제대로 운영되지 않는다면 아무런 의미가 없기 때문이다.

보육과정을 효율적으로 운영하기 위해서는 보육시설의 교육철학, 목적 등이 포함되고 보육시설을 이용하고 있는 모든 영유아와 부모, 지역사회의 특성을 고려하여 이에 적합하게 보육계획이 수립되어야 한다. 영유아 시기는 발달의 개인차가 심하기 때문에 영유아의 성장과 발달을 고려한 연령별 보육목표와 보육내용을 일관성 있게 구성해야 하며 개인적인 특성과 사회 · 문화적인 배경 등도 배려할 수 있도록 융통성 있게 보육계획을 수립하여야 한다.

또한 기본생활, 신체운동, 사회관계, 의사소통, 자연탐구, 예술 경험 등의 영역별과 언어, 인지, 사회, 정서, 신체 발달을 포함하는 전인적 발달을 도울 수 있는 포괄적이고 통합적인 보육과정이 계획되어야 한다.

2) 보육과정의 운영의 기본 원리

보육과정의 계획을 세울 때에는 영유아에게 적합하면서도 효율적인 프로그램을 계획하고 운영하기 위해 기본적으로 고려할 요소가 있다.

첫째, 보육시설의 보육과정에서 지향하는 보육목표를 설정하고 이에 기초한 보육계획을 수립한다. 보육교사는 먼저 국가수준 표준보육과정에서 추구하는 인간상, 보육목적 및 목표를 기초로 하여 프로그램의 보육목표를 설정하고 이에 부합하는 보육계획을 세워야 한다.

둘째, 보육계획의 발달적 적합성과 통합성을 고려한다. 보육계획과 운영은 반드시 영유아의 발달에 적합하고 발달의 전 영역을 다룰 수 있도록 한다. 영유아의 전인적 발달을 도모하기 위해 표준보육과정에서 제시하고 있는 6개 영역의 연령별, 수준별 목표를 기초로 균형 있게 보육목표를 설정한다. 영유아의 개인적 발달을 고려하고 흥미 및 요구를 보육목표와 내용에 반영한다. 즉, 보육 프로그램은 발달 영역(언어발달, 인지발달, 사회발달, 신체발달, 정서발달) 간의 통합적 운영과 동시에 보육내용들 간에도 통합적으로 이루어지도록 고려되어야 한다.

셋째, 보육계획의 융통성을 고려한다. 보육계획을 수립한 후 이를 그대로 수행하려고 할 것이 아니라 상황에 따라 융통성 있게 수정하고 변화를 주어 실시하도록 한다. 보육계획의 변화는 평가를 통해 수정 보완할 부분을 파악하여 보육계획에 반영하도록 한다.

3) 보육과정 및 운영 시 고려할 점

보육과정 계획을 하고 이를 운영할 때는 다음과 같은 점들을 고려해서 실제 보육과정 계획에 따른 운영이 이루어질 수 있도록 하는 것이 필요하다.

첫째, 보육 인력을 고려한다. 보육활동에 관여하는 인력들이 보육 프로그램의 이론적 설명을 이해하고 수용해야 하며, 각각의 개별 활동이 장기적인 목적의 실현을 위한 하나의 단계임을 알고 있어야 한다. 더불어 영유아의 수와 요구, 시설의 입지, 활동의 특성에 비추어 적절하고 충분한 보육인력이 갖추어져야 한다.

둘째, 보육활동을 위한 자원의 가용성을 고려한다. 보육계획 시 활동에 필요한 비품이나 교재 · 교구가 얼마나 이용 가능한지 파악하고 지역사회 자원의 활용도 고려한다. 지역사회의 인적 자원이나 시설 및 기관, 자연환경 특성을 파악하여 보육활동 계획에 반영할 필요가 있는데, 지역사회에 있는 공공기관이나 시장, 어린이 도서관, 박물관, 과학관, 전시관 등을 활용함으로써 영유아들이 보다 실제적인 환경에서 풍부한 경험을 가질 수 있다.

셋째, 다양한 활동과 활동별 소요시간을 고려한다. 보육계획 시 한 활동을 너무 많이 또는 너무 적게 계획하기보다는 영유아의 전인 발달을 도모할 수 있는 다양한 활동을 배치한다. 출석을 확인하는 시간이나 점심시간, 치우고 정리하는 시간이 얼마나 필요한지 고려하고 여러 가지 활동별로 시간을 알맞게 안배해야 한다. 개별 영유아의 특별한 요구를 고려하면서도 일관성 있게 일과를 운영하게 되면 영유아들도 점차 안정감을 가지고 시간을 예측할 수 있게 된다. 영아나 유아의 활동

특성을 고려하고 활동내용의 특성을 고려하여 시간을 배치해야 한다.

넷째, 계획한 활동을 수행하지 못하는 경우에 대체할 수 있는 대체활동을 마련한다. 의도했던 활동에 대해 영유아들이 흥미를 나타내지 않을 경우나 날씨가 궂은 경우, 교재 · 교구나 비품에 문제가 있는 경우, 그 외에 예측할 수 없는 사정이 생긴 경우에 대비한 대체활동을 마련해 두어야 한다. 그리고 필요할 경우 다른 인력이나 교재 · 교구를 활용할 수 있게 고려해 두어야 한다. 월간계획이나 주간계획을 통해 특정일에 현장견학이나 여러 가지 시설 외의 활동을 예정했더라도 불가피한 이유로 계획이 변경되는 경우에 대비해야 한다.

다섯째, 장애아동이나 특별한 요구가 필요한 아동을 위해 활동을 수정하거나 조절한다. 특별한 요구가 필요한 아동을 위해 활동의 목표를 수정하거나, 다른 교재 · 교구를 사용하거나, 지도법을 달리하거나, 특별한 도움이 필요한지를 검토해야 한다.

보육계획은 이와 같은 기본 요소를 고려하면서 보육대상 영유아의 발달수준과 연령에 따라 수립하고 운영되어야 한다. 또한, 보육 프로그램의 성격과 보육환경의 여건, 부모의 참여와 지지를 위한 부모의 요구 및 가정환경 그리고 지역사회와의 교류 및 활용을 위한 지역사회의 특성과 요구 등을 보육계획에 함께 포함하여 반영해야 한다.

3 보육환경에 대한 이해

일반적으로 환경이라 함은 물리적 환경, 인적 환경, 시간적 환경 등을 모두 포함하는 개념이지만 이곳에서는 물리적 환경에 초점을 맞추도록 한다. 물론 물리적 환경이라 해서 단순히 물리적인 공간과 공간 내부에 있는 교재 · 교구만을 의미하는 것은 아니며 유아들이 생활하면서 의미를 부여하는 모든 환경을 포함하는 것이다.

영유아가 활동하고 머무는 환경은 영유아의 성장과 발달에 매우 중요한 의미를 갖는다. 특히 종일제로 운영되는 어린이집의 환경은 오랜 시간 영유아들이 머무는 공간이므로 많은 영향을 미친다. 이러한 영유아 보육시설의 환경 구성이 어떻게 이루어지느냐에 따라 영유아의 발달과 성장에 미치는 영향은 다르게 나타날 수 있다. 예를 들어, 영유아의 연령별 발달수준에 적합하도록 구성된 환경은 심리적 · 정서적으로 편안함을 줄 수 있는 반면, 그렇지 않은 경우는 영유아의 불안함과 불편함을 가중시킬 수 있다. 실내외 환경의 구성에 따라 영유아의 공격성이 증가하기도 하며 사회성 발달이 원만하게 이루어지거나 방해받기도 한다. 잘 구성된 환경에서는 영유아가 마음껏 뛰어놀고 활동의 제한을 받지 않아 신체적 발달을 도모할 수 있지만 그렇지 않은 경우는 영유아의 신체활동을 방해할 수 있다(이윤경 외, 2003).

보육환경은 영유아의 발달수준에 적절한 보호와 교육을 제공할 수 있는 환경으로 구성되어야 한다. 보육환경은 보육시설의 입지에서부터 고려되어야 하며 일반적으로 실내환경과 실외환경으로 구분된다. 대상아동의 연령에 따라 실내환경의 구성은 차이가 있다. 예를 들어, 영아를 위한 실내환경과 유아를 위한 실내환경은 영역 구성의 측면에서 차이를 보인다. 또한 어린 나이 시기 아동의 발달을 보다 밀접하게 보살펴 줄 수 있도록 영아기를 다시 영아와 걸음마기 아동으로 세분화하여 환경을 구성할 수도 있다.

영유아기는 성장과 발달이 빠르게 이루어지고 이러한 발달은 환경과의 친밀한 상호작용을 통해 가속화되므로 교사가 보육환경을 어떻게 계획하고 조직 및 구성하느냐는 매우 중요하다. 예를 들어, 실내외 환경이 구성되고 활용되는 방법에 따라 유아의 사회성, 독립성, 놀이 참여 정도 및 놀이 확대 수준은 높아지기도 하고 낮아지기도 한다(이영자 · 이기숙 · 이정욱, 2000).

이처럼 어린이집의 물리적 환경은 영유아들이 단순히 활동하는 공간적 의미에서 벗어나 신체적, 인지적, 정서적, 사회적 발달 등 전인 발달에 영향을 주는 중요한 역할을 하므로 공간 구성에 대한 계획이 세심하게 이루어져야 한다. 또한 연령이나 발달수준, 개별 유아의 독특성 등 다양한 영유아의 특성을 고려하여 환경이 계획되고 구성되어야 한다. 이와 함께 영유아들뿐만 아니라 교사나 성인의 요구와 필요에도 적합하게 환경 구성이 이루어져야 한다. 어린이집의 공간은 영유아들에게도 중요한 활동장소이지만 교사에게는 직장의 의미를 가지므로 교사가 어린이집에서 편안하고 효율적으로 활동할 수 있도록 교사의 특성과 요구에도 부합되는 환경을 구성해야 한다.

보육환경 구성은 보육시설 공간 및 활동 영역의 조직과 효과적인 활용뿐 아니라 유아의 보육 경험에 포함되는 모든 자료의 적합한 배치를 의미한다. 시설이라 함은 보육의 기능을 구체적으로 실현하기 위해 활용되는 물리적 조건으로서 건물, 실외 놀이터, 동물 사육장, 정원, 현관, 복도, 보육실, 교사실, 취사실, 화장실, 교재 · 교구실, 유희실, 상담실, 식당 등 외형적 구조와 관련된 것을 말한다. 설비는 시설에 부속된 모든 부분으로서 보육실 내의 책상, 의자, 가구, 화장실 내의 변기나 세면대 등 보육의 기능을 수행하기 위한 물적 요소의 총체를 말한다. 이 외에 교재 · 교구와 자료란 유아의 보육경험이나 활동의 목적으로 구비 또는 제시한 것으로서 보육실 내의 모든 보육활동 자료와 책, 비디오와 오디오 자료들과 화장실 내의 수건, 화장지 등의 소모품, 식당 내의 수저, 식판 등을 모두 포함한다.

보육시설의 환경 구성에서는 심리적 측면이 고려되어 구성되어야 한다. 예를 들어, 영유아의 심리적 안정을 위해 실내외 환경 구성이 너무 산만하거나 다양한 색채가 사용되는 것은 삼갈 필요가 있다. 또한 교실의 바닥에 마루를 깔거나 목재로 된 교구 및 교구장을 배치함으로써 영유아에게 보다 자연친화적인 환경을 제공해 주어야 한다.

4 보육환경의 구성원리

1) 구성원리

영유아를 위한 보육 · 교육 프로그램이 원활하게 운영되기 위해서는 적절한 보육환경이 갖추어져야 한다. 이처럼 영유아의 발달에 적합한 보육환경을 구성하기 위해서는 다음과 같은 구성원리를 준수해야 한다(White & Coleman, 2000).

(1) 발달에 적합한 보육환경

영유아의 발달에 적합한 실제를 위해서는 교실의 환경 구성 역시 발달에 적합해야 한다(Bredekamp & Copple, 1997). 이는 교재 및 교구를 선정하고 실내 흥미 영역을 배정할 때 연령별 차이를 고려함과 동시에 동일 연령 내에서의 개인 간 차이 역시 고려해야 함을 의미한다. 즉, 연령별 적합성은 특정 연령집단의 일반적 발달수준과 흥미를, 개별 적합성은 개별 아동의 독특한 발달수준과 흥미에 적절하도록 고려하는 것이다. 실내환경과 더불어 실외환경 역시 연령에 적절한 공간, 시설 및 설비를 갖추어야 한다.

(2) 통합을 위한 보육환경

통합을 위한 보육환경이란 발달수준과 흥미의 차이가 다양한 모든 아동을 통합적으로 보육할 수 있는 환경을 의미한다. 다양한 능력을 가진 모든 아동의 발달수준에 적절히 반응할 수 있는 흥미 영역과 교구를 선정하기 위한 배려가 필요하다.

통합보육에서 고려해야 할 또 하나의 사항은 아동의 성별이다. 남아와 여아는 자신의 학습경험과 사회적 기술을 최대화시킬 수 있도록 모든 흥미 영역에서 활동을 하도록 격려받을 필요가 있다. 이를 위해 블록과 인형을 아동이 함께 가지고 놀이 할 수 있도록 교사가 도와주어야 한다.

(3) 균형을 갖춘 보육환경

교재 및 교구, 흥미 영역, 일과 구성의 균형은 영유아의 발달에 적합한 학습환경을 제공해 준다. 구체적으로 균형을 갖춘 보육환경은 정적인 활동과 동적인 활동을 주기적으로 반복함으로써 아동이 자신의 에너지를 조절할 수 있도록 도울 수 있다. 이 외에도 개별활동과 집단활동, 사적 공간과 공적 공간의 균형 역시 보육환경의 구성에 있어서 적절히 이루어져야 한다.

(4) 연속성과 융통성을 갖춘 보육환경

균형을 갖춘 보육환경이 되기 위해서는 학습환경에서의 연속성과 융통성이 요구된다. 아동이 너무 지치거나 무기력해지지 않도록 하나의 활동이 너무 오랫동안 지속되어서도, 그리고 활동이 너무 자주 변화되어서도 안 된다. 활동의 연속성과 융통성 간에 균형을 이루기 위해서는 보육환경에 대한 아동의 반응을 계속해서 관찰할 필요가 있다. 아동이 지루해하는 반응을 보일 경우 새로운 교구를 제시해야 하고 아동의 탐구심을 조장하고 흥미를 지속시키기 위해서는 흥미 영역의 배치를 새롭게 변경시켜야 한다.

(5) 안전한 보육환경

안전은 신체, 인지, 사회 · 정서적 안녕을 반영하는 총체적인 개념이다. 부서진 교구는 아동에게 신체적 해를 입힐 수 있으며 이러한 물리적 손상은 아동에게 심리적 손상도 가져올 수 있다. 부서지거나 고장난 장난감은 수리한 후 사용하며 콘센트는 아동의 키보다 높은 곳에 설치하거나 안전핀을 꽂아 두고 문틈에 손가락이 끼어서 발생하는 안전사고를 예방하기 위한 장치를 설치한다.

교재 및 교구를 선정할 때 영유아의 안전을 위해 고려해야 할 사항은 〈표 8-1〉에 제시되어 있다.

〈표 8-1〉 교재 및 교구 선택 시 영유아의 안전을 위해 고려할 사항

구분	고려사항
모서리	• 뾰족한 모서리를 가진 물건을 가능한 한 적게 배치함
표면	• 가능한 한 표면이 부드러운 물건을 선택함
페인트	• 유독성 페인트로 칠해진 장난감의 구입을 피해야 함
크기	• 호흡장애를 일으킬 수 있는 작은 크기의 물건은 부적절함
부품	• 부품이 많아서 부서지거나 잃어버리기 쉬운 장난감은 부적합함

2) 연령에 따른 보육환경 구성원리

(1) 0~2세를 위한 보육환경 구성의 원리

영아는 물리적 환경에 의해 많은 영향을 받는다. 오랜 시간 보육시설에서 지내는 영아들에게 보육실은 일상적인 생활공간이며, 탐색과 놀이가 일어나는 교육의 장이다. 영아를 위한 환경의 구성원리는 다음과 같다.

첫째, 영아의 건강과 안전을 최우선으로 고려한다. 청결하고 위생적인 설비와 관리가 필수적이다. 내장재 및 외장재 역시 방염재와 천연 마감재를 사용하며 놀이기구, 놀잇감, 자료 등의 안전성을 확인한다. 영아들은 탐색할 때 원인과 결과를 인식하지 못하여 위험에 노출되기 쉬우므로 자료의 견고성, 크기, 무게, 유동성 등을 예방적으로 충분히 고려하여 배치한다.

둘째, 정서적인 안정감을 줄 수 있어야 한다. 포근하면서도 안정감을 주어 편안하게 느껴지도록 환경을 구성하는 것은 영아들에게 매우 중요하다. 오랜 시간 동안 많은 사회적 · 교육적 자극을 받는 영아들이 지나치게 알록달록한 자극적인 색감의 놀잇감과 장식물에 노출되지 않도록 주의한다. 말랑말랑한 느낌의 쿠션, 아늑함을 느끼게 해 주는 캐노피 등을 이용하여 영아가 원할 때 잠깐이라도 혼자 편안히 쉴 수 있는 공간 등을 마련해 준다.

셋째, 움직임과 이동성을 확보한다. 한창 걸음마를 배우고 움직이려는 욕구가 많은 영아들은 대소근육을 활발히 사용할 수 있어야 한다. 그러나 안전이 확보되

지 않은 상황에서는 교사가 영아의 이동과 움직임에 대해 제지를 함으로써 영아의 욕구를 위축시키게 된다. 보육실이 좁은 경우 안전한 실내복도, 공용 공간, 옥상 공간, 테라스 등을 활용한다.

넷째, 탐색과 발견의 기회가 마련되어야 한다. 영아들은 사물이나 환경에 대해 이미 경험한 것을 확인하며 반복하다가도 얼마 되지 않아 새로운 방법으로 시도하려 한다. 한 가지 놀잇감이나 활동에 오래 집중하지 않고 다시 다른 곳으로 이동하여 다른 것을 탐색하려 하므로 교사는 한시도 눈을 떼지 못하고 영아를 따라다니며 돌보게 된다. 익숙한 놀잇감이 여러 개 준비되는 것도 중요하지만 새로운 탐색거리도 적절하게 제시되어야 한다. 불충분한 환경하에서는 활동 의욕이 줄어들거나 공격적인 성향이 증가될 수 있으므로 안전한 환경 속에서 탐색 가능한 활동과 자료, 충분한 시간과 공간이 제공되어야 한다.

다섯째, 공간적 질서로 안정감을 주고 자연스런 통제를 한다. 일관성과 질서가 있는 환경 구성은 영아에게 안정감을 가져다준다. 자료와 설비 등의 위치가 늘 일관성 있게 잘 조직되고 정돈되어서 영아들이 제 위치를 찾을 수 있도록 해야 하며, 영아들의 신체 크기와 운동 · 조정 능력을 고려하여 자율적인 선택과 정리가 가능하도록 해야 한다. 영아의 움직임을 조절하거나 예측할 수 있는 공간적 통제가 자연스럽게 이뤄지도록 한다. 예를 들어, 깔개를 이용한 영역 구분, 낮은 칸막이, 발자국 모양을 바닥에 붙여 놓아 영아들의 동선을 자연스럽게 조정할 수 있다.

(2) 3~5세를 위한 환경 구성의 원리

유아는 보육시설에 머무르는 시간 중 대부분을 보육실에서 보낸다. 보육실에서 놀이를 하고 휴식을 취하거나 간식을 먹고, 잠을 자거나 또는 점심을 먹기도 한다. 보육실은 유아에게 가장 중요하기 때문에 발달적으로 적합할 뿐만 아니라 안전하고 위생적으로 환경을 구성하여야 한다. 유아는 심신의 발달이 빠르고 호기심이 많지만 아직 어른들처럼 안전이나 위생에 대한 판단을 적절히 하지 못하며, 자신의 의사를 언어로 잘 표현하지 못할 수도 있기 때문이다. 교사들은 다음과 같은 점에 주의하여 환경을 구성하여야 한다.

첫째, 가정과 같이 편안한 분위기가 나도록 한다. 가구, 커튼, 개인장, 동식물 등을 이용하여 안정된 분위기를 만들 수 있다.

둘째, 공간을 구성하거나 놀잇감을 제공할 때 연령 및 개인차를 고려한다.

셋째, 흥미 영역을 중심으로 환경을 구성하여 교육적이고 정서적으로 안정된 환경을 제공한다.

넷째, 청결하고 안전한 환경을 제공한다.

다섯째, 온도나 습도 등이 유아들이 하루 종일 활동하기에 적합해야 한다. 온도는 20~22℃를 유지하며 습도는 50~65%가 적합하다.

여섯째, 공간은 보육실 크기와 유아 수에 기초하여 배치할 흥미 영역의 수를 정하고, 활동에서 유발되는 소음이나 물의 사용, 활동에서의 움직임 정도나 자료 공유 등을 고려하여 흥미 영역을 배치한다.

5 영역별 보육환경 구성

1) 보육환경 구성

일반적으로 환경이라 함은 물리적 환경, 인적 환경, 시간적 환경 등을 모두 포함하는 개념이지만 이곳에서는 물리적 환경에 초점을 맞추도록 한다. 물론 물리적 환경이라 해서 단순히 물리적인 공간과 그곳을 채우는 교재 · 교구만을 의미하는 것은 아니며, 영아들에게 다양한 체험을 할 수 있게 하고 교육적 효과를 극대화하기 위한 상황 및 환경 조성을 포함하는 맥락으로 이해할 필요가 있다.

보육시설 공간 및 활동 영역의 조직과 효과적인 활용뿐 아니라 영아의 보육 경험에 포함되는 모든 자료의 적합한 배치를 의미한다. 시설이라 함은 보육의 기능을 구체적으로 실현하기 위해 활용되는 물리적 조건으로서 건물, 실외 놀이터, 동물 사육장, 정원, 현관, 복도, 보육실, 교사실, 취사실, 화장실, 교재 · 교구실, 유희실, 상담실, 식당 등 외형적 구조와 관련된 것을 말한다. 설비는 시설에 부속된 모든 부분으로서 보육실 내의 책상, 의자, 가구, 화장실 내의 변기나 세면대 등 보육의 기능을 수행하기 위한 물적 요소의 총체를 말한다. 이 외에 교재 · 교구와 자료란 영아의 보육 경험이나 활동의 목적으로 구비 또는 제시한 것으로서 보육실 내의 모든 보육활동 자료와 책, 비디오와 오디오 자료들과 화장실 내의 수건, 화장지 등의 소모품, 식당 내의 수저, 식판 등을 모두 포함한다.

2) 환경구성의 원리

보육시설의 환경은 일상생활을 하는 공간과 놀이를 통한 학습을 하는 공간으로 구분할 수 있다. 일상생활을 위한 환경은 개인장, 화장실, 간식 및 식사, 낮잠 및 휴식공간의 영역을 의미하고, 놀이를 위한 환경은 실내와 실외의 놀이 영역을 의미한다.

영유아가 안전하게 놀이를 하면서 최적의 발달을 이룰 수 있도록 영유아를 위한 놀이 환경을 구성하기 위해서는 다음과 같은 점을 고려해야 한다(이숙재, 2001).

(1) 영유아의 연령 및 인원수를 고려한다.

영유아를 위한 놀이 환경을 구성할 때는 영유아의 연령, 발달 수준, 인원 수, 영유아의 흥미 및 발달 특징을 고려하여야 한다.

(2) 영유아의 안전과 위생을 고려한다.

영유아를 위한 놀이 환경 구성에서 가장 중요시되는 부분은 안전과 위생이다. 영유아는 발달 특성상 성인보다 안전사고를 당할 가능성이 높기 때문이다. 또한 집단생활로 여러 가지 감염병에 걸린 가능성이 높기 때문에 안전하고 위생적인 환경에서 놀이할 수 있도록 고려하여야 한다.

(3) 영유아보육기관의 특성을 고려한다.

보육기관이 속한 지역 상황이나 운영시간, 보육프로그램 등 원장 또는 교사의 프로그램 철학등에 따라 놀이 환경의 구성도 고려하여야 한다.

(4) 융통성과 변화를 고려한다.

영유아의 놀이는 끊임없이 발전하고 확장되기 때문에 영유아의 흥미를 유지하고 자발적인 놀이가 계속 일어나도록 놀이 환경 변화를 고려하여야 한다.

3) 영역별 환경구성

영아반에는 비품을 정리하거나 휴식을 위한 개인 공간, 온 · 습도 조절기능을 위한 설비, 세면대 및 화장실과 같은 일상적 양육을 위한 공간, 놀이활동 공간이 필요하다. 2세 영아를 위해 영역에서 요구되는 자료와 환경구성의 지침은 다음과 같다.

(1) 일상생활 영역

일상생활 영역은 주로 간식과 점심을 먹으며, 낮잠을 자는 활동이 이루어지는 곳으로써, 영아가 매일 경험하게 되는 일과의 가장 중요한 부분이다. 교사는 음식을 먹거나 낮잠을 재울 때의 일상적인 일과를 개인적인 상호작용의 기회로 이용하는 것이 좋으며 영아가 편안하게 느낄 수 있도록 정서적인 면을 고려하여 환경을 구성한다.

① 개인 사물함

영아가 개별적으로 사용하는 여벌옷과 비품을 정리하기 위한 사물함은 될 수 있는 대로 보육실로 들어오는 입구에 가까운 곳에 두어 부모가 수시로 확인하고 물품의 정리정돈이 용이하게 한다. 사물함에는 영아의 이름과 사진을 부착하여 자기 것을 다른 것과 구분하여 인식할 수 있도록 한다. 교사가 각 영아의 상태를 기록한 수첩과 부모에게 전달하는 통신문 등을 담아 두기도 하여 개별적 영아에게 필요한 정보와 물품이 잘 전달될 수 있도록 물리적으로 안내가 되어 있으면 교사의 손길을 덜 수 있다.

- 서랍장이나 사물함
- 영아 개인의 사진이 부착된 이름표
- 영아 부모와의 소통을 위한 수첩 및 통신문

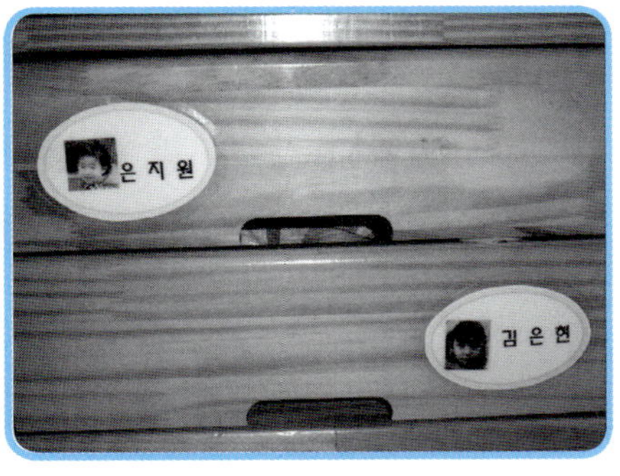

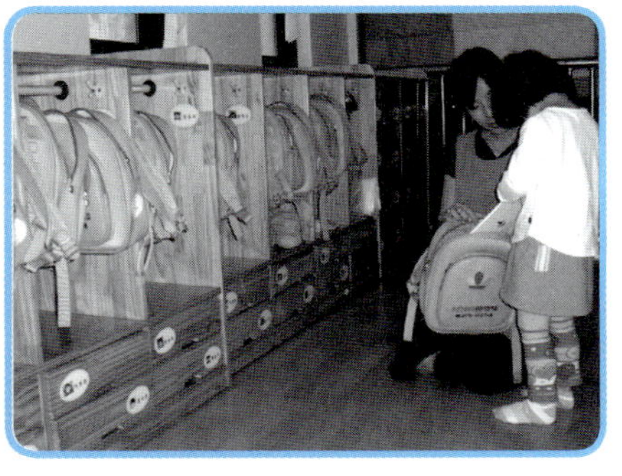

② 휴식 영역

영아의 기분이나 몸이 좋지 않아서 혼자 조용히 있으면서 쉬어야 할 때 활용되는 공간으로 아늑함과 부드러움을 느낄 수 있도록 한다. 교사가 언제나 영아를 쉽게 관찰할 수 있는 곳에 마련한다. 영아가 원할 때는 언제나 자유롭게 이용할 수 있도록 한다. 소음이 적은 곳에 베개, 푹신한 의자나 가구, 드리우는 천(캐노피)이나 담요, 양탄자, 헝겊 그림책, 영아가 선호하는 인형이나 애착물을 함께 비치해 두어 영아가 안정감을 느낄 수 있도록 한다.

- 부드러운 느낌의 베개 및 담요
- 푹신한 의자나 가구, 바닥 깔개, 드리우는 천(캐노피)

- 헝겊 그림책, 인형

③ 간식 및 점심 영역

간식이나 식사는 활동실 내의 책상에서 먹는 것이 보통이다. 영아들이 빈번하게 지나다니거나 활발하게 놀이하는 곳과 떨어진 장소의 책상을 활용하며, 간식 전과 후에 위생물휴지나 행주로 책상을 깨끗이 닦는다.

④ 화장실

영아기에 배변훈련을 시작하므로 화장실이 위생적이고 안전할 뿐만 아니라 영아에게 친근감을 줄 수 있는 환경구성이 되도록 한다. 화장실 바닥은 미끄럼 방지 처리를 하며, 변기에는 배변을 하며 변기를 사용하는 방법, 세면대에는 손 씻는 순서와 방법 등이 그림으로 안내될 수 있도록 한다. 비누를 통해 영아들 간의 세균에 감염이 되기 쉬우므로 가급적 물비누를 사용하는 것이 바람직하다. 수건은 개인 수건을 사용하는 것이 좋으나 20개의 수건을 걸어 두고 사용하기 어려우므로 종이 수건을 사용하도록 하거나 선반에 마른 수건을 여러 장 비치하여 수시로 수건을 교체한다.

영아용 변기를 사용하여 영아 스스로 배변을 시도할 수 있도록 한다. 그러므로 화장실 변기가 성인용일 경우에는 이동식 변기나 성인용 변기 뚜껑에 영아용 변기 뚜껑을 덮어서 사용하도록 한다. 청소용품이나 소독제 등은 영아가 접근할 수 없는 장에 두고 장의 문을 잠근다.

⑤ 기저귀 갈이 영역

기저귀 갈기는 영아와 교사 간 긴밀한 상호작용이 이루어지는 중요한 시간이며 이 시간은 교사와의 언어적 상호작용을 통해 영아의 언어발달을 촉진할 수 있는 시간이기도 하다. 기저귀 갈이 영역은 영아의 휴식공간 가까이에 따뜻한 공간이어야 한다. 영아를 눕히기에 적당한 크기로, 청소하기 쉬운 마감재를 사용한 매트를 사용한다. 사용한 기저귀를 처리할 폐기용 비닐과 휴지통을 준비한다. 기저귀를 가는 데 필요한 도구를 수납할 장이나 선반을 비치한다.

배변훈련을 시작하는 영아를 위해 화장실을 안전하게 구성한다. 영아가 미끄러지지 않도록 바닥에 미끄럼 방지처리를 하고, 손을 씻을 수 있도록 수건, 물비누 등을 비치한다. 영아용 변기를 비치하여 영아의 배변훈련을 돕는다. 성인용 변기일 경우에는 성인용 변기 위에 영아용 변기 뚜껑을 올려서 사용한다. 이동용 변기를 사용할 경우에는 항상 변기가 깨끗하게 비워져 있어야 한다.

- 매트, 기저귀, 물휴지, 파우더, 일회용 장갑, 폐기용 비닐, 휴지통
- 수납장이나 선반
- 거울, 모빌
- 영아용 변기(영아용 변기 뚜껑) 또는 이동식 변기, 개수대
- 휴지, 물비누, 수건(종이 수건)

(2) 놀이 영역

① 언어 영역

영아들은 본능적으로 책을 좋아하므로, 책을 좋아하고 문자에 관심을 갖게 해 주어 책을 통해 언어능력을 발달시켜 줌은 물론 상상력과 자기표현 능력 등을 발달시킬 수 있다. 언어 영역은 책을 읽는 것뿐만 아니라 말하기, 듣기, 쓰기 경험을 모두 고르게 경험해 볼 수 있도록 마련한다.

언어 영역은 조용하고 밝은 곳에 구성해 주며 낮은 책상과 카펫, 소파, 쿠션으로 안정적인 느낌을 주도록 한다. 그림책을 스스로 정리할 수 있도록 낮은 책꽂이에 여러 가지 재질, 내용의 그림책을 준비해 준다. 여러 가지 그림책 외에 사진 책, 포스터, 가장 메뉴판, 동시판, 팸플릿 등을 준비해 주어 문자와 그림을 보고 내용을 읽을 수 있게 한다. 언어 영역의 벽면에는 커다란 전지를 부치고 칼라펜, 크레용, 색연필 등을 준비하여 쓰기활동을 장려한다. 카세트 플레이어와 카세트테이프를 준비하여 자신의 말을 녹음하고 들어보게 한다.

- 낮은 소파나 푹신한 등받이 쿠션, 방석, 책장이나 상자
- 단순한 그림책, 감각 그림책, 스펀지책, 헝겊책 등 영아용 그림책
- 손인형, 그림이나 사진, 끄적거릴 도구
- 모형 전화기나 카세트

② 탐색 · 조작 영역

조작놀이는 손의 소근육을 이용하여 놀잇감을 직접 다루고 조절하는 놀이를 의미한다. 손으로 다양하게 탐색하고 조작해 볼 수 있도록 여러 가지 자연물, 소형 블록, 큰 구슬 꿰기 등을 준비한다. 또한 분류하고 조각을 맞추어 보는 활동을 좋아하게 되므로 퍼즐, 끼우기, 모양 분류 등의 놀잇감을 비치한다.

이 영역의 자료들은 영아가 쉽게 꺼내어 자율적으로 놀이할 수 있도록 낮은 교구장에 준비해 주며 바구니나 쟁반에 종류별로 분류하여 둔다. 또한 2세가 되면 동식물에 관심을 가지게 되므로 집에서 기를 수 있는 동식물, 주변에서 볼 수 있는 다양한 사물, 사진과 돋보기 등 관찰할 수 있는 재료를 별도의 영역을 마련해 주거나 조작 영역과 함께 마련해 주기도 한다.

- 모빌, 딸랑이, 손에 쥘 수 있는 놀잇감, 오뚝이
- 건드리면 다양한 소리가 나는 놀잇감, 상자 블록, 누르면 작동하는 놀잇감
- 다양한 질감의 인형, 여러 가지 재질과 크기의 공
- 모양 블록, 모양 끼우기 통, 고무나 플라스틱 재질의 고리 끼우기 등

③ 쌓기 영역

쌓기놀이(block play)는 여러 가지 블록을 이용하여 구성놀이를 해 봄으로써 부분과 전체, 공간구성력, 분류능력의 형성을 돕는다. 이 외에도 신체기술 향상, 정서적 긴장 해소, 타인과의 놀이를 통해 사회적 기술이나 태도를 향상시킬 수 있다. 쌓기놀이는 동적이며 소음이 발생하므로 다른 영역보다 넓은 공간을 확보하고 바닥에 카펫을 깔아 준다. 블록은 크기가 너무 작지 않은 것을 준비하며 나무나 종이, 우레탄, 스펀지 등 다양한 재질의 블록을 준비한다.

이 시기에는 어떤 주제를 갖고 쌓기를 하기 시작하며 쌓기 영역에서도 상상놀이가 일어나므로 동물, 자동차, 사람 등의 소품을 준비해 준다. 2세 영아는 아직 위험에 대한 인식력이 떨어지므로 블록을 무조건 높이 쌓고, 무너뜨리거나 던지는 행동은 위험할 수 있다. 그러므로, 영아들의 쌓기 놀잇감은 우레탄 재질 등을 제공하며 영아 간 다툼을 막기 위하여 영아 수만큼 같은 종류의 놀잇감을 제공한다. 학기 초에는 자동차를 가지고 혼자놀이, 병행놀이를 주로 하나 점차 친구관계를 맺으며 함께 놀이하게 되고 또래 간에 상호작용이 나타난다. 또한 한 가지 주제를 가지고 놀이하는 경우가 생기면서 놀이가 좀 더 조직적이고 구성적으로 발달한다. 주로 울타리 만들기, 집짓기, 성 쌓기, 기차 만들기 등을 한다.

- 다양한 인형(인형놀이를 위한 인형, 봉제인형)
- 밀고 당기는 놀잇감(쇼핑용 손수레, 유모차, 자동차)

- 부엌용품, 청소용품 등의 역할 놀잇감
- 다양한 크기, 색, 모양의 쌓기 놀잇감
- 쌓기놀이에 함께할 수 있는 모형 자동차 및 인형

④ 창의적 표현 영역

전통적인 조형 영역, 음률 영역으로 구분되는데 조형 영역은 표현이 강조되지만 이 시기의 영아는 표현활동보다는 탐색활동이 주로 이루어지는 시기이므로 감각 탐색이 주가 되는 조형활동이 이루어진다. 무조건 표현활동만을 강조하면 이러한 욕구를 무시하고 결과만을 위한 의미 없는 조형활동이 되고 만다. 만 2세의 창의적 표현활동은 그리기, 찍기와 같은 평면적 조형활동과 꾸미기, 판화와 같은 입체 조형활동 등을 진행할 수 있다. 창의적 표현활동 영역은 주위에 싱크대나 화장실 등 물과 가까운 곳에 배치한다. 낮은 책상과 정리장에 다양한 재료를 준비하여 영아들이 여러 가지 재료를 탐색하고 만들어 볼 수 있게 한다. 학기 초에는 영아들이 입에 넣거나 얼굴에 묻혀도 무해한 재료를 준비한다. 예를 들어, 크레파스와 사인펜보다는 크레용을 제공하는 것이 좋다. 종이는 작은 것보다는 큰 것을 준비하며 바닥, 책상, 이젤 등 여러 곳에서 그려 보게 한다. 또한 크기가 작은 뽕뽕이나 눈알 같은 것은 영아들이 입에 넣거나 삼킬 염려가 있으므로 주의한다.

또한 영아들은 자신의 욕구에 따라 악기를 이용해 마음껏 소리를 내 보면서 탐색하고 음악을 접하게 되면서 자연스럽게 자신의 감정 표현이 이루어지게 된다. 영아들은 창의적 표현 영역에서 악기를 다루지는 못하지만 다양한 소리를 들어보고 다루어 보는 것만으로도 긴장감을 해소하고 즐거움을 느낄 수 있다.

- 그리기, 오리기, 만들기 도구를 항상 제시
- 여러 가지 종이, 색연필, 크레파스
- 화이트보드, 요구르트 병, 우유팩, 계란, 신문지, 잡지책
- 안전 가위, 풀 등 작품 만들기를 위한 여러 가지 미술재료
- 마라카스, 탬버린, 녹음기, 음악 테이프, 스카프 등

⑤ 역할 영역

만 2세가 되면 자신의 경험과 생활을 흉내 내며 제법 상상놀이를 즐기게 되므로 다양한 역할놀이가 일어날 수 있도록 기본 설비와 자료들을 제시해 준다. 영아들이 편안한 분위기를 느낄 수 있도록 적절한 공간을 마련해 주고, 일상생활에서 쉽게 접할 수 있는 다양한 역할을 표현할 수 있도록 실물이나 유사한 소품을 제공한다.

점토 영역, 쌓기 영역 등과 통합하거나 확장하여 사용할 수 있도록 조형 영역, 쌓기 영역과 인접하여 배치한다. 이 시기의 영아는 밀폐된 공간을 좋아하므로 커다란 박스를 이용하여 집을 만들어 주거나 커튼을 이용하여 아늑한 공간을 만들어 주면 효과적이다. 엄마 · 아빠 놀이, 부엌놀이, 모자놀이, 아기놀이, 목욕놀이, 소방서 놀이 등을 즐기므로 영아들의 관심, 놀이상황, 계절 등에 따라 적절하게 바꾸어 준다. 학기 초에는 가정생활과 연관된 극놀이를 선호하므로 일반적인 가족놀이

나 아기놀이에 필요한 놀잇감을 제공한다.

- 부엌놀이 장비: 스토브 냉장고, 싱크대, 높은 의자, 테이블, 의자, 대걸레나 빗자루 등
- 가게놀이나 puppet(작은 손 인형)놀이를 위한 장비: 야채가게나 우체국, 은행놀이 등으로 바꾸어 놀이할 수 있는 인형 무대 등
- 인형놀이: 여러 가지 고전 인형 담요나 인형 옷을 넣는 상자나 옷장 등
- 옷 입히기 놀이: 거울, 모자, 지갑, 액세서리, 여러 가지 옷을 놓을 수 있는 선반 등
- 운전놀이: 쇼핑 카트나 인형 유모차와 같은 것으로 하는 운전놀이, 바퀴 있는 놀잇감, 의자로 기차를 만들어서 하는 운전놀이, 큰 상자나 세탁바구니를 이용한 운전놀이 등
- 각종 미니어처 세트: 농부, 동물원, 음식점, 기차, 인형집, 소방서 등의 미니어처 등

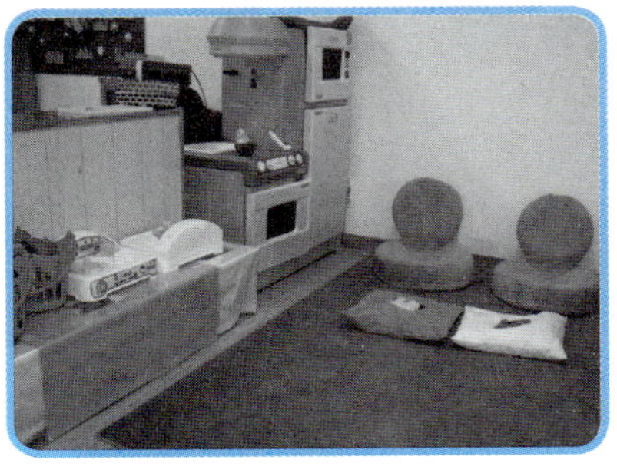

⑥ 대근육 활동 영역

만 2세가 되면 신체의 움직임이 제법 능숙해지고 신체활동을 더 즐기게 되므로 보다 넓은 대근육 활동 영역이 필요하다. 학기 초에는 단순히 걷거나 뛰기 등 기초적인 움직임을 중심으로 이루어지지만 점차 다양한 도구를 사용하고 난이도가 높은 신체적 움직임이 이루어진다. 대근육 활동은 유희실이나 실외 놀이터에서 주로

이루어지지만 다른 활동에 방해가 되지 않는 범위 내에서 오르내리기, 밀고 끌기, 타기 등 대근육 활동을 할 수 있는 공간을 보육실 내에 마련해 줄 수 있다. 공간이 좁아 어려울 때는 복도나 체육실, 강당 등과 같은 보다 자유롭게 움직일 수 있는 개방된 공간을 활용한다. 대근육 활동을 위한 교구로는 미끄럼틀, 트램펄린, 종합 놀이대, 볼풀 놀이대 등 고정 놀이시설이 있고 이 외에 이동식 목마, 자동차, 끌차, 공, 후프 등 비고정 시설이 있다.

2세 영아는 혼자 또는 함께 기어오르거나 탐구하는 것을 좋아한다. 사다리와 미끄럼틀이 있는 다락방은 이러한 욕구를 충족시켜 준다. 두세 명의 또래끼리 개별 놀이 시간을 가질 수 있는 공간이 필요하다. 동시에 이곳에서도 가장놀이가 가능하다. 담요가 있으면 캠핑카는 텐트가 되기도 하고 서커스 장이 되기도 한다. 바퀴가 있으면 그것은 자동차, 트럭이 되기도 하고 비행기가 되기도 한다. 이때 유의할 점은 다락이 튼튼해야 하고 난간을 높게 하여 뛰어내리지 않도록 해야 한다.

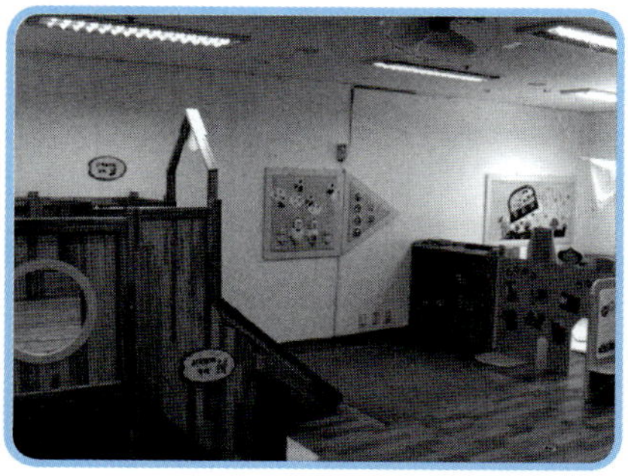

⑦ 물 · 모래놀이 영역의 놀이특성

물 · 모래놀이 영역은 유치원의 사정이나 형편에 따라 실내에 둘 것인가 실외에 둘 것인가 하는 문제가 대두되며 계절과 밀접한 관련이 있으므로 유동적인 영역이라고 볼 수 있다. 이 영역에서 유아들은 기쁨을 느끼며 근육운동의 조정발달과 상상활동을 통해 창의력과 정서적 만족감을 주며 협동놀이를 통해 사회성을 기른다.

물놀이 영역의 장점은 유아가 물을 가지고 노는 그 자체가 유아에게 큰 기쁨을 준다는 것이다. 물을 가지고 노는 동안에 유아는 좌절, 갈등을 해소할 수 있으며 학습할 수 있는 기회를 가진다. 물놀이 영역에서 교사는 유아의 발달단계에 맞는 교구를 준비해야 한다. 처음에는 간단한 물놀이 기구를 주고, 물감을 풀어 색의 변화를 보게 하고 그 후에는 물에 뜨는 것, 물에 가라앉는 것 등 다양한 물체의 성질을 관찰하도록 한다. 물놀이 영역에서 물놀이를 할 때 안전사고에 특히 유의하고 비닐로 앞치마를 입도록 하는 것이 좋다.

⑧ 실외놀이 영역의 놀이특성

실외놀이 영역은 놀이공간이 크기 때문에 유아에게 보다 큰 자유를 제공해 주고 활발한 신체활동을 통해 긴장과 격한 감정을 해소하도록 하며 또한 자연과의 직접적이고 다양한 경험을 제공해 준다. 실외공간도 실내와 유사하게 동적 활동 영역과 정적 활동 영역으로 구분할 수 있다. 유아들이 실외공간을 구성할 때 실외공간의 ⅓ 정도는 정적 활동 영역으로 구성하고, 나머지 공간은 동적 활동 영역으로 구성한다. 정적 활동을 위한 공간에는 그늘을 만들어 주어 조용히 휴식하거나 조형활동 등을 할 수 있게 해 주고, 동적 활동 공간과 떨어지게 배치하여 서로의 활동이 방해받지 않도록 한다. 놀이기구는 유아들이 익숙하게 이용할 수 있을 때까지 그들의 발달수준에 맞추어 배치하여 주고, 안전하게 이용하는 방법을 알려 준다.

실외놀이 환경은 실내놀이 환경의 연장일 뿐 아니라 자연과 더불어 놀이경험을 더욱 폭넓게 확대시켜 나갈 수 있는 공간이다. 그러므로 실외놀이 환경은 창의적으로 공간을 구성해야 하며, 유아의 다양한 놀이를 촉진하기 위해서는 실외놀이터에 풍부한 자료를 준비해 주고 사용할 수 있는 실외공간의 크기가 제한되어 있을 경우에는 실외공간 사용시간을 서로 다르게 계획하여 한번에 적은 유아들이 사용할 수 있도록 해야 한다 또한 실내와 달리 실외는 다양한 연령의 유아들이 함께 놀이하는 장소로 연령에 따라 적당한 시설과 다양한 자료를 준비해 줄 필요가 있다.

Chapter 09

가정 및 지역사회와의 협력

1 가정과의 협력

1) 가정(부모) 협력의 필요성과 중요성

부모는 영유아가 세상에 태어나 최초로 맺는 인간관계이며 영유아 성장과 발달 전반에 미치는 영향이 매우 크다. 따라서 질 높은 보육을 위해서는 보육시설과 부모가 긴밀한 관계를 형성하는 것이 중요하다. 현대사회에서는 가족구조의 변화와 맞벌이가정의 증가로 보육시설에서 장기간 머무는 영유아들이 급속히 증가함으로써 보육시설과 가정이 긴밀한 협력관계를 형성하는 것이 더욱 중요하다.

부모와의 협력관계를 살펴보면, 과거에는 교사와 부모의 관계가 대부분 전문가인 교사가 부모를 일방적으로 교육하거나 지도하는 수직적인 관계였다면, 최근에는 자녀의 교육을 위해 서로 협력하는 동반자적인 관계로 변화하고 있다(이은화, 1997).

따라서 현대사회의 다양한 가족형태의 변화와 다양한 부모의 상황에 따라 보육시설에서는 부모와 협력적 관계를 맺을 수 있는 다양한 부모참여 프로그램을 계획, 운영하는 것이 필요하다. 보육시설의 운영방침이 부모에게 개방적이라면 부모는 보육시설을 방문하여 자녀를 참관하거나, 자녀와 함께 경험을 공유할 수 있다. 보육시설에서는 시설의 행사나 보육과정에 부모가 자원봉사자 등의 역할로 함께 참여하도록 하거나 부모교육을 실시하는 등 다양한 방법으로 부모의 참여를 지원하는 것이 필요하다.

2) 가정(부모)과의 협력의 방법

보육에서 부모의 참여는 보육활동의 성과와 질을 제고하는 중요한 요소가 된다. 보육시설과 가정, 지역사회가 진정한 동반자 관계를 형성할 때 '유아를 위한 지역사회'가 될 수 있으며 영유아의 전인적 성장과 발달을 효율적으로 도모할 수 있게 된다. 이에 따라 보육시설에서 이루어지는 보육과정에 적극적인 부모 협력 및 참여가 필요하다.

(1) 지지자로서의 부모 협력

보육시설의 보육방침과 부모의 양육 간에 일관성이 있는 경우 영유아의 행동을 강화하는 효과가 있으며 영유아의 발달이 촉진될 수 있다. 따라서 보육시설과 가정은 영유아의 발달과정이나 보육내용에 대해 정보를 교환할 수 있도록 부모와 연 2회 이상 정기적인 개별상담, 전화, 일일보고서나 개별 알림장, 대화 수첩, 가정통신문, 인터넷 커뮤니티 등과 같은 여러 가지 방식으로 긴밀하게 의사소통해야 한다. 또한, 강연회, 좌담회, 토론회, 역할극 등의 부모회 활동을 통해 보육시설과 부모 간의 일관성 있는 영유아 보육이 이루어질 수 있도록 한다.

(2) 수업 참관 및 참여자로서 부모 협력

부모 수업 참관 및 참여는 자녀가 어린이집에서 보내는 하루 일과를 관찰함으로써 영유아의 발달에 대해 이해할 수 있는 기회를 제공하는 것이다. 수업 참관은 부모가 한 자리(예: 참관실)에 앉아 자녀의 행동을 관찰하는 것이다.

수업 참여는 영유아가 하는 활동에 참여하여 자녀를 관찰함과 동시에 유아가 하는 보육활동을 직접 경험하는 것으로 영유아가 어린이집에서 어떤 주제와 관련된 교육활동에 참여하고 있는지 알 수 있게 되며 좀 더 적극적인 교육활동 참여자로서의 역할을 할 수 있다. 부모 참관 및 참여 시 교사는 편리한 시간과 원하는 날짜를 부모와 미리 협의하여 참여하도록 한다(교육과학기술부, 2008).

(3) 자원 인사로서의 부모 협력

부모는 영유아 보육의 자원봉사자로 영유아 발달에 적합한 활동을 구성하는 데 도움을 줄 수 있는 중요한 교육과정의 주체이다. 가정 · 보육시설 · 지역사회의 교육공동체를 구현하기 위하여 어린이집에서는 부모 및 지역사회의 자원인사를 인적자원 체계에 참여시킴으로써 보육시설의 보육과정 운영 시 주제에 대한 전문 지식을 활용한 봉사, 교육자료 제작자, 수업 보조교사 등의 역할을 담당할 수 있다.

어린이집의 보육활동 전개과정에서 부모의 적극적인 참여는 가정과 보육시설 간에 상호작용과 협력이 일어나는 것으로 교사 한 사람의 노력이 아니라 가정과 보육시설의 생활관, 문화가치관, 그리고 생활양식이 상호 교류될 수 있도록 해 주는 역할을 한다.

(4) 주체적인 의사결정자로서의 부모 협력

의사결정자로서의 참여는 부모가 보육시설의 새로운 교육 프로그램 계획에 참여하거나, 부모교육의 주제 선정에 참여하여 어린이집이라는 기관을 통해 실시되고 있는 부모교육을, 교사나 보육시설 측에서 주도하여 일방주입식 교육으로 실시할 것이 아니라 학부모들 스스로가 배우는 목적, 일정, 운영들을 자치적으로 수행하는 것이 더욱 효과적인 교육이 될 것이라는 생각하에 보다 적극적인 동반자로서 보육시설의 운영에 참여하는 것을 의미한다. 이때 가정통신문을 이용하여 부모의 의견을 묻고 반영하는 방법에서부터 어린이집 운영위원회와 같은 기구를 통해 의사결정자로 참여할 수 있다.

2 지역사회와의 협력

1) 지역사회의 필요성과 중요성

보육시설과 지역사회는 서로 도움을 주고받는 상호 협력적 관계로 지역사회의 역사적, 문화적 배경이나 특성에 대한 이해 없이 영유아 및 가정과 효과적으로 협력하는 것은 어렵다. 따라서 어린이집은 지역사회 단체 주민들과 원만한 관계를 형성하고 인적, 물적 자원을 교류함으로써 질 높은 보육활동이 가능하도록 상호 협력적 관계를 유지해야 한다.

지역사회 협력의 필요성을 영유아의 측면에서 살펴보면, 지역사회는 영유아의 성장과 발달에 상호 영향을 미치는 중요한 환경이기 때문이다. 그 지역사회에서 성장하는 영유아는 그 지역사회의 여러 가지 환경에 영향을 받게 되기 때문에 지역사회의 환경을 반영한 보육과정을 구성해야 한다. 따라서 보육 프로그램의 활동 내용은 주로 영유아의 실생활 및 주변 환경과 밀접한 관계가 있는 것이어야 한다. 따라서 보육시설에서는 영유아가 가정과 보육시설 이외에 지역사회 환경을 보다 친밀하게 이해하도록 병원, 경찰서, 도서관, 초등학교 등의 가까운 장소를 방문하고 연계 프로그램에 참여할 수 있는 기회를 제공해야 한다.

지역사회 협력의 필요성을 보육시설의 측면에서 보면 지역사회는 보육시설이 갖고 있지 않는 다양한 인적, 물적 자원을 보유하고 있기 때문에 보다 질 높은 프로그램을 구성할 수 있을 뿐 아니라 자원 활용이 중요하기 때문이다. 지역사회 협력 방안으로는 지역사회 인사의 보육시설 참여, 보육활동에의 참여, 지역사회의 보육시설 활용, 보육시설의 지역사회 시설활용, 지역사회 봉사, 대중매체를 통한 지역사회와의 의사소통 등이 있으며, 이를 통하여 효율적인 보육 프로그램의 운영과 보육시설, 가정, 지역사회와의 공조체제와 책임분담을 도모함으로써 영유아, 가정, 지역사회 모두의 복지에 공헌하도록 하여야 한다.

보육시설이 지역사회와 상호협력의 관계를 구축하는 것은 결국 아동에게 발달에 적절한 실제를 제공하여 양질의 보육을 확보하는 데 있다. 이를 구체적으로 살펴보면 다음과 같다.

① 보육시설은 지역사회의 특성과 요구를 파악해서 이를 보육시설 운영에 반영한다. 보육서비스가 지역사회와 연결되기 위해서는 지역사회의 이해와 요구를 명확히 분석하여 시설운영에 참고함으로써 지역사회와의 관계를 유지하는 데 주의를 기울여야 한다. 예를 들어, 도시와 농촌은 근무시간이라든가 생활수준의 차이가 있는데, 이를 고려하지 않고 일률적으로 보육시간과 보육료를 산정할 경우, 지역주민이 보육시설을 이용하는 데 애로사항이 생길 수 있다. 또한 지역의 특성을 고려하여 보육 프로그램을 운영하고 보육활동의 구체적인 내용을 선정한다.

② 보육시설은 지역사회의 자원을 충분히 활용하여 보육활동의 효율성을 높인다. 보육시설은 보육과정 중에 지역사회의 인적 · 물적 자원을 이용하여 아동을 교육함으로써 활동의 효과를 극대화할 수 있다. 또한 아동에게 지역사회에 대해 인식할 수 있는 기회와 자신을 지역사회의 성원으로 인식할 수 있는 기회도 제공해 준다. 지역사회야말로 어린이집에서 거의 모든 시간을 보내는 아동들이 사회적으로 고립되는 것을 막아 주는 중요한 역할을 할 수 있는 주체이다.

③ 보육시설은 지역주민에게 보육 프로그램을 개방함으로써 지역사회의 발전과 복지에 기여할 수 있다. 보육교사는 지역아동을 위한 프로그램 구성이나 실

천에 자문역으로 참여하여 아동복지를 증진시킬 수 있을 뿐만 아니라 보육시설에서 계획한 지역사회를 위한 프로그램에 주도적으로 참여함으로써 지역사회 복지 향상에 기여할 수 있다. 지역사회와의 관계를 유지하기 위해서 보육시설의 프로그램을 홍보 · 개방하고 지역주민의 의식과 실생활 개선을 위해 교육을 제공하는 등 보육시설이 지역사회를 위해 서비스를 제공한다.

또한, 보육시설에는 가정환경이나 발달적 특성이 다른 또래들과 달라서 특별한 보호가 필요한 영유아가 있을 수 있다. 따라서 보육시설은 특수한 요구가 있는 영유아와 가족의 문제를 도와줄 수 있는 전문기관에 대한 실질적인 정보(예: 서비스 종류, 전화번호, 비용)를 가지고 있어 가족이 전문가를 찾아가 도움을 구하도록 도와주어야 하고, 또한 관련 전문가와 협조하여 함께 문제를 해결하도록 노력해야 한다.

2) 지역사회와의 교류와 참여

보육시설에서는 지역사회 관련기관과 여러 가지 협력관계를 통하여 영유아와 가족이 자신의 지역사회를 이해하고 지역사회에서 필요한 지지를 받을 수 있도록 노력하여야 한다. 가령 지역사회의 학교에서 오는 자원봉사자, 노인복지관 등에서 오시는 어르신 봉사자, 인근 복지관과의 활동 등과 같이 여러 가지 형태로 기관과의 연계활동이 이루어질 수 있다. 보육시설에서는 다음과 같이 지역사회와 연계활동을 하거나 협력할 수 있다.

이를 위하여 영유아들이 가정과 보육시설 외에 지역사회 환경을 보다 친밀하게 이해하도록 어린이도서관, 병원, 경찰서, 초등학교, 대학, 동(면)사무소, 공원 관리사무소, 소방서 등의 가까운 장소를 방문할 기회를 제공한다.

영유아가 해당 업무에 종사하는 사람을 만나게 하는 등 관련활동을 할 수 있도록 한다. 가령 지역사회 병원과 연계하여 위급할 때 협조를 받을 수 있으며 병원의 의사나 간호사가 보육시설을 방문하여 영유아에게 건강한 치아에 대해 교육하는 활동이 있을 수 있다.

대부분의 지역사회에 있는 공통된 자원뿐 아니라 그 지역만의 독특한 자원을 이용한 활동을 해 볼 수도 있다. 가령 지역에 위치한 해변, 생태습지를 방문하거나 그 지역사회에만 있는 특별한 박물관, 기념관 등을 방문하여 관련활동을 경험함으로써 지역사회의 특성을 이해할 수 있다. 더 바람직하게는 영유아가 보육시설 내에서나 해당 기관을 방문함으로써 지역사회기관과 연계된 프로그램에 참여할 수도 있다. 예를 들어, 지역사회의 도서관과 연계하여 책이나 놀잇감을 빌려주는 것, 인근 노인정, 마을회관과 연계하여 영유아가 노인이나 지역주민과 함께 활동을 하는 것도 가능하다.

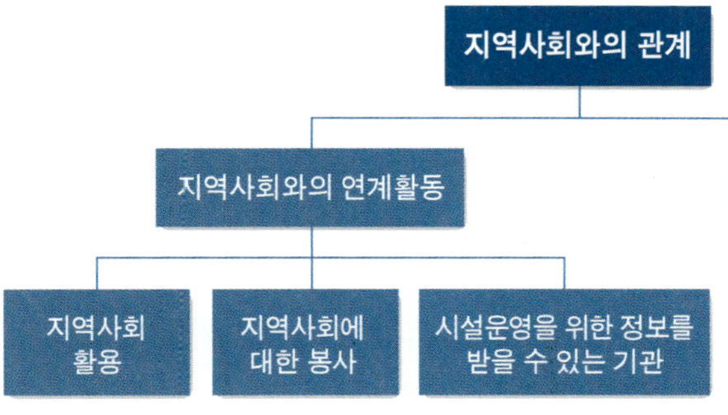

[그림 9-1] 지역사회 기관과 연계 프로그램

평가인증지표에서도 가족과 지역사회의 협력 영역에서 영유아의 건강한 성장과 발달을 지원하기 위하여 보육시설과 가족이 밀접한 의사소통을 하고, 보육시설에서의 부모참여를 격려하며, 보육시설 운영위원회의 건전한 운영과 지역사회와의 다양한 협력관계 구축 등이 중요한 평가요소로 제시되고 있다.

3) 지역사회 활용

지역사회 연계활동의 실제 내용을 살펴보면 다음과 같다.

(1) 지역사회 활용

① 지역사회 인사참여

지역사회의 관련인사가 시설의 경영이나 운영에 참여함으로써 지역사회의 기대나 요구를 시설운영에 반영하고, 지역사회의 다양한 지원을 받는다. 특정한 보육활동 전개를 위하여 지역사회 인사의 참여를 유도한다.

- 전통에 관한 보육주제 전개를 위하여 지역사회 인사의 참여를 유도한다.
- 소방관, 경찰관, 의사 등 다양한 직업관련 보육주제를 전개하기 위하여 다양한 지역사회 인사를 활용한다.

② 지역사회기관, 시설 이용

지역사회 관련기관이나 시설의 활용을 통해 우호적인 관계를 유지한다. 현장학습을 위해 공공건물이나 시설을 활용하고, 다양한 지역사회기관이나 시설과의 형식적 · 비형식적 관계를 유지한다. 지역사회와의 의사소통을 위해 보육시설을 개방하여, 보육관련 단체 및 개인의 요청에 따라 보육시설의 참관을 허용한다.

참관 및 견학을 통해 보육시설에 대한 이해를 높인다. 공공기관과 연계하여 영유아에게 필요한 서비스를 연결해 준다. 동사무소, 보건소, 지역 내 복지관, 도서관, 아동상담소나 장애관련 상담실, 소아정신과 병원 등과 연계하여 영유아뿐만 아니라 부모와 가족을 지원해 주는 역할을 하도록 한다.

③ 자원봉사활동

유아들이 지역주민들과 접촉함으로써 유아들의 대인경험을 풍부하게 한다. 지역주민과 주변학교 학생들의 자발적인 참여를 통해 유아들과의 대인관계가 긍정적으로 유지되도록 도와준다. 그리고 다양한 성인모델의 접촉을 통해 인간관계에 대한 이해를 돕는다.

보육시설에서의 자원봉사를 통해 사회봉사의 의미를 인지하고 체험할 기회를 제공한다. 특히 장애통합 어린이집을 비롯한 특수보육시설이나 건물구조에 따라 관리해야 할 부대시설이 많은 경우 더욱 유효하다. 보육정보센터나 자원봉사센터 등의 외부기관의 긴밀한 협력관계를 맺어 필요한 자원봉사자를 모집한다.

보육교사 보조활동은 놀이 및 생활습관 지도, 청소 및 환경미화, 나들이 도우미, 기타 보육교사 보조활동을 해 주고, 보육 프로그램 지원활동은 동화 읽어 주기, 미술, 색종이 접기, 영어교육(동화), 바이올린 등 연주 들려주기, 요리하기, 박물관 견학, 산에 대해 가르쳐 주기, 나들이 때 사진촬영 해 주기, 자동차의 지식 알려 주기 등이 있다.

가족지원활동은 가정방문 가사도우미, 외출동행 서비스, 상담활동, 부모교육 강사도우미, 취학 전 준비 부모교육, 건강에 대한 교육, 안전한 먹거리에 대한 교육, 건강체조 등 지역주민사업 도우미, 유아를 둔 부모를 위한 강좌 등이 있다.

(2) 지역사회에 대한 봉사

어린이집은 지역사회로부터 지원을 받을 뿐 아니라 동네청소, 노인정 방문, 지역방치 아동을 위한 프로그램 참여 등 지역사회에 봉사하는 기회를 가질 수 있다.

(3) 시설운영을 위한 정보를 받을 수 있는 기관

① 보육시설 간의 연합조직

보육시설 연합조직은 보육시설의 권익을 향상시키는 활동을 벌이고, 각종 정보서비스를 제공해 주는 단체들이다. 보육시설 운영자는 보육시설 명의로 소정의 회비를 납부하면 한국보육시설연합회나 전국 민간·가정 보육시설 연합회 등에 가입할 수 있다. 보육시설 간의 교차장학, 연합교사교육, 연합부모교육 등을 할 수 있다.

(4) 교육연구 기관 및 학회

보육과 관련한 세미나나 심포지움 등 보육의 질을 개선하기 위한 교육행사에 적극 참여할 필요가 있다.

3 어린이집 인증평가의 방안

1) 모든 시설들을 공정하고 객관적으로 평가

정부 또는 정부와 연관되어 영향력을 행사할 수 있는 기관이 체계적으로 관리·담당하여 모든 보육시설들을 공정하고 객관적으로 평가할 수 있어야 한다.

2) 평가대상 기관의 특성 반영

평가대상 기관의 특성을 반영할 수 있어야 한다. 공신력 있는 기관에서의 정확한 평가는 꼭 필요하나 평가 이전에 기관의 지역적, 설립주체별 특성을 잘 파악할 수 있는 여러 방안이 모색되어 각 기관의 특성을 최대한으로 반영할 수 있도록 해야 할 것이다.

3) 시설 평가단에 대한 전문적인 구성

보육시설 평가단에 대한 전문적인 구성과 체계적인 훈련이 필요하다. 보육시설의 인증제도를 실시하기 위해서는 시설의 자체평가만으로는 그 평가의 객관성 및 신뢰성이 떨어질 수 있으므로 공신력 있는 기관에서의 평가단을 구성하여 각 보육시설에 파견되어야 한다. 뿐만 아니라 평가단을 구성하기 위한 적절한 자격기준 및 평가단 훈련 프로그램이 개발되어 객관적이고 철저한 평가를 수행할 수 있도록 해야 한다.

4) 인증기준의 세부지침

인증기준의 세부적인 지침이 주어져야 한다. 설립주체별, 소재별 기관의 특성을 반영하여 보육시설을 분류하고 분류된 각 그룹별로 차별화된 세부지침을 사용하여야 한다고 생각된다. 비록 정부의 적극적인 개선작업으로 다양한 보육시설들의 수준이 어느 수준 이상으로 상향조정된다 하여도 각기 다른 특성을 지닌 보육시설들을 일률적인 기준으로 평가하는 것에는 무리가 있다.

따라서 유형별 또는 소재지별 등 특정한 기준으로 나누어진 그룹별로 구체적인 기준들을 적용하여 인증제도를 시행하여야 한다. 그리고 각각의 기준들은 구체적이고 세부적인 지침으로 제시되어 보육시설에 적용될 수 있어야 할 것이며, 궁극적으로 이 세부적인 지침들은 기관이 지속적으로 질을 향상시킬 수 있도록 하는 실질적인 이정표로서의 역할을 하게 될 것이다.

5) 보육교사의 질적 수준 향상

보육교사의 질적 수준 향상에 노력해야 한다. 영유아 보육시설은 유아교육기관에 비해 아동의 발달에 있어 교육뿐만이 아닌 보호 역시 기관의 중요 목표가 된다. 그리고 영아일수록 보육자에 대한 의존도가 높기 때문에 영유아 보육시설일수록 더욱 교사의 자질을 엄격하고 신중하게 판별할 수 있어야 한다고 생각한다.

아동의 연령이 낮을수록 교육보다는 보육을 목표로 하는 것이 바람직하며, 이러한 영유아에 대한 수준 높은 보육이 이루어지기 위해서는 아동의 전인적 성장을 도울 수 있는 전문인이 아동의 보육을 맡아야 한다. 그러나 현행 법규상의 보육교사 자격기준은 그 범위가 너무 광범위하고 체계적으로 관리되고 있지 못하기 때문에 보육교사만의 전문성을 갖추기 어렵고, 자격증으로서의 제 역할을 다 하지 못하고 있다고 볼 수 있다.

보육교사를 유아교사와 차별화하고 전문성을 확보하여 궁극적으로 보육의 질을 향상시켜 영유아에 대한 질 높은 서비스를 제공할 수 있는 인재를 양성하여야 한다. 따라서 현행 보육교사의 인정기준은 강화하고 인재 양성과정 역시 좀 더 전문적이고 체계적으로 이루어져야 하겠다.

6) 지속적, 순환적인 평가

일회적인 평가의 개념이 아니라 지속 · 순환적인 질적 개선을 목적으로 개발되어야 한다. 인증제는 기관의 질을 평가하는 수준에서 그치는 것이 아니라 보다 넓은 안목으로 영유아들의 교육과 복지에 대해 인식하고 지속적으로 질을 개선해 나가는 순환적인 과정으로 이해되어야 한다. 따라서 지속적이고 순환적인 질적 개선을 목적으로 기관의 적극적인 참여와 정부 또는 공신력 있는 다른 어떤 기관의 지속적인 평가와 지원이 이루어져야 한다.

PART 4

국내외 영유아 프로그램

Chapter 10

국내 영유아 프로그램

1 배변훈련 프로그램

1) 배변훈련의 개념

어린이집에서 영아 보육은 영아를 신체적, 정서적으로 보살펴 주는 것과 영아의 발달을 도모하여 지도하고 가르치는 것으로 나누어 살펴볼 수 있다. 어린이집 일과에서 교사의 영아들에 대한 신체적 보살핌은 배변, 건강, 안전문제에 대해 세심한 관심을 기울이고 돌보아 주는 것이다. 이러한 일상적 관리를 중심으로 한 보살핌은 영아 보육에 있어 전문적인 영역으로보다는 사적인 영역으로 누구나 할 수 있는 일로 여기고 있는 것이 우리사회의 일반적 인식이다. 이러한 인식은 보육교사들이 교사로서의 신념을 형성하는 데 어려움을 주기도 하는 것이 사실이다.

영아 보육과정에서 이루어지는 교사와 영아 간의 보살핌을 통한 상호작용은 어떠한 형태로든 영아의 발달에 중요한 영향을 미치는 요소가 될 수 있다. 보살핌은 단순히 돌보는 행위만이 아니라 그 이상의 중요한 의미를 내포한 것이다. 특히 대소변에 대한 보살핌은 영아반에서 가장 일상적인 일로서 교사의 민감하고 즉각적인 반응이 요구되는 일이다. 김지현(2006)은 아이들이 개월 수가 높아짐에 따라 스스로 대소변 문제를 처리할 수 있도록 연습시키는 배변학습을 교사의 보살핌 행위로 설명하였다. 최근 표준보육과정 기본생활 영역에서는 영아가 규칙적인 배설습관을 기르도록 하여 발달을 촉진하고 심신을 건강하게 유지할 수 있도록 하는 내용을 포함하고 있다.

2) 영아기 배변훈련의 중요성

배변훈련은 성인이 영아에게 행하는 것인 반면, 배변학습은 영아 스스로 하는 것이다. 배변훈련은 사실 영아가 신체적으로나 정신적으로 준비되었는지는 전혀 관심을 두지 않는다고도 할 수 있다. 오늘날 세탁기나 기저귀 사용 등의 경제적, 신체적 부담으로 인해 영아가 실제로 조절할 수 있게 되는 시기 이전에 배변학습을 시작하는 경향이 늘고 있다.

만일 영아가 신체적 · 심리적으로 준비가 안 되어 있는 상태에서 너무 일찍 대소변 훈련을 실시하거나 강요한다면 불쾌한 경험이 될 뿐 아니라 실패감이나 수치감으로 인해 더욱 거부하거나 싫어할 수가 있다. 반면, 영아가 준비가 되었는데도 너무 오래 지나서 시작하면 영아가 가장 쉽게 배울 수 있는 최적의 준비기를 놓치게 된다.

3) 올바른 배변훈련 지도방법

배변학습의 목적은 영아가 대소변을 통제하는 기술, 즉 자신의 신체기능을 스스로 조절하는 능력을 습득하도록 하기 위함이다. 1세 중반쯤부터 영아는 항문과 요도에서 느끼지는 감각들을 좀 더 민감하게 느끼게 되고, 괄약근을 조절하여 배변을 하는 것을 알게 된다. 이렇게 감각과 신호를 알아차리고 조절할 수 있다는 것은 이제 배변학습을 위한 준비가 되어 있다는 것이다.

(1) 15개월 이전 영아의 올바른 배변훈련 지도방법

15개월 이전까지는 전적으로 기저귀에 의존하는 시기이며 소변이든 대변이든 거의 자동적으로 배출된다. 이 시기에는 배변지도를 가르칠 수 있는 시기는 아니다. 하지만 15개월에 가까워지면서 영아는 중요한 변화를 보인다. 대변의 횟수가 줄어들고 변을 보는 시간이 일정해지기 시작한다.

교사의 역할로는 각 영아의 대소변의 리듬과 패턴을 미리 파악하여 개별적으로 접근해야 한다. 수유를 전후해 영아를 예민하게 관찰하는 훈련이 필요하며 대소변 횟수나 양, 상태 등은 영아의 건강상태와 밀접한 관련이 있으므로 기저귀를 갈아줄 때 영아의 배변상태를 관심 있게 관찰하고 기록해 두는 습관을 갖도록 한다.

(2) 15~24개월 영아의 올바른 배변훈련 지도방법

15~24개월 영아의 배변행동 특징은 영아의 배변학습이 가능해지는 시기라는 것이다. 그러나 가정이 아닌 곳에서는 긴장하게 되어 심리적인 어려움이 따른다. 영아는 변이 나올 것 같아도 변기에 앉기를 강하게 거부하거나 기저귀를 차지 않고 놀다가도 오히려 변을 보려면 기저귀를 차려고 하는 경우도 있다. 대개 대변 가리는 시기는 15개월 정도, 소변은 20개월 정도가 되었을 때이다. 대변은 변의를 느끼고 나서 실제 변을 보기까지 시간이 걸리므로 조금만 도와주면 변기에 앉힐 수 있다.

소변의 경우에는 말이 채 끝나기 전에 이미 싸 버리거나 또는 싸고 난 후에 말을 하는 경우가 많다. 나오려는 오줌을 허벅지로 모아 근육을 조임으로써 몇 분 정도는 참게 되는 상태가 바로 적절한 시기라고 할 수 있다. 교사는 월령이 비슷하면서 대소변 가리기가 된 영아들이 화장실을 사용하는 모습을 자연스럽게 접하도록 하며 기저귀를 채우지 않은 상태에서 배변학습을 시작하는 것이 좋으므로 여름에 시작하는 것이 효과적이다. 배변학습의 시작 시기는, 영아가 배변 후 그 사실을 표현하거나 배변이 어느 정도 규칙적이 되고 용변이 묻은 기저귀를 싫어하며 변기 사용을 좋아하는 시기이다.

(3) 24~29개월 영아의 올바른 배변훈련 지도방법

24~29개월 영아의 배변행동 특징은 대부분 2세가 지나면서 대소변을 가리게 된다는 것이다. 기저귀를 차지 않아도 기관생활이 가능해진다. 그러나 자주 실수를 하게 되므로 교사의 너그러운 태도가 필요하다. 영아는 소변이 나오려는 것을 느끼고 변기사용도 가능하지만 노는 데 몰두하여 그 느낌을 제대로 포착하지 못하고 실수할 때가 있다.

교사의 역할은 영아가 기저귀를 차지 않은 상태에서 잦은 실수를 할 수 있으므로 교사는 여벌의 옷을 준비해 두어야 한다. 영아의 배변의사 표현이나 관찰을 통해 화장실로 신속하게 데리고 가서 변기에 앉히는 연습을 시작한다. 하지만 강압적으로 시도하지 않도록 하며 5분 이내에 처리하지 않으면 다음에 시도한다. 하루 일과 계획에 화장실에 가는 시간을 규칙적으로 배정하여 훈련하게 하며 제대로 가릴 때에는 격려와 칭찬을 아끼지 말아야 한다.

(4) 30~36개월 영아의 올바른 배변훈련 지도방법

30~36개월 영아의 배변행동 특징은 배변행동 전에 '쉬'와 '응가'라는 말로 스스로 자기의 의사를 표현한다는 것이다. 예로써, 3세의 70% 정도는 낮에는 소변을 통제하지만 밤에 소변을 통제하는 것에는 꽤 오랜 시간이 걸린다. 영아가 실수를 빈번하게 하는 상황은 지나치게 흥분하거나 피곤할 때, 긴장하거나 놀이에 열중할 때, 가정이나 기관의 환경에 변화가 있을 때, 혼자서 옷을 입고 벗기가 어려울 때, 벨트나 멜빵 등의 사용이 어려운 옷이나 장신구를 했을 때이다.

교사의 역할은 영아가 혼자 시도하게 하고 뒤처리만 도와주어도 좋다. 만약 실수를 하였다면 이유를 파악하여 구체적인 도움을 주도록 한다. 실수에 대해 수치심을 느끼지 않도록 야단을 치거나 친구와 비교하는 일 등으로 부끄러운 생각을 갖지 않도록 주의한다. 영아 스스로 하도록 도와주며 배변학습을 하는 일, 화장실 사용 순서를 익히는 일 등에 대해 이야기 나누며 관심을 가져야 한다.

2 적응 프로그램

1) 기관적응의 개념

영아들의 어린이집 안정적 적응은 영아가 사회생활을 즐기게 하고 자신에게 주어진 일들을 잘 수행할 수 있도록 하며 자신감과 자아존중감, 자기 확신 등을 향상시킬 수 있다. 영아가 어린이집에서 적응을 잘하는 것은 어린이집의 주변 환경의 탐색과 교사를 신뢰하고 사회적, 정서적으로 발달을 하는 것이다.

영아가 어린이집에 적응하는 데 영향을 미치는 여러 가지 요인들을 살펴보면 리버만(Lieberman, 1993)은 어린이집 적응에 있어서 영아의 연령, 기질, 건강과 같은 개인적인 특성과 부모와 영아 간의 애착의 질, 부모의 직업만족도 등과 같은 부모의 특성, 보육교사의 특성 및 환경의 특성을 어린이집 적응에 영향을 미치는 요인으로 보고하고 있다. 적응을 잘하는 것은 영아의 낯선 환경에서 잘 적응하는 기질과 친사회적 행동, 양육자와의 안정된 애착 및 분리 경험이며, 영아의 기질 중에 활동수준, 반응력, 지구성이 초기적응에 영향을 미치는 것으로 밝히고 있다.

(1) 물리적 환경과 초기적응

새로운 환경에서 부모와 격리되고 오랜 시간을 어린이집에서 생활하는 영아들에게 물리적 환경은 중요하며 물리적 환경의 놀이 시설물 및 놀잇감은 영아들의 직접적인 신체적, 감각적 경험에 있어서 결정적인 영향을 미치고 놀이환경이 된다(이숙재, 1997).

(2) 교사-영아 상호작용과 초기적응

사회의 변화로 오랜 시간 어린이집에서 생활하는 영아에게 교사는 심리적 · 신체적인 안정감을 갖도록 수용적이고 민감한 반응의 상호작용이 필요하다. 안정적인 교사–영아 관계는 어린이집에서 영아들의 탐색활동을 촉진시킬 가능성이 있다고 하였다. 즉, 새로운 환경에서 교사가 적극적으로 반응해 줄 때 놀이와 활동에 참여하며 어린이집에 적응을 잘할 수 있다.

교사와의 애착 안정성이 영아의 보육시설 적응과 밀접한 관련이 있는데 남아보다 여아의 경우 교사와의 애착안전성에 따라 적응행동에 많은 영향을 받았다. 즉, 교사가 영아의 신체적 · 심리적 욕구에 민감하게 반응했을 때 영아들은 교사와 신뢰감을 형성할 수 있다. 또한 교사의 상호작용은 영아의 또래와의 적응과도 중요한 역할이 되며 개인과 개인이 상호작용을 통해 지식을 배우고 내면화해 나가는 것이다(조복희, 1999).

2) 영아의 기관적응을 돕기 위한 프로그램의 중요성

영아는 처음 오는 어린이집의 새로운 환경, 낯선 양육자, 친숙하지 않은 또래들과의 만남, 주 양육자와의 분리 등으로 불안을 느끼게 된다. 어린이집이라는 새로운 물리적 · 인적 환경과 상호적 관계를 조화롭게 형성해 가야 하는 초기적응 과정은 영아들에게는 민감하고 중요한 과정이다. 영아가 자기 집이 아닌 어린이집에서 생활하여야 할 경우, 어린이집이라는 낯선 환경에 익숙해지기 전까지는 많은 내적 · 외적 갈등과 변화과정을 겪게 된다.

즉, 영아는 매일 아침 어머니를 포함한 주 양육자와 지속적인 격리를 경험하게 되며, 자기 집이 아닌 어린이집이라는 낯선 환경에 익숙해져야 하고 그 환경에 함께 있는 교사 및 또래들과 관계를 형성하여야 한다. 그러므로 영아들에게 있어서

이 초기적응 과정은 그렇게 쉬운 것만은 아니며, 자기 집과 주 양육자를 떠난 영아가 새로운 환경인 어린이집에서 적응곤란을 겪지 않고 안정적으로 적응하는 것은 매우 중요하다고 할 수 있다. 또한 영아와 마찬가지로 학부모 또한 새로운 환경에 오랜 시간을 보내야 하는 자녀로 인해 불안을 느끼게 된다.

따라서 신입원아와 부모님을 위한 적응과정을 통하여 영아가 새로운 환경에 잘 적응하고 학부모도 안심하고 어린이집에 보낼 수 있는 신입원아 적응 프로그램을 체계적으로 운영해야 한다. 초기적응을 돕기 위해 영아의 반응이나 새로운 환경에 대한 적응상황을 관찰해 보고, 초기적응 과정을 위한 계획을 세우며, 초기적응 프로그램을 모든 신입영아에게 일률적으로 적용하기보다는 영아의 반응, 연령, 개인적인 기질, 이전의 보육시설 경험, 부모의 직장 여건 등을 고려하여 실시하여야 한다.

3) 적응을 돕기 위한 프로그램을 실행할 수 있는 구체적인 방안

영아의 건강한 발달을 위해서, 영아가 어린이집에 안정적으로 적응하도록 도와주는 일은 매우 중요하므로, 영아의 어린이집 초기적응을 돕기 위하여 체계적인 초기적응 프로그램을 계획하여 제공해 줄 필요가 있다. 초기적응 프로그램은 영유아가 보육시설에 적응할 때 겪게 되는 정서적 불안을 감소시켜 주 양육자와의 분리를 자연스럽게 받아들이고 새로운 환경에 안정적이며 능동적으로 적응하도록 도와주기 위한 목적을 가지고 있다. 초기적응 프로그램이란 영유아가 새로운 환경인 보육시설에 안정적이며 능동적으로 적응하도록 도와주기 위한 체계적인 모든 과정이다. 여기서 체계적인 초기적응 프로그램이란 인적, 물리적인 자원을 선발·배치·활용하여 프로그램의 효율적 구성을 위하여 절차를 마련하고 전개해 나가는 구성체계를 포함한다.

따라서 초기적응을 돕기 위해 영유아나 교사 등 인적 자원을 어떻게 선정하고 조직할 것인지 구성하여야 하며, 부모와의 분리 시 영유아가 보이는 반응이나 새로운 보육환경에 대한 적응상황을 분석하고, 초기적응 시 어떤 도움을 주면 적응에 효과가 있을지 기본 가정을 설정해야 한다. 초기적응 프로그램을 개발하려면 프로그램의 목적 및 목표를 설정하고, 초기적응 프로그램의 내용과 활동을 영유아의 개인적 요인, 부모요인, 교사요인, 보육환경 요인에 적절하게 선정 · 조직하고, 진행한 내용과 활동에 대한 평가와 피드백이 계속적으로 이루어져야 한다.

3 경제교육 프로그램

1) 경제교육의 개념

개념이란 사물 혹은 사상의 공통성을 정리, 추상화해서 하나의 범주로 묶는 것이다. 즉, 개념은 하나의 특정 사물이 아니라 많은 사상들에서 공통적으로 추출된 특징을 대표하는 것이다. 그리고 경제란 우리 삶에 필요한 재화와 서비스를 생산, 분배, 소비하는 모든 활동 및 과정을 뜻하며 이를 통해 발생하는 모든 사회적 관계를 말한다. 그런데 현실세계에서는 이러한 과정에서 재화와 서비스를 누가 얼마나 생산하여, 어떻게 분배하고, 언제 소비하는가 하는 문제가 일어난다.

즉, 경제문제가 발생하는데 그 이유는 모든 사람이 만족할 만큼 재화나 서비스를 생산해 내기에는 자원이 상대적으로 부족하기 때문이다. 따라서 누구나 경제활동 속에서 선택의 문제를 직면하게 되며 경제 개념은 바로 이러한 여러 가지 문제를 해결하는 출발점이라 볼 수 있다(한희경, 1999).

경제개념은 유아에게 경제활동과 관련된 이해를 증진시켜 줄 수 있다는 중요성을 갖는다. 만약 경제개념에 대한 이해가 없다면 유아가 실생활과 관련한 경제현상을 바르게 이해할 수 없을 것이며, 생활 속에서의 경제문제를 합리적으로 대체해 나갈 수 없을 것이다(이재정, 1999). 경제개념은 논리적이고 합리적인 사고를 통해 보다 효율적인 의사결정을 하도록 돕고(Armento, 1991), 직면한 문제상황에게 체계적이고 객관적인 분석을 통해 경제적인 사고방식을 발현할 수 있게 된다(조도근, 1991). 그러나 경제개념은 다른 많은 개념보다 발달이 더 지연되는 경향이 있기 때문에(Hurlock, 1972; Stacey, 1982), 유아들이 크고 작은 경제문제에 부딪혔을 때 경제개념에 대한 이해를 바탕으로 합리적인 의사결정을 할 수 있도록 유아기에 적절한 기본 경제개념을 정립할 필요가 있다.

2) 경제교육의 기본방향

1980년대 중반 이후 우리나라는 물론 미국을 비롯한 세계 다수의 나라들은 정치, 경제, 사회, 문화 등 여러 방면에서 많은 변화가 생기고 있고, 인류는 거대한 변화에 대응하기 위해 교육개혁에 착수하고 있다.

교육개혁을 위해서는 정확한 예측이 요구된다. 앨빈 토플러(Alvin Toffler)는 『미래의 쇼크』라는 저서에서 "오늘의 미래는 더 가까워지고 더 빨리 짙게 다가온다. 먼 훗날이라고 생각했던 일들이 내일로 다가오고 오늘의 정책적 행실의 업보는 설마 하는 사이에 모레에 다가온다. 국제화된 시야와 미래화된 전망은 공간이 좁아지고 시간이 빨라지는 미래에 생존하려면 불가결하다. 인간과 기계를 행성에 보내는 경쟁과정에서 '연착륙'을 가능케 하는 엄청난 자원이 소모되고 있다. 즉, 착륙선의 모든 부속시스템은 착륙 시의 충격에 견딜 수 있도록 면밀히 설계되어 있다. 착륙 후에 어떤 부속시스템이 하나라도 그 기능을 잃으면 수십억 달러의 기계와 수만 시간에 달하는 노동은 차치하고 인간의 생명까지 앗아가게 된다. 오늘날 기술 선진국에 살고 10억의 인구는 모두 초산업주의와의 랑데부를 향해 줄달음치고 있다. 우리는 집단적인 미래 쇼크를 경험해야만 할까? 아니면 우리도 '연착륙'에 성공할 것인가?"라고 진술함으로써 급속하게 변화하는 현실에서 미래에 적절하게 대처하기 위해서는 미리 예측하고 준비하는 과정이 필요함을 역설하고 있다.

오늘날의 경제 사회는 지난날의 경제 사회와는 달리 정보화 · 국제화 · 개방화 등으로 특징지어지고 있고 이러한 사회는 여러 가지 변화를 수반한다. 따라서 다가

올 미래의 경제 사회를 예측하고 이에 적응할 수 있는 경제교육의 틀을 마련하는 것은 매우 중요하고 시급한 문제이다. 미래에 경제생활을 하게 될 인간들에게 미리 미래사회를 경험할 수 있도록 경제교육제도를 구상함으로써 미래에 생존하고 적응하며 대응할 수 있도록 할 수 있을 것이다.

이러한 논의를 감안할 때 우리나라 교육기관에서의 방향은 바람직하게 정립되어야 할 것이다. 사회과 교육과정에서 경제교육과 관련된 내용을 살펴본다면, 교과목표 1항에는 학생들로 하여금 경제생활의 기초 원리를 이해시키도록 되어 있는데, 이는 학생들이 경제생활의 기초 원리를 파악하여 이를 활용할 수 있게 하며 학생들에게 국민 경제 생활이 이루어지는 모습을 이해하고 자유경제체제의 우월성을 깨닫게 해야 한다는 것을 뜻한다. 또한 가치 · 태도 면에서 학생들에게 민주 국가 국민으로서의 자각을 통하여 경제의 발전, 복지 향상 등 국가 발전을 위해 기여하는 태도를 형성하도록 하고 있다.

조도근은 경제교육의 기본방향을 다음과 같이 밝히고 있다.

첫째, 경제교육은 유아들로 하여금 경제적 소양을 갖춘 시민으로 성장할 수 있도록 경제와 관련된 기본 개념의 이해에 초점을 두어야 한다. 기본적인 경제적 소양은 학생들이 경제주체의 구성원이 되었을 때 경제활동과 관련된 경제현상에 대한 이해를 증진시킬 수 있기 때문이다.

둘째, 경제교육은 유아들의 경제적 사고력을 신장시키는 데 초점을 두어야 한다.

셋째, 경제교육은 유아들에게 올바른 경제 가치관을 지니도록 하는 데 역점을 두어야 한다.

한편, 주자문은 경제교육으로서 다음과 같은 제안을 하고 있다.

첫째, 경제교육에서는 인간중심의 교육이 강화되어야 한다. 이를 위하여 인간교육이라는 차원에서 경제적 창의성, 경제적 사고력, 경제적 가치, 경제적 윤리 등까지도 목표로 하는 교육이어야 한다.

둘째, '얻는 경제'보다 '사용의 경제'가 강조되는 경제 교육이어야 한다. 즉, 자원의 낭비와 파괴, 공해, 오염, 물질지상주의, 인간소외, 사치, 도덕성 파괴로 인해 이제는 자원을 어떻게 사용할 것인가 하는 '사용의 경제'가 중심이 되어야 한다.

셋째, 공동체의식을 신장시키는 경제교육이 강화되어야 한다. 지구촌 공동체라는 의식에는 경제생활에 있어서 공동체, 경제적 운명에 있어서 공동체라는 의식이 함양되어야 한다.

넷째, 경제교육은 지속적으로 변화하는 경제 사회에 효율적으로 적응할 수 있도록 미래지향적인 대응능력을 길러 주는 교육이어야 한다.

다섯째, 21세기는 통일의 가능성에 대비하여야만 하는 시기이므로 완전한 통일은 아니더라도 경제적 필요에 의한 경제적 의미의 통일 민족 국가에 대한 준비가 될 수 있는 경제교육이 강화되어야 한다.

이렇게 볼 때 경제교육에서 추구해야 할 방향은 학생들에게 경제문제에 대한 해답을 주는 것이 아니라 '합리적으로 생각하는 방법'(Rational Way of Thinking)을 길러 주는 것이라 하겠다. 이것은 '어떤 것을 알도록 가르치느냐'가 아니라 '어떻게 사고해야 하느냐'를 가르치는 일로서, 결국 '경제적으로 사고하는 방법'을 가르치는 일인 것이다.

3) 경제교육의 내용

경제는 어렵고 복잡한 이론이라기보다는 일상에서 접하고 있는 합리적, 논리적 사고와 관련된 생활의 일부이다. 유아들이 사용하는 학용품이나 책 등의 재활용은 아동들에게 절약정신을 길러 줄 뿐만 아니라 환경교육의 효과가 있으며 경제를 배우게 하는 하나의 방안이 될 수 있다. 유아를 대상으로 하는 환경교육, 건전 소비교육 등에 있어서 민간아동, 청소년 단체와 공교육 기관으로써의 유아기관에서 협력할 수 있는 과제는 매우 많다.

경제교육의 내용을 선정하는 데는 사회적 요구와 학습자 요구, 학문중심과 생활중심의 내용을 어떻게 조화시킬 것인가의 문제가 대두된다. 하지만 경제적 사고방식의 습득을 강조하는 입장이나 실생활 측면을 강조하는 입장이나 모두 경제교육이 실생활과 분리되어서는 안 된다는 것에는 동의하고 있다.

일반적으로 경제교육의 내용선정은 주로 다음의 내용과 관련된 4가지로 구분된다. 즉, 첫째, 시장경제의 기본원리(소비자, 생산자 및 시민으로서의 역할 수행을 위한 합리적 사고와 의사 결정방법), 둘째, 경제현상이나 문제에 대한 사고력 신장(소비 및 생산활동에 관련된 다양한 선택상황에 부딪쳤을 때 판단할 수 있는 과학적 사고능력의 배양), 셋째, 합리적 의사결정과 문제해결능력(여러 대안 중에서 최선의 대안을 선택하는 과정), 넷째, 건전한 경제의식 함양(민주시민의식 배양과 관련하여 경제적인 윤리관과 가치관 확립의 기초)과 관련된 내용이다.

4 사회교육 프로그램

1) 사회교육의 개념

최근 아동과 관련된 두 가지 이슈는 저출산과 어린 시기의 보육 · 교육기관 입학 그리고 문제행동의 증가 등이다. 저출산이 왜 보육 및 교육과 연결된다고 하는가? 그것은 여성의 경제활동에 대한 욕구 그리고 여성가장의 증대, 출산율 증대를 위한 국가정책의 반영 등으로 설명할 수 있다. 그러나 여전히 육아는 여성의 주된 역할이고 이로 인해 한 명 이상의 자녀를 출산하는 것은 '경제활동의 단절' 혹은 '승진의 좌절'로 인식되는 것이 사실이기 때문이다. 이렇기에 보다 많은 영유아들이 어린 시기에 기관에 입학하게 되었다.

지금은 상당수의 영유아들이 보육 · 교육기관에서 교사의 개입하에 갈등상황의 해결책을 익히고 있다. 또한 물건을 나누어 쓰고 빌려주고 양보하는 등의 친사회적 행동도 보육기관에서 교사의 지도하에 익히고 있다. 즉, 영유아 사회발달의 상당부분이 이미 보육 · 교육 기관에 위임된 상황이다. 그렇기에 교사는 이전보다 더욱 영유아의 발달에 대해 숙지하고 있어야 하고 발달에 적합한 사회경험을 제공하기 위해 준비하고 적절한 교수방법으로 제공해야 하는 실정이 되었다.

아동과 관련된 또 하나의 이슈는 문제행동의 증가이다.

실제 영유아의 문제행동은 교사의 학습 진행이 재미없거나 자기와 상관없다고 느낄 때, 학급 외의 여러 이유 때문에 발생하는 경우가 있다. 따라서 문제행동을 지도 하려 하기보다는 영유아들이 어떠한 사회적 경험들을 하고 있는지를 통합적으로 파악할 수 있어야 하며 그에 근거하여 어린 시기에서부터 적절한 사회경험을 제공하며 발달상에서 발생하는 여러 가지 과도기적 어려움들을 교육현장에서 적절하게 해소하는 것이 우선시되어야 한다. 이것이 영유아 사회교육의 내용에 포함되어야 할 내용이다. 영유아 대상 사회교육의 필요성에 대해 다음과 같이 정리해 볼 수 있다.

첫째, 사회교육은 영유아가 이상적인 사회이미지를 개념화하기 위해 필요하다.

둘째, 사회교육은 적절한 사회화를 위해 필요하다.

셋째, 사회교육은 영유아의 사회적 유능성을 신장시키기 위해 필요하다.

넷째, 사회교육은 영유아가 자신이 사회에 기여하는 바를 찾고 그 역할을 수행하도록 교육하기 위해 필요하다.

다섯째, 사회교육은 현대사회가 요구하는 사회적 역량을 키워 나가도록 돕기 위해 필요하다.

여섯째, 사회교육은 사회과학적 지식을 습득함으로써 자신과 가족 그리고 사회와 국가에 대한 기본 개념을 형성시키도록 한다.

2) 영유아 사회교육의 내용

영유아 사회교육은 "사회 속의 많은 관계들을 잘 유지하면서 인간다운 능력자로 성장하게 하는 인간화 교육"이거나 "사회생활에 대한 이해와 애정을 길러 현명하게 살아갈 수 있는 인간을 기르는 영역"이었다. 그러나 영유아 사회교육은 영유아를 대상으로 사회생활, 지식, 기술이 조화되는 과정이며 사회성 교육뿐만 아니라 사회과학을 통합하여 영유아가 민주시민으로 건전한 자아를 형성하게 하는 것이다. 영유아 사회교육의 내용에는 총 열한 가지가 있다.

(1) 사회화

영유아가 성장하며 자신이 속한 사회 속에 공인된 가치나 규범 등을 내면화하게 되는데 이것을 형성하는 과정은 자연스런 놀이상황을 통해 전수받도록 하는 것이 적절하다.

(2) 사회적 유능성

구체적으로 친구들과의 갈등상황에서 왜 이런 갈등이 생겼을까를 생각하게 하고 갈등상황에 대한 적절한 문제해결능력을 키우도록 지도하는 것을 포함한다.

(3) 사회인지

한 개인이 인간과 인간사에 대해 지각하고 사고하는 방법이며 인간의 심리적 · 사회적 현상을 대상으로 하는 지각으로 자신과 타인, 사회적 관계, 사회적 조직 및 인간과 세계에 대한 사고와 지식 모두를 의미한다.

(4) 도덕성 발달

비교적 절대적인 개념으로서 양심이나 인간의 존엄성에 대한 배려, 거짓말을 하면 안 된다는 등의 개념을 말한다.

(5) 사회적 역할 수행

가족, 기관, 지역사회에서 현재 영유아가 할 수 있는 역할을 알아보고 그를 담당해 보는 것에서 시작한다.

(6) 사회적 현상

영유아들이 접하게 되는 다양한 사회적 현상들을 영유아들이 이해할 수 있는 수준에서 놀이 혹은 활동으로 연결시켜 줌으로써 긍정적 사회상을 구축해 가는 데 도움을 주어야 할 것이다.

(7) 경제

유아에게 아껴 쓰는 것이 왜 필요한지 저금을 하면 어떻게 되는지 등을 교육하는 것이 필요하다.

(8) 지리

집에서 어린이집이나 유치원까지 오는 길을 알아보고 자기 주변 지역사회의 지리적 특성을 인식하는 것을 포함하여 연령이 증가하면서 점차 범위를 넓혀 나가며 교육한다.

(9) 법과 정치

연령이 어리다고 해서 권선징악의 동화만 지도할 수는 없다. 나쁜 일을 하면 도깨비가 나타나 벌주는 것이 아니라 인간들이 서로 합의하여 만든 법에 의해 그에 합당한 죄 값을 받는 것을 알아야 한다.

(10) 문화와 전통

자신이 속한 문화에서 유지되어 오는 혹은 이전에 존재하였던 전통들을 살펴보는 것도 자기 정체성을 심어 주는 데 필요한 교육이다.

(11) 환경과 인류

인류 보편적인 습성을 이해함과 동시에 서로 다른 점들을 이해하고 수용도를 증진시킴으로써 가족문화에 대한 역량을 증진시키는 것도 포함된다.

5 · 생태유아교육 프로그램

1) 생태유아교육의 개념

최근 유아교육 현실을 개선하고자 생태유아 교육프로그램이라는 새로운 패러다임으로 친환경적 유아교육을 지향하고 있다. 생태유아교육은 생명 사상 내지 생태론적 세계관에 바탕을 둔 생명론적 접근의 유아교육으로 유아생태교육과는 다르다.

생태학은 생물과 환경과의 상호작용을 연구하는 생물학의 한 분야이며, 유기체와 환경 간의 관계 및 유기체와 유기체를 둘러싼 물리적 · 생물학적 환경 간의 관계, 생태계의 구조와 기능에 대한 연구이다. 생태유아교육(Ecology Education)은 생태학(ecology)과 유아교육(earlychildhood education & care)의 합성어로 생태적 세계관에 기초한 유아교육이며 생태학적 접근의 유아교육이다. 생태유아교육은 생명중심, 공동체 중심, 감성과 영혼을 향한 교육으로 지금까지의 구조기능적인 교육과 다르다. 생태유아교육은 자연과 조화를 이루고 생명을 소중히 여기며 공동체 속에서 행복하게 어울려 살 수 있도록 하기 위한 프로그램으로, 자연의 본성을 지닌 아이와 자연의 신체적, 정신적 교류와 교감을 통해 인간과 자연의 공생, 상생의 지혜를 터득하고 실천하려는 자연친화적 유아교육 프로그램이다.

2) 생태유아교육의 배경

인간은 원래 자연 속에 태어나 자연으로 돌아간다. 자연 속에서 자란 유아는 정서적인 면, 인지적인 면에서 안정적이고 건전한 민주시민으로 자랄 수 있다. 따라서 유아교육이 자연 속에서 이뤄진다면 가장 이상적일 것이다. 건전한 생태유아교육은 생태적 세계관에 기초하며 동양의 전통사상에서 그 뿌리를 찾을 수 있다. 자연에서 태어난 어린아이는 자연을 그대로 닮고 있으며, 어린아이의 몸과 마음과 영혼은 자연의 본성 그대로이다. 살아 있는 생명체는 그 자체로 특별한 가치를 가지고 있다. 생태유아교육은 자연의 순리에 따르는 자연친화적 유아교육이다. 생태유아교육은 자연의 본성을 지닌 아이들을 자연의 순리대로 스스로 잘 자라도록 돌보고 기르는 일을 하는 것이다. 본래 아이는 부모의 자식, 사람의 아이인 동시에 자연의 아이이다.

따라서 생태유아교육은 자연의 순리와 사람의 도리는 하나로 통한다는 천지인의 조화사상 내지 천인합일사상에 바탕을 두고 있다. 생태학적 관점에서의 유아교육은 유아들의 삶이 자연 속에서 자연과 더불어 조화되는 생활로서의 교육으로, 인지적인 것뿐만 아니라 자연 속에서의 체험과 생명의 존엄성 · 자연을 보는 통찰력 등이 강조되어야 한다. 생태유아교육은 생명사상 내지 생태론적 세계관에 바탕을 둔 생명론적 접근의 유아교육이다.

인류는 그동안 과학기술의 위력을 과신하고 경제발전만을 우위에 둔 경제정책으로 자연을 무자비하게 파괴하고 환경이 오염되어 지구자정 능력을 상실해 가고 있으며, 화학연료 과잉 소비로 인한 이산화탄소 소비 배출은 지구 오존층을 파괴한 지 이미 오래되었으며, 급기야는 지구 온난화 · 기상이변 · 적조현상 등으로 지구는 하늘 · 땅 · 바다 모두 온전한 데가 없이 오염되고 파괴되어 생태계의 위기를 몰고 왔다. 한편 지구촌 속에 살고 있는 뭇 생명 등은 식물, 동물을 비롯하여 그 종이 급속도로 멸종되어 가고 있다. 이러한 근본적인 문제는 인간의 이기심, 욕심을 넘어선 탐욕, 교만 때문이라 할 수 있다.

인간과 자연은 분리될 수 없는 생명체인 것이고, 지구는 하나의 유기체인 것이다. 그러므로 생명가치가 존중되고, 인간의 영성적 가치가 우위를 두며, 뭇 생명이 연결되어 서로 상생, 공존, 조화를 이루는 세계관으로 바뀌어야 한다는 연구논문들이 계속 나오고 있다.

탐욕에서 비우는 가치관, 빨리 빨리 주의에서 느림의 철학, 소비에서 절제, 큰 것에서 작은 것이 아름답다라는 가치관, 화려함에서 소박함으로의 가치관으로 바꿔어야 하고 소박한 생태적 세계관 속에서 자연의 순리에 순응하는 생태적 삶을 사는 것이 지구촌 인류와 뭇 생명들이 행복과 번영을 찾을 수 있는 길이다. 경제개발은 우리 조상들이 5천 년간 지켜 온 금수강산을 단숨에 파괴해 버렸다. 수없이 건설된 댐과 간척사업은 자연생태계를 파괴하고 수몰민들의 삶의 터전과 고향의 향수마저 앗아 갔다. 경제개발은 한반도 생태계의 파멸을 가속화시켜 마침내 인간의 생존마저 위협받는 지경에 이르렀다.

전통문화는 의식주를 비롯해 전통적으로 이어 온 전반적 삶의 양식이다. 경제개발은 '서양의 것은 좋은 것이고 우리 것은 좋지 않은 것이다'라는 이분법적 논리에 의해 진행되었다. 우리 고유의 세시풍속은 서양 문물의 영향으로 크리스마스나 발렌타인데이가 그 자리를 차지하였으며, 장승 솟대, 성황당으로 상징되는 기층 민중들의 민간신앙은 행정당국과 기독교의 말살대상으로 지목되어 야만과 미개로 치부되어 사라졌다.

산업화로 인해서 가족구조와 기능의 변화를 가져왔다. 대가족화에서 핵가족화로 우리의 주거환경도 많이 바뀌었다. 가정과 동네 공터 대신에 시멘트와 벽돌로 싸여 있는 건물에서 생활하고 있으며 아이들도 신선한 야채와 과일 대신에 농약에 오염된 야채와 과일을 먹고 있다. 아이들의 모습은 심신이 나약하고 버릇이 없으며 이기적이고 욕심이 많고 남을 배려할 줄 모르는 아이들로 변하고 있다. 이것이 산업화로 얻어진 결과물들이다.

산업사회의 교육은 인간의 삶을 가꾸는 교육이나 사람을 키우는 교육이 아니라 인적자본 양성교육이라고 할 수 있다. 입시주의 교육, 획일주의 교육, 지식주입식 교육 등은 국가 발전에 유용한 인력을 골라내기 위한 교육제도와 정책의 당연한 귀결이다.

3) 생태유아교육의 목표, 교육목적

생태유아교육은 생명중심 교육을 지향하고 공동체중심 교육을 지향하며 전인 교육을 지향한다. 생태유아교육은 기존의 아동중심 유아교육에 대한 대안이다. 기계론적 세계관에서는 인간이 자연의 주인임을 자처하고 자연지배의 도구로 기계와 기술을 개발, 이용함으로써 인간 자신을 주체적인 삶을 잃고 기계의 조종을 받는 하나의 부품으로 전락시키고 말았다.

인간과 자연의 화해를 위해서는 인간 스스로에 대한 그릇된 이해에서 출발한 인간중심의 자연 파괴적인 세계관을 극복하고 생태중심의 총체적이고 유기적인 세계관의 정립과 함께 아동중심교육에서 생명중심교육으로 전환을 해야 한다. 사람은 개별 생명체로 태어나지만 개미나 벌처럼 한데 모여 더불어 살지 않으면 목숨을 부지하기 힘든 생명체이다. 따라서 생태유아교육은 사람과 사람이 더불어 살아가는 사람공동체, 개인과 가족이 함께 어우러지는 가족공동체, 사람과 사회가 함께하는 사회공동체, 사람과 자연이 함께하는 생명공동체를 실현하는 방향으로 이루어져야 한다.

산업사회에서는 자연과 인간을 기계의 한 부품으로 보고 분리하여 필요할 때에 소비를 한다. 또한 국가는 장래 국가가 발전하는 데 꼭 필요한 경쟁력 있는 자원으로 만들고자 아이들에게 온갖 정보와 기술을 전수한다. 이로 인해 아이들은 그들 생존의 기본 조건인 '자연'과 '놀이'와 '아이다움'을 잃어버리고 살아가고 있다. 따라서 생태유아교육은 이성과 감성, 정신과 육체, 지능과 감각을 동시에 강조하는 방향으로 나아가야 한다. 즉, 지, 덕, 체를 고루 갖춘 전인적 인간, 머리, 가슴, 손이 조화된 인간을 기르는 것이다. 나아가 생태유아교육은 몸과 마음과 영혼을 함께 돌보는 방향으로 나아가야 한다.

생태유아교육의 목적은 아이의 타고난 본성을 그대로 간직하게 하여 자연의 본성을 지닌 아이의 본래 모습대로 키우며 본래 가지고 태어난 천성의 잠재된 힘을 키우는 것이다. 궁극적으로는 사람과 아동과 자연 우주만물 모두가 행복을 느끼는 것이 목적이다.

생태유아교육의 목적은 음양의 조화가 하나로 유지되는 것으로 '신명(神明)'이라 할 수 있다. 생태유아교육을 통해 기르고자 하는 아이상인 '신명나는 어린이'는 음양의 조화를 이룬 아이, 달리 말하면 개성과 창의력을 지니면서 흥겨움과 우리 멋이 흘러넘치는 가운데 자연과 하나되어, 사람과 더불어 행복한 삶을 누리는 어린이다운 어린이를 말한다. '신명나는 어린이'는 튼튼한 어린이, 즐거운 어린이, 스스로 하는 어린이, 새로운 것을 생각하는 어린이, 예의 바른 어린이, 생명을 존중하는 어린이, 일을 귀하게 여기는 어린이, 우리 것을 아는 어린이, 지구를 지키는 어린이, 더불어 사는 어린이로 구체화될 수 있다.

6 다문화 보육 프로그램

1) 다문화 보육 프로그램의 개념 및 필요성

오늘날 세계 곳곳은 다양한 분야에서 급속한 변화를 맞이하고 있으며, 국가 간의 개방화, 다변화 추세로 상호 의존적 관계가 더욱 심화되고 있다. 지역적 경계를 초월하여 거래와 소통이 이루어지는 초국가적 네트워크가 인간활동의 거의 모든 영역으로 확산되고 있는 것이다. 우리나라도 이러한 세계화의 영향으로 점차 다인종 다문화 사회로 변화하고 있다. 다인종 다문화 사회 속에서 한민족은 한국사회의 전체가 아니라 한국사회의 다수가 되고 있으며, 다문화가정의 증가로 사회에서는 많은 혼란과 문제점들이 제기되고 있다.

새롭게 유입된 구성원들은 대체로 기존 한국사회의 문화와 언어 적응에 어려움을 보이고 있으며, 그들의 자녀들 또한 많은 어려움을 겪고 있는 것으로 나타났다. 이러한 어려움은 학업과도 직결되어 성장과정에서 발생하는 격차의 누적은 부정적인 모습의 사회문제로 대두되고 있는 것이다. 특히 유아기에는 다른 형태의 편견에 비해 인종에 대한 편견이 가장 심하게 나타나고 있다. 유아교육기관에서 실시된 조사에서도 만 3~5세 유아 대부분이 인종적 차이에 대해 인식하고 있으며, 동일 인종인 황인종을 가장 선호하고 있는 것으로 나타난 바 있다. 이처럼 다문화가정의 유아들은 일찍이 주변으로부터 차별과 편견을 경험하고 있으며, 유아교육기관에서도 학업적, 사회적 부적응과 부정적 정체감을 보이고 있다.

그러나 다문화가정의 자녀들도 외모와 피부 색깔이 조금 다를 뿐 엄연한 한국인이고, 미래 우리사회를 이끌어 갈 구성원이다. 이들이 일반 유아들과 함께 조화롭게 생활하고 건전한 사회구성원으로 성장할 수 있도록 돕는 사회적 지원체제의 구축이 사회적, 교육적으로 중대한 과제의 하나로 부각되고 있다.

우리사회의 구성원으로서 건전하게 성장해야 할 다문화가정 자녀들은 한국어와 한국문화에 익숙하지 못한 어머니의 영향으로 언어능력이 일반 유아에 비해 현저히 낮고, 기초학습 능력이 부진하여 사회에 적응하는 데 많은 어려움을 겪는다. 또한 어머니가 외국인이라는 점과 외모의 차이 때문에 대인관계에서 소극적이게 되고, 발달성 언어장애, 주의력 결핍 증세까지 나타나는 사례들이 보고되고 있다.

이러한 다문화가정의 문제를 해결하기 위한 노력은 크게 두 방향으로 이루어지고 있는데, 하나는 다문화가정을 대상으로 하여 한국문화 체험과 언어교육을 실시하는 직접적 개입활동이며, 다른 하나는 다문화가정의 주변 사람들, 즉 우리사회 전반에 걸쳐 다문화에 대한 이해와 인식을 높이고자 하는 활동이다. 이러한 다문화교육은 지금 당면한 문제의 해결뿐만 아니라, 앞으로 우리사회가 나아갈 다문화사회를 위한 보다 근본적이고 효과적인 접근으로 여겨진다고 생각된다.

따라서 다문화 교육은 유아기부터 실시되어 자연스럽게 다문화사회에 동화되고 적응될 수 있도록 이루어져야 한다는 판단하에 다문화 교육과 관련된 영유아 프로그램을 제안하고자 한 것이다.

2) 목적 및 목표

다문화사회를 살아 갈 영유아들이 서로 다른 외모나 문화를 이해하고 수용함으로써 우리와 다른 문화에 대한 편견을 완화시키고 유아 자신의 정체성을 확립시키며 자신과 타인을 존중하는 태도를 갖고 더불어 살 수 있는 친사회적 관계를 육성하는 데 목적이 있다.

3) 프로그램 내용 구성

프로그램의 목표를 달성하기 위해 다양한 활동을 구성하여 유아들이 갖고 있는 편견을 감소시킬 뿐만 아니라 긍정적인 자아개념과 친사회적 행동을 증진할 수 있도록 구성하였다. 프로그램 구성에 대한 구체적 내용을 보면, 다음과 같다.

첫째, 주제는 어린이집에서 다루는 연간 생활주제와 소주제를 동일하게 하며, 현장 적용의 측면에서 표준보육과정을 반영하였다.

둘째, 활동은 표준보육과정이 제시하고 있는 6가지 생활 영역, 즉 기본생활, 신체운동, 사회관계, 의사소통, 자연탐구, 예술 경험 영역과 연계하여 구성하며, 활동 유형은 이야기 나누기, 역할놀이, 동화, 게임, 음악, 미술, 요리활동 등으로 구성하였다.

셋째, 운영은 생활주제와 통합된 활동으로 어린이집의 일과를 계획대로 운영하도록 설계하였다. 다문화 활동은 일반적인 보육과정에서 제시된 것 이외에 다양한 활동과 다문화가정 부모참여 수업을 병행하며, 일반가정 유아들의 다문화가정 유아 및 부모에 대한 이해를 돕는 활동을 포함시켜 구성하였다. 〈표 10-1〉은 본 다문화 영유아 보육 프로그램에 대한 체계도를 나타낸 것이다.

〈표 10-1〉 다문화 보육 프로그램의 개발 설계도

<table>
<tr><th colspan="2">구분</th><th>주요 내용</th></tr>
<tr><td colspan="2">목적</td><td>• 다양한 문화에 대한 이해를 높여 편견을 감소시킨다.
• 다문화적 경험을 통해 다른 유아와의 관계 속에서 긍정적인 자아개념을 증진시킨다.
• 다문화 가정 유아와 일반가정 유아 간의 친사회적 태도를 증진시킨다.</td></tr>
<tr><td rowspan="4">내용</td><td>주제</td><td>• 물의 특성, 물을 건너려면, 소중한 물
• 대한민국, 우리 산, 강, 들, 우리나라를 빛낸 사람, 우리 문화</td></tr>
<tr><td>활동여역</td><td>어린이집 표준보육과정과 연계</td></tr>
<tr><td>활동유형</td><td>이야기 나누기, 역할놀이, 동화, 게임, 음악, 미술, 요리활동</td></tr>
<tr><td>다문화내용</td><td>문화, 편견, 평등성, 정체성, 다양성, 협력</td></tr>
<tr><td rowspan="3">방법</td><td>교수학습 단계</td><td>보고 듣고 이해하기, 경험하기, 공감하기, 통합하기</td></tr>
<tr><td>교사역할</td><td>다문화 보육을 이해하는 역할, 통합 적용의 역할, 다양한 경험제공자의 역할, 다양한 환경제공자의 역할, 적극적 상호작용의 역할</td></tr>
<tr><td>환경구성</td><td>주제와 관련된 다문화교육 내용요소를 반영한 언어, 수조작, 조형, 쌓기, 역할, 음률 영역의 환경 구성</td></tr>
<tr><td rowspan="2">평가</td><td>질적</td><td>유아의 참여관찰, 교사의 심층면접</td></tr>
<tr><td>양적</td><td>유아의 편견, 자아개념, 친사회적 행동평가</td></tr>
</table>

4) 프로그램 모형

다문화 보육 프로그램의 주제는 물의 특성, 물을 건너려면, 물속에는 소중한 물, 대한민국, 우리 산, 강, 들, 우리나라를 빛낸 사람, 우리문화로 구성되어 있다.

이러한 주제에 맞추어서 약 8주 분량의 프로그램을 계획하는 것이다. 물론 본 구체적인 활동계획안은 수립하지 않았다. 하지만 대략적으로는 어떤 내용을 다룰 것인가에 대해서는 표준보육과정 프로그램의 벤치마킹을 통해서 수립하였으며, 이는 〈표 10-2〉와 같다.

〈표 10-2〉 다문화 보육 프로그램의 8주 계획

	구분	1주	2주	3주	4주
7월	주제 영역	깨끗한 우리 몸	여름의 날씨와 생활	물을 건너려면	신나는 물놀이
	기본생활 습관				
	신체운동	까치야! 까치야!	음악에 맞춰 표현해요		
	사회관계				재미있는 낚시놀이
	의사소통	내 이가 빠졌어요	태풍과 장마는 언제 올까요?	여러 나라 다리 알아보기	
	자연탐구				재미있는 중국 동화(낚시)
	예술경험			내가 만든 다리가 최고야!	
8월	구분	1주	2주	3주	4주
	주제 영역	대한민국	물, 산, 강, 들	우리나라를 빛낸 사람들	우리 문화
	기본생활 습관				
	신체운동	펄럭펄럭 우리들의 만국기		으라차차! 나는 야 운동왕	
	사회관계				
	의사소통	여러 나라 국기 비교하기	우리 엄마는 어느 나라에서 태어났을까?		여러 나라의 건축물에는 어떤 것이 있을까?
	자연탐구			화폐 안에는 무엇이 있는가?	
	예술경험		여러 나라 국가를 감상해 보자.		여러 나라의 건축물을 만들어 보아요.

7 장애아 통합보육 프로그램

1) 장애아 통합보육 프로그램의 개념

통합교육이란 특수교육 대상자의 정상적인 사회적응 능력의 발달을 위하여 일반학교에서 특수교육 대상자를 교육하거나 특수교육기관의 재학생들을 일반학교의 교육과정에 일시적으로 참여시켜 교육하는 것을 말한다. 따라서 통합교육은 모든 아동들에게 일반유치원 교실에서 함께 교육함으로써 모든 개별 학생의 가치를 인정하고 모든 개별 아동의 교육적인 욕구를 충족시켜 나갈 수 있는 교육을 의미한다. 즉, 통합교육은 장애아동의 교육적인 욕구를 충족시켜 나갈 수 있는 교육을 의미하며, 통합교육은 장애아동의 교육선택권 및 구성원 자격에 대한 동등한 권리를 인정하고 모든 교육환경에서 동등한 소속감을 갖고 지낼 수 있어야 한다는 가치를 인정하는 개념이라고 할 수 있다. 이것은 결국 통합교육과 통합보육을 장애아동과 일반아동의 두 개의 분리된 집단이 하나로 합쳐지는 과정으로 인식하기보다는 처음부터 서로 포함되어 있는 하나의 집단으로 인식함으로써 통합교육과 통합보육의 개념이 함께 교육하고 보육한다는 개념으로 변해 가는 것을 보여 주는 것이다.

결론적으로 장애영유아 통합교육 및 보육이란 장애를 지닌 영유아들이 장애를 지니지 않은 또래들과 함께 유치원이나 보육시설 등의 기관에서 교육받는 것을 의미하며, 이때 함께 교육 또는 보육받는다는 것은 같은 장소에 배치하거나 같은 교수방법을 사용하거나 같은 교육과정과 보육과정을 적용하는 것뿐만 아니라 근본적으로 동일한 소속을 의미한다. 따라서 진정한 통합보육을 위해서는 장애영유아를 물리적으로 같은 환경에 배치한 후 장애영유아에게 필요한 교육적, 사회적, 환경적, 복지적 서비스를 최대한으로 제공해야 한다.

2) 장애아 통합보육 프로그램의 목표

장애아 통합보육 프로그램의 장기적 목표(long-term objectives)는 장애영유아를 위한 장기적 목표와 보육교사 및 학부모를 위한 장기적 목표로 구성되어 있다.

첫째, 장애영유아의 용변, 식사문제, 착 · 탈의, 청결 등에 관한 보육활동의 제공으로 장애영유아의 자립기능을 길러 준다.

둘째, 장애영유아의 감각기능, 대근육 운동, 소근육 기능 등에 관련된 보육활동의 제공으로 장애영유아의 감각운동 기능을 길러 준다.

셋째, 장애영유아의 발성, 비언어적 의사소통, 수용언어, 표현언어 등에 관련된 보육활동을 제공하여 장애영유아의 인지적 기능을 길러 준다.

넷째, 장애영유아의 신체, 대물인지, 대상연속성(object permanence), 표상, 기본개념습득(분류, 서열, 비교, 공간, 시간, 수 등) 등에 관한 보육활동을 제공하여 장애영유아의 인지적 기능을 길러 준다.

다섯째, 장애영유아의 애착 상호작용, 친사회적 행동, 기본정서 분화, 정서 수용 및 표현 등에 관한 보육활동을 제공하여 장애영유아의 사회 · 정서적 기능을 길러 준다.

3) 통합보육의 준비

통합보육이 효과적으로 수행되기 위해서는 몇 가지 전제되는 필수조건이 갖추어져야 하는데, 살렌드는 통합교육의 조건으로 장애아동의 준비, 비장애아동의 준비, 교사들 간의 의견교환 촉구, 아동진도 평가 및 교사연구 등을 들고 있다.

구랠닉(Guralnick)은 통합 프로그램의 성공적 수행에 영향을 주는 요인으로서 교사와 아동 수, 비장애당과 장애아동의 비율, 장애유형, 통합교육을 위한 교사의 훈련 정도, 발달단계에 따른 프로그램, 교실공간과 교구의 물리적 배치, 장애아동의 발달수준과 장애 정도, 학습아동의 생활 연령, 교육 프로그램의 질, 통합교육에 대한 비장애아동의 준비도, 자원 전문가, 학습구성원 간의 인간관계, 비장애아동과 장애아동 사이의 발달수준의 일치도 등을 들고있다.

한편, 우리나라 장애아 통합보육을 위해 준비해야 할 전반적인 사항을 몇 가지 제시하면, 첫째, 장애아동 교육의 목표를 개별 장애아동의 발달적 요구와 개성을 존중하고, 경쟁이 아닌 협력체제 속에서 삶의 질을 향상시키는 차원에서 설정하도록 한다.

둘째, 교사교육체제를 개선해야 한다. 통합보육을 하려면 일반 보육교사의 교육수준을 높여야 한다. 특수교사와 함께 협동체제를 이룬다고 하더라도 일반 보육교사의 교육적 준비도는 현재로서는 미흡하다고 할 수 있다. 현직 보육교사들에게 순차적으로 통합보육에 대한 보수교육이 실시되어야 하며, 통합교사는 유아교육, 보육교사 과정은 전공한 이후에 대학원 수준의 상급과정에서 특수교육에 관한 지식과 기술을 학습할 수 있도록 제도적으로 보완되어야 한다. 그리고 이들에게는 통합보육교사 자격증을 하나 더 수여하는 등 지위상의 혜택을 주어야 할 것이다.

셋째, 보육시설을 공교육체제로 전환해야 한다. 공교육체제로 완전하게 자리 잡지 못하면 국가의 여러 가지 지원이나 사회 심리적 지위 혜택을 공식화하기 어렵기 때문이다.

넷째, 장학사, 장학관, 원장 등 보육행정 책임자들에 대한 보수교육이 실시되어야 하며 보육행정 체제도 장애아 통합보육으로 일원화시켜야 한다.

(1) 통합교실 배치기준

비장애아동과의 통합에 적절한 비율은 전체인원 수의 10%가 적당하다고 보나 이는 다른 조건과의 관계에서 재조정될 수 있는데, 예를 들어 훈련된 통합교사와 이미 장애아동과의 생활에 적응되어 있는 비장애아동이 형성되어 있을 경우 장애아동 통합의 비율은 10% 이상으로 높일 수 있고, 그 반대의 경우는 더 낮은 비율로 조정될 수 있다. 장애아동 통합과 관련하여 통합을 하기에는 심리적, 기술적으로 훈련되어진 통합교사가 있어야 하는데, 교사의 훈련 정도는 장애아동 교실배치 여부 및 수를 결정하는 데 매우 중요한 영향을 미친다.

장애아동이 비장애아동과 비교하여 발달이 뒤떨어진다고 해도, 장애아동의 생활연령을 고려해서 교실 배치를 해야 한다. 제 나이에 따른 교실 배치가 어려울 경우라도 장애아동과 비장애아동의 나이 차이는 1년 이상 초과하지 않는 것이 좋다. 지체장애나 시각장애 등과 같이 신체적 도움이 필요한 장애아동의 경우에는 자신의 연령보다 한 단계 많은 연령의 교실에서 더 원활한 도움을 받을 수도 있다.

장애아동 교실 배치 기준을 결정짓는 기준으로 중요한 또 하나는 장애아동에게 필요한 지원을 계속적으로 할 수 있는가 하는 문제이다. 일반교실의 통합환경을 지원하고, 일반 보육 프로그램을 적절하게 수정하여 장애아동에게 효과적으로 제공할 수 있고, 장애발달 특성에 따른 보다 전문적인 접근을 할 수 있는 장애 전담교사(통합교사)가 상근할 수 있을 때 장애아동의 교실 배치는 보다 원활하게 진행될 수 있다.

(2) 교실 구성의 형태

① 소그룹 통합교실

장애아동들로 구성되어 일반교실과 선택적으로 통합하여 프로그램을 진행하는 경우이다. 통합교사와 장애아동의 비율이 1:3 정도로 전체교실의 아동 수가 10명을 넘지 않도록 구성한다. 기본생활 중심의 지도와 일상생활 중심의 통합활동이 진행되도록 한다. 보육시설에 처음 오는 장애아동의 경우는 소그룹 통합교실에 배치되어 선택적으로 통합 프로그램에 참여하고 그 참여의 기회를 확대해 나가는 것이 바람직하다. 사회성, 정서, 언어 영역의 발달이 다른 영역에 비해 상대적으로 지체되어 있는 경우로 보육시설 환경에 익숙해져 있지 않은 신입 원아가 소그룹 통합교실로 배치된다.

소그룹 통합교실에서는 동화 듣기, 이야기 나누기, 사회체육, 노래, 악기 다루기, 음악감상, 작업, 관찰, 기본생활, 안전교육, 사회적응, 감각훈련 등으로 계획, 실행된다. 보통 통합은 프로그램을 선택하여 일반교실과 선택적으로 실시하는데, 이는 자유놀이 통합, 영역별 통합, 반대반 통합, 역통합의 방법으로 실시한다. 소그룹 통합에서 사용되어지는 프로그램으로는 개별화교육 프로그램(IEP), 가정연계

지도(IFSP), 작업치료, 언어치료 등이 있다.

② 완전 통합교실(일반 통합교실)

완전 통합교실의 반구성은, 영아(만 2세 이하)반의 경우 비장애아동 10~15명에 장애아동 1명, 유아반(만 3~5세)의 경우에는 비장애아동 10명에 장애아동 1명의 비율로 구성한다. 일반교실의 일과에 따라 프로그램이 진행되며 장애아동과 비장애아동을 소그룹으로 구성하여 소그룹 단위의 개별화교육 프로그램을 병행하여 진행한다. 사회, 정서, 언어 영역이 다른 영역보다 상대적으로 정상발달에서 이탈이 적은 경우로 보육시설 환경에 익숙해져 있는 재원생을 중심으로 배치하는 것이 좋다.

완전 통합교실에서는 담화, 동화, 언어, 사회생활, 음악, 작업, 사회체육, 기본생활, 안전생활, 수 · 과학 등으로 계획되어 실행한다. 주로 개별화교육 프로그램, 가정연계지도(개별화가족지원계획), 작업치료, 언어치료 등이 실행된다. 완전 통합교실은 교실 면적, 교구배치 등이 비장애아동에 대한 규정에 맞추어져 있어, 장애아동이 적응하기에 불편한 점이 많다. 장애아동의 특성이나 요구에 관계없이 무조건 통합되어지며, 프로그램의 내용과 속도가 비장애아동에게 맞추어서 진행되고, 장애아동은 통합교사의 도움으로 이를 따라가야 하는 부담을 가지게 된다. 또한 교실면적과 교구의 수량 등이 장애아동에게는 부적절할 수 있다. 따라서 정서적 불안과 스트레스를 극복할 수 있는 어느 정도의 훈련이 필요하다.

4) 장애아 통합 프로그램의 현장적용의 예

장애아 통합교육이 성공적으로 진행되기 위해서는 장애아동과 비장애아동을 같은 물리적 환경 안에서 같이 지내게 하는 것뿐만 아니라 통합되어 있는 환경에서 개개인의 아동에게 적절한 교육적 자극과 필요로 하는 도움을 줄 수 있도록 잘 짜여진 체계로 개선해 가려는 노력이 있어야 한다. 영유아기는 모든 발달 영역에서 변화가 급격히 이루어지는 시기이므로 영유아에게 제공되는 내용들은 각 발달시기에 적합해야 하며 발달과제나 경험은 유아기에 기초가 되어 그 이후의 삶에 누적적으로 영향을 미치게 되므로 통합된 환경에서 장애아동은 또래아동과의 놀이를 통한 상호작용으로 많은 발달을 할 수 있다.

또한 모방을 통해 자발적으로 하려는 동기유발이 되며, 더 나아가 바람직한 사회구성원이 될 수 있게 하므로 영유아기 장애통합은 필수적인 발달상의 경험으로 제공되어야 한다. 프로그램의 예로 감각통합 프로그램은 자신의 신체와 환경으로부터 감각들을 조직화하고 그 환경 속에서 신체를 효과적으로 사용할 수 있도록 하는 신경학적 과정이다.

감각통합은 사람의 몸에 어떤 자극이 들어 왔을 때 그 자극에 대한 적응 반응을 만들기 위해 뇌에서 감각정보를 조직화하고 환경 속에서 신체를 효과적으로 사용할 수 있도록 하는 신경학적인 과정이다(Avers, 1982). 감각통합은 자동적, 무의식적, 효과적 통합이다. 그러나 장애가 있으면 비효율적으로 정확하지 않은 반응과 집착을 보인다. 이러한 감각통합을 할 수 있는 활동인 요리를 통한 통합 프로그램은 장애아뿐만 아니라 비장애아동들도 많은 관심을 갖고 즐거워하는 활동으로 아동들 간의 자연스러운 상호작용과 요리재료에 대한 탐색을 통한 교육적 효과를 가지고 있다.

만 3~5세의 장애유아를 의무교육대상으로 지정함과 동시에 대통령령이 정하는 일정한 요건을 갖춘 어린이집에 대해 의무교육시설로 지정함에 따라, 어린이집에서 장애유아의 질 높은 의무교육을 시행하고자 하는 원장 및 교사들의 노력이 그 어느 때보다도 더 필요시되어 장애아 통합교육 프로그램의 발전은 계속되고 있다. 장애아 통합교육 프로그램의 구체적 예로는 사전적응 프로그램, 장애아에 대한 이해교육, 가정연계활동, 초등전이 프로그램 등이 있다.

(1) 삼성 어린이집

I 삼성 어린이집에는 정원 151명 중 9명(만 4세, 만 5세 3명)의 장애영유아가 있으며, 장애아 통합보육과 관련해 특수교사 3명, 사회복지사 1명이 있다. 한 학급에 일반 보육교사(통합교사)와 특수교사 자격증이 있는 특수교사가 배치된다. 설립 당

시 장애아 통합 어린이집으로 설계되어 장애영유아를 위한 시설 및 설비가 잘 구축되어 있다. 장애아 3명마다 장애아 전담 보육교사 1명을 배치할 때 장애아 전담 보육교사가 시설당 3명 이상인 경우에는 1명의 특수교사만 있어도 법적인 요건은 충족되나, 이 어린이집의 경우 장애영유아를 담당하는 3명의 교사를 모두 특수교사로 채용하여 개별 장애아동이 특수 교육서비스를 받을 수 있다. 또한 사회복지사가 있어 특수교사가 보육을 담당하면서 진행하기 어려운 장애영유아 가족지원 협력시스템의 추진을 돕고, 특수교사와 일반 보육교사 사이에 팀워크가 원활하게 이루어지도록 하는 역할을 한다.

(2) 인천 E어린이집

E 어린이집은 현재 정원 139명 중 총 15명(만 3세 6명, 만 4세 6명, 유예학생 3명)이 통합보육을 받고 있으며, 일반 보육교사로 채용되어 장애관련 연수를 받은 장애아 전담교사가 5명이 있고, 언어치료사와 작업치료사 2명이 근무하고 있다. 시설 설립 이후 장애영유아가 입학하게 되면서 장애아 통합 어린이집으로 전환하였기 때문에 장애영유아를 위한 시설이 따로 없다. 원내 언어치료사와 작업치료사가 있어 장애영유아와 친밀한 관계를 형성할 수 있고, 담임교사와 협력이 용이해 장애영유아에 대한 보다 정확한 진단과 치료가 가능하다는 장점이 있다.

(3) 대구 S유치원

대구 S유치원은 일반학급 4학급, 특수학급 1학급이 운영 중이며, 특수학급에는 특수교사가 담임을 맡고 있고, 특수보조원이 있다. 특수학급은 1998년 승인되었으며, 4명 정원이고, 정원 외로 1명까지 추가로 받을 수 있어 매해 4~5명의 장애 유아를 통합교육하고 있다. 올해는 장애아동 4명(만 5세 2명, 만 6세 유예아 2명)이 재원 중이며 장애아 4명 모두가 특수학급 1학급에 소속되어 있고 일반학급 2학급에 부분 통합되고 있다. 대구시 차원에서 특수교사와 특수보조원의 인건비, 특수학급 유지비를 지원하고 있다.

8 포괄적 보육 프로그램

1) 포괄적 보육 프로그램의 개념

포괄적 보육서비스는 유아만을 일정시간 보육하는 데 그치는 것이 아니라 사회복지사가 주재하여 1차 양육환경인 부모의 삶과 부모로서의 역할을 위한 지원을 도모하며, 유아가 또래와 상호작용하며 올바른 성장을 할 수 있도록 돕고, 지역사회와 연계하여 유아를 둘러싼 환경으로 협력하는 '건강한 가족', '건강한 유아'를 목표로 한다. 보육의 현대적 목적을 위해서는 아동과 여성 그리고 가정 및 지역사회의 복지를 위한 다양하고 전문적인 보육서비스가 필요하다. 이에 포괄적 보육서비스의 개념을 정리하면 다음과 같다.

(1) 목적의 포괄성

보육서비스가 아동, 여성, 가정 및 지역사회의 복지를 동시에 추구하는 특성을 갖고 있다는 것이다. 아동복지로서의 보육은 보육서비스의 가장 중요한 목적으로서 일차적으로 빈곤가정의 자녀나 부모의 양육기능이 약화된 자녀의 생존과 생활을 보장하는 사회복지서비스이며, 여성복지로서의 보육은 취업모와 맞벌이부부의 사회참여와 권익신장을 위한 사회복지서비스이며, 가정복지로서의 보육은 모든 아동의 건전한 양육을 위해 국가가 아동양육을 공동 부담하는 의미의 사회복지 서비스이며, 지역사회복지로서의 보육은 지역주민의 통합과 지역발전을 증진시키는 사회복지서비스이다.

(2) 관점의 포괄성

관점의 포괄성은 생태체계적인 관점에 기초하여 인간에게 발생하는 문제는 개인의 특성뿐 아니라 개인을 둘러싸고 있는 다양한 환경체계와 상호작용과의 관계를 통해서 발생된다고 이해하는 관점이다. 보육아동과 가정이 겪고 있는 문제를 해결하거나 바람직한 성장 발달을 위해서는 아동과 가정의 개별적인 특성을 파악하고 보육시설 자체의 특성에 의한 보다 효과적인 보육서비스를 제공하며 보육시설과 지역사회의 특성에 의한 상호관련성을 고려하여 아동, 가정, 보육시설, 지역사회가 상호작용 안에서 가장 효과적인 프로그램이나 서비스를 제공해야 한다는 것이다.

(3) 기능의 포괄성

보육서비스의 기능이 아동복지서비스의 지지적(supportive), 보충적(supplementary), 대리적(substitute) 기능을 포괄한다는 것을 의미한다. 즉, 지지적 서비스는 일차적 기능으로 부모의 양육기능을 강화시켜 가정이 해체되거나 문제의 발생을 사전에 예방하는 것이다. 보충적 서비스는 부모가 아동을 양육할 수 없을 때 국가가 이들 기능의 일부를 보충해 줌으로써 아동이 자신의 가정에서 생활할 수 있도록 국가가 양육의 일부를 책임지는 것이다. 대리적 서비스는 아동이 자신의 가정에서 생활할 수 없을 때 국가가 이들 아동에게 부모를 대신한 영구가정을 제공하는 것으로 가정위탁, 입양, 시설보호 등의 서비스가 있다.

(4) 대상의 포괄성

보육서비스의 대상이 아동은 물론 아동의 부모와 가정을 서비스 대상에 포함하며, 나아가서 지역사회의 주민들까지 서비스 대상에 포함한다는 것이다. 또한 일차적으로 저소득 가정의 자녀나 결손가정 자녀의 보육욕구와 문제를 해결하는 것뿐 아니라 장애아동이나 특수한 문제를 갖고 있는 아동과 같이 사회적으로 소외된 아동들을 포함하고 있다.

(5) 내용의 포괄성

포괄적 보육서비스는 아동의 기본적 욕구를 위한 영양, 건강, 안전, 위생, 보호 등의 서비스 외에 사회 문화적 욕구를 위한 정서적 지원, 교육, 부모참여, 지역사회 교류 등과 같은 다양한 서비스가 일상적인 보육 프로그램에 모두 포함되어야 한다.

(6) 시간의 포괄성

포괄적 보육서비스는 보육아동을 0세의 영아부터 취학 전 아동까지 보육하는데, 선정하는 과정에서부터 아동의 욕구, 문제, 가정환경 등의 개별적 특성을 조사하여 연차적 계획과 목표를 설정하고 평가를 통하여 졸업 후까지 지속적인 서비스를 제공할 수 있다는 점이다.

이상과 같이 포괄적 보육서비스는 보육의 새로운 개념이나 특수한 실천방법론을 의미하는 것이 아니라 「영유아보육법 시행규칙」 23조에서 명시하고 있는 교육, 영양, 건강, 안전, 부모에 대한 서비스, 지역사회와의 교류 등 6가지 영역을 모두 제공하면서 개별아동과 가정 및 지역사회의 특성을 고려하여 이들의 개별적 욕구와 문제를 해결하는 사회복지서비스라고 할 수 있다.

2) 포괄적 보육 프로그램의 필요성

현대사회는 여성의 경제활동과 가정해체의 증가로 인해 가정의 아동양육 기능이 점차 약화되는 반면에 아동보육에 대한 사회적 욕구와 국가의 책임이 점차 높아지고 있다. 따라서 자선적이며 빈민구제의 목적으로 시작되었던 아동보육서비스는 점차 모든 아동의 기본적 권리를 보장하기 위한 아동복지, 여성의 사회참여와 경제활동을 지원하는 여성복지, 가정의 아동양육 기능을 향상시키는 가정복지와 지역사회의 복지를 추구하는 복합적인 사회복지서비스로 발전되어 왔다.

아동보육에 대한 이러한 사회적 변화와 욕구에 따라 우리나라는 1991년에 「영유아보육법」을 제정하여 아동양육이 가정과 부모만의 개인적인 책임이 아니라, 국가와 사회가 공동으로 부담하는 사회적 책임임을 법제화하였다. 그러나 우리사회는 보육시설과 보육아동 수가 크게 증가하였으나, 보육의 사회적 목적을 달성할 수 있는 양질의 보육서비스가 부족하고 보육시설의 사회적 역할과 기능에 대한 인식이 왜곡되어서 보육시설인 어린이집과 유아교육기관인 유치원과의 기능적 차별성이 이루어지지 못하고 있다.

어린이집은 기초적인 생존권을 보장받지 못하는 저소득 가정의 자녀를 우선적으로 보호 양육하며, 점차 일반아동과 이들 가정에 복지를 증진시키기 위한 복지기관으로서의 사회적 기능을 수행하여야 한다. 반면 유아교육은 가정 양육은 충분히 받으나 개별적으로 교육적 욕구를 충족하기 위해 발달에 필요한 교육을 제공해 주는 아동의 심리발달이나 지적 능력의 향상에 초점을 두는 교육서비스를 제공하는 것이 우선적인 사회적 기능이라 할 수 있다. 따라서 보육의 사회적 목적을 달성하기 위해서는 보육양육과 관련된 전문적인 보육 프로그램을 개발함은 물론 이들의 가정과 지역사회의 복지증진을 위한 포괄적인 보육서비스를 개발할 필요가 있다.

3) 포괄적 보육서비스의 종류

(1) 부모지원서비스

우리나라에서 많이 실시되고 있는 부모교육은 초청강연회나 비디오 상영, 가정방문, 수업참관, 소집단 토의 형태로 이루어지고 있다. 그러나 종래의 부모교육의 의미에서 벗어나 생태학적 관점에서의 부모개입으로 가족복지라는 포괄적이고 적극적인 목적하에 부모참여, 부모지지의 전략도 추가하여야 한다. 기존의 부모교육 형태인 강연식의 부모교육과 더불어 가족상담, 가족과 함께하는 가족문화체험, 의복이나 식품 등 부족한 부분에 대한 후원연계 서비스, 전문기술을 습득할 수 있도록 생활비나 학원비를 지원하는 빈곤탈출 프로그램 등이 필요하다.

부모를 지원하는 목적은 부모로서 자녀를 잘 양육하고 교육할 수 있도록 돕고 온 가족의 교육적, 사회적, 경제적 상황의 향상에 기여함으로써 유아에게 긍정적인 영향을 끼치도록 돕는 것이다. 부모가 가진 특성을 고려하여 분노, 우울, 슬픔까지도 포함할 수 있는 정서적 지원을 추가함으로써 부모 자신의 자아존중감을 확립할 수 있는 프로그램과 부모의 긍정적인 역할을 모색할 수 있는 서비스가 필요하다.

(2) 유아지원서비스

어릴수록 발달의 가소성이 크기 때문에 유아가 부모로부터 또는 기관으로부터 어떤 보살핌과 자극을 받는가에 따라 신체, 인지, 사회성, 정서의 발달의 많은 부분이 결정됨을 알 수 있다. 저소득층 유아의 경우 성장 발육치는 표준에 미달되며 영양 상태도 불량하며 자아존중감, 사회적응 및 대인관계 형성능력, 언어적 발달 등의 전반적인 문제를 볼 때 어린이집 시스템의 2차적인 지원은 매우 중요하다. 조손가정이나 한부모가정, 다문화가정, 장애아가정 등 다양한 가족유형에 따른 지원이 필요하며 보호, 보건, 영양, 과외활동에 대한 보상 차원의 프로그램이 포함되어야 한다.

아동의 기본권리를 보장해 줄 수 있는 건강, 영양, 안전에 대한 사항과 교육 프로그램의 질적인 제공, 사회, 정서, 인지 발달적 부족 부분을 제공해 줄 수 있는 것, 유아에게 필요한 정서지원, 학습지원이 가능한 멘토링 프로그램이 그중 한 예이다. 어린이집에서 매년 실시하는 만족도 검사에서도 영양에 대한 욕구와 만족도가 높게 나타나므로, 충분한 영양섭취가 어려운 저소득층에게 영양 제공은 유아지원서비스의 필수요소일 것이다.

(3) 지역사회연계서비스

지역사회는 유아와 가족의 생활근거지로, 지역사회의 특성을 반영하여 아동의 욕구를 충족하고 문제를 해결하기 위한 서비스를 제공함을 기본전제로 하여 유아의 가정과 어린이집이 있는 지역사회의 다양한 자원을 활용하여 보육서비스의 질을 높이고 지역사회의 발전을 도모하기 위함이다. 보육시설이 지역사회와 열린 관계를 형성하여 지역주민이 보육시설을 활용하고 참여하도록 유도해야 하며 공공보육센터의 기능과 역할을 수행할 수 있도록 지역행사의 참여와 자원 활용에 적극적으로 노력하여야 한다.

(4) 교사지원서비스

교사는 빈곤가정 유아에게 필요한 도움을 제공할 수 있는 위치에 있으며 그 도움과 역량은 유아에게뿐만 아니라 가족에게까지 파급될 수 있다. 또한 실제적으로 그들과 접하며 이해의 가능성이 높기 때문이다. 가정폭력, 부모 이혼 등의 어려움을 갖는 저소득 가정의 영유아는 교사와 애착형성이 원만히 진행될 때 안정된 성장을 도울 수 있다. 하루 종일 함께 있는 교사가 어떤 생각으로 어떤 지원을 해 주는가에 따라 서비스의 목적달성 여부가 달라질 수 있다. 꾸준한 교사교육과 한부모가정, 다문화가정에 대한 이해교육을 실시하며 교실에서 보육에 전념할 수 있도록 보육 도우미를 지원할 수 있는 체계도 교사지원서비스 중의 중요한 역할이다. 보육교사들이 장시간 보육하며 몸이 아파도 돌봐 줄 수 없고 또래에 비해 청결하지 못한 빈곤가정 유아들에게 긍정적인 자아개념과 정서적 안정감을 주도록 보호하고, 양육적으로 따스하게 보살피고 세심하게 배려하는 것이 중요하다.

포괄적 보육서비스는 환경 간의 유기적인 관계 속에 유아와 부모가 성장해 나갈 수 있도록 돕는 것을 의미한다. 저소득층과 같은 소외계층에게 개별적인 지원이 가능하며 사회복지사라는 전문인력이 함께하게 되면 지역사회의 연계망을 통해 맞춤식 복지의 혜택을 받을 수 있는 장점이 있다. 포괄적 보육서비스의 아동지원서비스, 부모지원서비스, 지역사회연계서비스, 교사지원서비스의 목적에 따른 다양한 내용은 다음 표와 같다.

〈표 10-3〉 포괄적 보육서비스의 종류

종류	목적	내용
아동지원 서비스	사회, 정서, 수, 과학 등의 발달을 지원하고 기본습관, 위생, 안전 등의 건강 증진을 목적으로 한다.	• 아동교육 프로그램 • 멘토링 서비스: 유아관련학과 자원봉사자 학생들이 주 1회 어린이집에 방문하여 정한 아동과 동화책 읽어 주기, 청결유지 해 주기, 수언어지도 등의 활동을 하는 것 • 포괄 소그룹 활동(정서발달 친사회성 언어발달 프로그램): 사례관리 대상 아동의 문제를 해결할 수 있는 활동을 진행함 • 건강, 영양, 안전 등

가족지원 서비스	부모 자신과 자녀의 특성 이해를 바탕으로 건강한 부모자녀 관계를 형성하며 바람직한 부모역할을 수행할 수 있도록 돕는다.	• 상담서비스 • 부모개입-1: 1부모능력향상 프로그램 • 소집단 교육 • 가족문화체험: 저소득 가정의 문화결손으로 인한 경험을 위하여 영화나 여행 등을 가족단위로 체험하는 것 • 후원연계: 복지재단이나 개인으로부터 기부를 연계하는 것 • 빈곤탈출 기반조성 사업: 저소득 가정의 경제적 자립을 돕기 위해 직업교육과 생계비를 지원하는 사업
지역사회 연계서비스	전문화된 자원을 개발하여 맞춤형으로 실시하기 위해 지역사회 기관이나 민간단체 등과 협력한다.	• 자원개발 관리: 저소득 가정에 도움을 줄 수 있는 인적 자원(치과의사, 치료실 등)개발 관리 • 자원봉사관리: 어린이집에 보육도우미나 멘토링을 해줄 수 있는 학생관리
지역사회 연계서비스	포괄적 보육 서비스에 대한 이해를 높일 수 있도록 교육하며 현장에서 보다 양질의 교육이 이루어질 수 있도록 돕는다.	• 교사 사회복지교육 • 교사 자기개발교육 • 팀 협력 • 보육도우미지원서비스: 유아교육관련 학생이 도우미로 지원함으로써 교사들이 보다 양질의 보육을 할 수 있도록 하고 도우미들은 어린이집 일을 배우는 기회를 제공한다.

9 시간연장형 보육 프로그램

1) 시간연장 보육의 개념

보육(educare)이란 보호(care)와 교육(education)을 의미하는 것으로 영유아의 신체적 보호뿐만 아니라 교육적 차원에서 영유아의 경험, 활동을 자극하거나 발달상 적절한 환경을 제공하여야 한다는 것을 시사하는 것이다. 보육의 개념은 모든 영유아를 대상으로 그들이 건전한 사회구성원으로 성장할 수 있도록 하는 것을 우선으로 하며, 가족의 복지 증진을 위한 적절한 보호와 교육을 제공하는 사회국가적 제도로서의 복지서비스를 의미한다. 보육서비스를 측정할 때에는 제공범위, 기관의 배치 및 분포, 기관의 이용가능성, 운영시간, 부모의 자유로운 기관 선택권 등을 중심으로 측정한다. 우리나라의 경우 이러한 질적 수준 적용이 미비하나 향후 저출산 및 보육과 관련된 정책을 수립해 나가는 데 필요한 개념이라고 할 수 있다.

핵가족화되고 있는 현대 가족구조의 특성상 보호자의 예기치 않은 질병, 사고, 장기 출장 등으로 부모역할을 수행할 수 없을 경우에 안심하고 자녀를 맡길 만한 곳을 찾기란 쉽지 않다. 아울러 현대 가족구조의 특성에서 파생되는 또 하나의 측면인 해체가정(이혼, 사별, 별거 등으로 인한 편부모가정)의 증가로 인하여 자녀양육이 문제로 부각되고 있다. 시간연장 지정 어린이집은 해당어린이집의 주간보육 아동을 연장하여 보육하는 것이 원칙이나, 주간에 다른 어린이집을 이용한 경우에도 가능하다. 또한 시간연장 어린이집은 원칙적으로 별도 교사를 두어야 하며 시 · 군 · 구청장이 보건복지부로부터 배정된 수량범위 내에서 지정한다. 특히 국공립 · 법인 등 취약보육을 우선 실시하여야 하는 시설 및 평가인증을 통과한 어린이집과 시간연장 보육을 희망하는 직장 어린이집을 우선 지정하도록 하고 있다.

시간연장 보육서비스는, 국가적으로는 여성복지 관점에서 이용부모의 직장 근무 시 양육 스트레스 감소로 직무만족도를 높이며 경제력 상승의 기대효과를 가져오고 저출산과 여성의 지위 상승에 기여하며, 가족복지 관점에서는 직장인 부모에게 양육지원과 양육지원 상담가로, 아동복지 관점에서는 영유아 부모의 부재 시 보충적 개념의 대리모로서의 지원을 통하여 사회복지서비스 중 1석 3조의 으뜸가는 서비스라고 해도 과언이 아니다.

2) 시간연장 보육 프로그램의 현황

우리나라의 영유아 보육사업은 1990년에 1,919개소의 어린이집이었는데 1991년 「영유아보육법」 제정 이후 3,690개소를 시작으로 2001년도에 20,097개소, 2021년도 6월 현재 33,690개소의 어린이집에서 1,134,852명의 아동을 보육하고 있다. 30

년 사이 커다란 양적 성장과 더불어 질적 성장이 이루어졌으며, 이러한 수치는 어린이집이 사회적 변화에 따른 사회복지서비스 영역에서 보육서비스로서 사회복지서비스대상자들의 욕구와 문제를 해결하고자 하는 역할을 충실히 이행하고 있으며 영유아는 사회복지서비스 대상자들의 중심축이 되어야 함을 의미한다. 왜냐하면 인간의 생애 초기단계인 영유아 시기는 매우 의미 있는 중요한 시기이기 때문이다. 어린이집을 두 가지로 분류하면 국가 인건비 지원 어린이집과 국가인건비 미지원 어린이집으로 나뉜다. 국가 인건비 지원 어린이집은 국공립 어린이집과 법인 어린이집, 직장 어린이집으로서 보건복지부에서 매년 초 정해지는 보육교직원 인건비 지급기준에 의해 급여를 책정하여 지급한다. 국가 인건비 미지원 어린이집은 민간 어린이집과 가정 어린이집으로서 어린이집의 재정형편에 따라 원장과 보육교사가 협의(근로계약서 체결)하여 보수기준을 달리 정할 수 있다.

3) 시간연장 보육 프로그램의 필요성

(1) 핵가족화

과거 전통적인 대가족 구조에서는 의식주와 더불어 자녀의 양육 또한 원활하게 부모와 친지를 비롯한 가족들에게 지원을 받았었다. 그러나 이러한 전통적인 대가족제도는 산업화와 도시화로 인해 가족구조 형태도 부부와 자녀로 이루어진 핵가족형태로 변화되어, 불가피한 사유로 인한 부모의 부재 시 아동은 방치되거나 방임되어져서 결국에는 사회문제로 대두되었다.

따라서 가족기능이 약화된 가족구조에서의 양육의 지원형태로, 아동에게 대신해줄 보육원, 즉 고아원형태의 생활시설개념이 아닌 부모가 안심하고 맡길 수 있는 어린이집에서의 연장보육형태의 시간연장 보육서비스가 필요하다. 여러 가지 이유들로 가족의 아동돌봄 기능을 상실할 경우 가족복지 관점에서 가족의 기능을 충족시켜 주는 사회복지서비스는 시간연장 보육서비스이다.

(2) 취업모 증가

여성의 자아실현 및 사회참여 욕구의 증가에 따라 기혼여성이 취업을 시도하기도 하였지만, 취업모가 취업을 하는 큰 이유로는 양육비용 증가로 인한 양육비 마련과 더불어 자녀 교육비 마련을 목적으로 하기도 한다. 여성복지 관점으로 보면 가사노동으로 인한 급여산출과 전문직의 취업으로 인한 급여산출의 경우 커다란 차이를 보이게 된다.

현대사회에서의 진보적 성향을 띤 인식변화와 더불어 자아실현의 욕구, 경제력 상승, 경력단절 경험을 하지 않기 위해서 여성은 지속적인 취업을 원한다. 또한 저소득 가정인 경우 생계형 맞벌이인 경우가 많고 출산을 할 경우 자녀양육에 어려움을 경험하며 이러한 이유로 우리사회는 저출산 현상이 가속화되고 있다. 따라서 여성복지 관점에서 출산율을 높이게 하고 부모가 안심하고 취업할 수 있도록 시간연장 보육서비스의 요구가 증대되고 있다.

(3) 해체가족 증가

이혼율 증가로 인한 편부모가정, 다문화사회 속의 이혼과 갈등으로 인한 편부가정, 이혼과 부모의 사망으로 인한 조손가정 등 복잡 다양한 이유들로 인하여 가족이 해체된 경우를 해체가족이라 한다. 편부모가정 중 편모가정의 경우 경제적 어려움 때문에 모가 취업하는 경우가 많아 아동을 돌볼 시간이 부족하고 모의 역할 과중으로 인하여 아동에게 소홀한 경우가 많다. 편부가정인 경우는 경제적 어려움이 없다 해도 모의 부재로 인해서 일상생활상의 곤란을 겪으며 아동들이 방임되는 경우가 많다. 편부가정인 경우에는 모 대신에 할머니나 고모 또는 부의 친척들이 아동을 돌보는 경우가 많지만 이들도 아동에 대한 훈육 부족, 과잉보호, 일관성 부족 등으로 아동을 제대로 양육할 수 없는 경우가 많게 된다.

시간연장 보육서비스는 아동복지 관점에서 아동의 보호받아야 할 권리를 인정해주고 사회의 역할 기능을 제대로 할 수 있도록 제시된 사회복지서비스이다. 이를 종합해 보면 시간연장 보육서비스는 소득의 계층에 관계없는 보편적인 서비스로서 아동을 양육하는 직장인 부모가 필요로 하고 있으며, 이에 따른 세부적인 기능적 Care가 필요한 서비스이다. 아울러 제시하는 어린이집과 보육교사의 역할이 매우 중요하고 이에 따른 전문성이 꼭 필요함을 알 수 있다.

4) 시간연장 보육 프로그램의 전망

정책적 제언으로 시간연장 보육어린이집에 대한 급식비 예산 지원 확대와 시간연장 보육서비스 실시 어린이집 확대정책을 실시하여야 한다. 퇴직고려 경험이 없을수록 시간연장 보육서비스 만족도가 높기 때문에 야간에 장시간 또한 장기간 떨어져 있을 경우를 대비하여 부모와 아동이 상대적으로 가까운 거리에 있도록 국가적 차원에서의 배려가 절실히 요구되므로 직장 어린이집 확충 또한 반드시 필요하다 하겠다.

실천적 토대로는 시간연장보육 이용 아동의 급식영양관련 지도와 정서적 안정을 위한 매뉴얼 제작, 취약계층, 즉 맞벌이, 다문화, 한부모, 조손가정 부모를 위한 부모교육과 시간연장 보육교사의 전문성 제고를 위한 야간보육 관련 실천기술 교육을 실시하여야 한다. 이를 통해 사회과학 분야인 보육의 최종목적인 시간연장 보육 이용 아동이 건강한 성인으로 또한 건강한 사회인으로 성장하도록 돕는 사회적 기능이 확실하게 발휘되어야 할 것이다.

Chapter 11

국외 영유아 프로그램

1 몬테소리 프로그램

1) 시대적 배경

몬테소리라는 한 사람의 이름이 걸린 프로그램으로 이탈리아 최초의 여의사이자 과학자, 교육자인 몬테소리 여사는 철학자이자 성직자, 지질학 교수, 시인이었던 외삼촌의 영향을 받았으며 로마대학에서 보조원으로 일할 때 방문한 정신지체아 수용소에서 멸시받은 아동을 보고 이들 교육에 관심을 갖고 1907년 로마의 산 로렌즈 빈민가에 세계최초의 '어린이집'을 개원하고 1911년 미국에 최초로 몬테소리 학교를 설립하였다.

몬테소리 프로그램의 시대적 배경은 19세기 후반 시대정신을 이루었던 주된 사상인 19세기의 산업혁명과 시민혁명이며 이를 거치면서 사람의 존귀함과 교육의 민주화라는 개념이 등장한다.

20세기 전반은 진보주의와 자유주의로 교육에서 민주화가 실질적으로 뿌리 내리기 시작했으나 교육내용과 방법은 여전히 권위적이고 주입적인 것으로 아동과 여성의 지위는 극히 낮은 수준이어서 자유롭게 사고하고 자신의 운명을 개척하려는 새로운 인간교육운동이 일어났으며, 몬테소리 영향으로 아동의 내재적 동기를 유발하고 자발적 학습활동을 강조하고 인간의 내면의 세계에 관심을 갖는 교육개혁운동이 일어났다.

2) 프로그램의 기본 개념 및 목표

프로그램의 기본 개념을 살펴보면 이탈리아 여의사 마리아 몬테소리가 정신지체 영유아를 위한 교육방법과 관련 교구들을 개발하여 점차 빈민지역의 일반 영유아에게 적용하여 영유아가 사물을 만지고 느끼는 과정을 반복하여 경험하는 과정에서 학습이 가장 효율적으로 진행된다는 원리에 근거한다. 몬테소리 방식은 아이들의 창조적인 잠재력, 학습에 대한 욕구, 한 개인으로서 대우받을 권리에 대한 믿음에 바탕을 두고 영유아가 활동을 직접 경험하면서 감각을 통해 스스로 배우는 것이 최상의 교육방법이라고 보며, 교사는 영유아의 발달단계에 적절한 교구를 준비해 주는 것이 중요하며 교사는 준비된 환경 제공자로서 영유아가 학습의 중심이 되어 스스로 환경과의 상호작용이 이루어지도록 도와줘야 한다.

몬테소리 프로그램의 목표는 지식의 전수가 아니며, 영유아의 개별적 민감기에 적합한 학습욕구를 충족시켜 주는 환경을 조성해 줌으로써 영유아가 교구를 통한 학습을 할 수 있도록 하여 정상적인 상태에 도달하도록 하고 또한 신체적 · 정신적 에너지가 상호작용하여 내면적인 안정을 갖추는 조화로움에 목표를 두고 있다.

3) 몬테소리 프로그램의 개념

(1) 준비된 환경

준비된 환경이란 아동의 요구와 성장단계에 적합하여 아동의 성장과 발달을 이끌어 내도록 자극을 줄 수 있는 교육적 환경을 말한다. 이 준비된 환경 속은 교육환경의 시설 · 설비 · 교재 · 교구 등의 물리적 환경뿐만 아니라 어린이 자신 · 동료 · 부모 · 교사 등의 인적 환경의 범주가 포함되는 포괄적인 개념을 뜻한다.

아동 교육을 위해 준비된 환경을 제공해야 하는 목적은, 첫째, 성장 중인 아동을 가능한 한 성인으로부터 독립하게 하는 것, 둘째 정신적인 태아인 아동을 보호하는 것, 셋째, 어린이의 정신을 자유롭게 해 주는 것이다.

몬테소리는 환경을 위해 세 가지 기본 생각을 중시하였다.

첫째, 환경을 이차적인 삶 자체로 중시하여야 한다.

둘째, 환경은 유아를 위해 지적이고 감각적인 성인에 의해 세심하게 준비되어야 한다.

셋째, 성인은 유아의 삶과 성장 속에 참여할 수 있어야 한다. 따라서 교사에 의해 준비된 환경은 교육의 목적 달성을 위한 중요한 요인인 동시에 전제된 조건으로 반드시 유아가 그의 행동을 발달시킬 기회를 제공하는 환경이며 모든 교재는 유아가 자유롭게 선택하고 즐겁게 사용하며, 그들의 욕구와 상황에 따라야 한다.

(2) 자동교육

자동교육은 준비된 환경 내에서 자유롭게 활동을 선택하고 자발적으로 참여하는 가운데 학습이 자연스럽게 진행되어 스스로 학습하는 것을 의미한다. 몬테소리 교구를 통해 스스로 실수와 오류를 발견해 가면서 자기 수정의 과정을 거치고 교사는 영유아와 교구 간의 시범을 보이지만 환경과의 교류가 이루어져 영유아가 교구에 적극적으로 몰입하게 되면 개입을 최소화하고 작업 중에는 영유아를 방해하거나 중단시키지 않고 스스로 시행착오를 통해 깨닫도록 배려하도록 한다.

(3) 흡수정신

몬테소리 이론의 기본 개념으로 영유아가 환경 내에서 그 환경을 무의식적으로 흡수하여 학습하게 되는 능력이다. 흡수정신은 출생에서부터 만 3세 무렵까지 모든 사물을 무의식적으로 흡수하여 보고, 듣고, 냄새 맡고, 만지면서 감각이 발달되는 무의식단계와 무의식적 흡수정신에서 이루어진 기본능력을 통합시키고 좀 더 정교해지기 위해 다양한 자극에 계획적으로 상호작용하고 경험하면서 지식을 획득하는 만 3세부터 만 6세까지의 의식의 단계로 설명된다. 교사는 영유아가 선택한 활동에 몰입하여 내적인 만족과 즐거움을 느끼며 스스로 학습동기를 얻게 되도록 존중해 준다.

(4) 민감기

민감기는 몬테소리 이론의 기본 개념으로 결정적 시기와 유사한 의미를 가지며 영유아들이 적극적으로 환경과 접촉하여 그 환경에 적응하면서 형성된다. 민감기는 특정 행동에 대한 감수성이 예민해져서 그 행동에 더 영향을 받고 특정한 기능보다 쉽게 배우는 시기를 의미하고, 교사는 최적의 시기에 준비된 환경을 만들어 제공하기 위해 영유아 개개인의 현재 정신적 발달단계를 구체적으로 이해하고 깊이 파악해야 한다.

4) 몬테소리 프로그램의 보육과정

(1) 일상생활 훈련

몬테소리 프로그램의 대표적인 내용으로 일상생활 훈련은 몬테소리 프로그램의 핵심적인 내용이다. 모든 활동의 기본이 되는 활동으로 손 씻기, 이 닦기, 코 풀기, 신발 신기, 양말 신고 벗기 등 자신의 보호에 필요한

양말을 먼저 대 본 다음... 자~ 나처럼 신어 봐요.

활동이며, 환경관리로 물 따르기, 자르기, 청소하기, 상 차리고 치우기, 동식물 키우기 등은 교실에서 자신들의 환경을 보호하도록 배우는 활동이다. 사회적 관계는 인사하기, 감사 표현하기, 사과하기, 또래에게 도움 청하기, 축하하기 등과 같은 예절교육을 받는 활동이며, 동작의 조정과 분석으로 선 따라 걷기, 균형 잡기와 같은 이동활동과 침묵게임 같은 집중하기 활동이 포함되어 영유아의 독립심과 바람직한 인성을 기르는 데 도움을 주며 이를 위해 필요한 교구를 제공한다.

(2) 감각교육

감각교육은 오감을 발달시키는 데 도움을 주도록 고안된 활동이며 이러한 활동들은 읽기를 위한 학습과 사고능력에 기초를 제공한다. 시각자료로는 꼭지 달린 원기둥, 꼭지 없는 원기둥, 분홍 탑, 갈색 계단, 기하학적 도형, 빨간 막대, 색판 등을 사용하며, 촉각자료로는 촉각판, 입방체, 비밀 주머니, 무게 변별판 등이 있으며, 청각자료는 소리상자와 음감벨과 실생활에서 나는 여러 음과 악기를 통해서 듣는 음을 구별하는 연습을 하고, 미각은 맛보기 병을 통해 기본적 맛의 종류의 감각을 훈련시키고, 후각은 냄새 맡기 상자에 여러 가지 구체물을 넣어 그 냄새를 구별하도록 교육한다.

(3) 언어교육

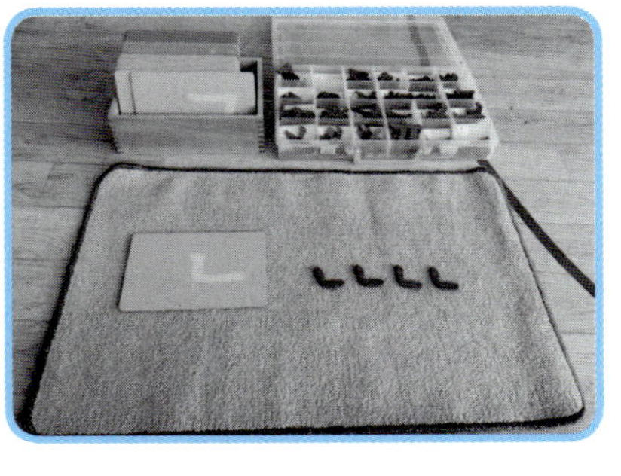

언어교육의 내용은 말하기를 위한 교육과 읽고 쓰기를 위한 교육을 포함하며 모국어를 정확하게 이해하고 표현하기 위해 자유로운 대화와 지속적인 자기표현 활동을 사용하는 것이다. 말하기를 위한 교육은 '계절에 대해 말해 보기', '질문하기 게임', '보고 말하기',

'경험 이야기하기' 등이 있고, 읽고 쓰기를 위한 교육은 모래종이 글자, 자음과 모음 글자 단어카드 등이 있다.

(4) 수학교육

수학교육 내용에는 1~9까지의 수 이름과 양의 이해 등 기본 개념을 위한 수 소개 활동, 십진법 관련활동, 1~100까지 논리적으로 알게 하는 세기 활동, 덧셈 · 뺄셈 · 곱셈 · 나눗셈의 기본적인 결합을 기억하게 하는 학습활동, 구체적인 것에서 추상적인 계산이 가능하도록 고안된 활동, 사람 모형을 이용한 곱셈 기초 활동, 분수 끼우기 틀을 이용한 분수활동 등이 있다.

(5) 문화교육

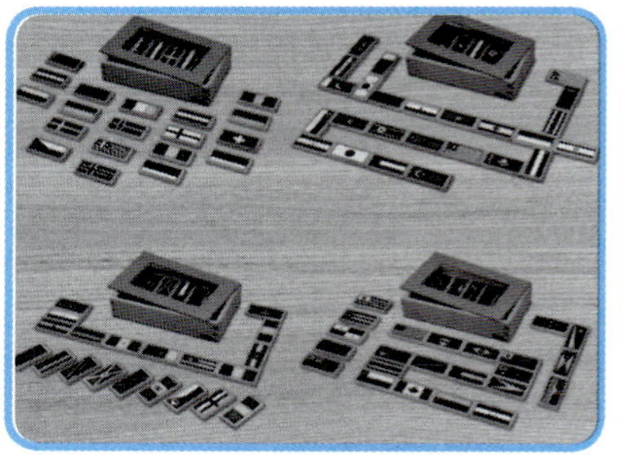

문화교육은 지리, 역사, 과학, 미술, 음악 등에 관한 내용이 포함되며, 교육활동을 통해 사회 내에서 용납되는 양식, 습관, 예술, 문학, 삶의 형태를 받아들일 수 있는 태도와 능력을 길러 주는 데 목표를 두는 교육활동이다.

5) 몬테소리의 교사관

(1) 교사의 자질

몬테소리에서 유념해야 할 점은 전통적인 방법으로 교육을 하는 교사와 몬테소리 교사 사이에 차이점이 있다는 것이다. 몬테소리 교육은 한 사람의 의지를 다른 사람에게 강요하는 데 목적이 있는 것이 아니고, 건설적인 자기 발전을 위해 개인 스스로의 잠재력을 자유롭게 한다는 점에서 치료에서 상용되는 개념과 유사하다. 몬테소리 교육에서 교사의 접근방법은 직접적인 것이 아니며, 실제적으로 간접적인 방법을 취하고 있다. 그래서 릴라드(Lillard)는 몬테소리 교사들은 '교사'라고 불려지는 것보다는 '지도자'라고 불려져야 한다고 보았다.

몬테소리 교육에 있어서, 교사들은 성장하는 사람, 즉 자신의 잠재력을 향상시키기 위해 노력해야 하는 사람이어야 한다. 이것을 실현하기 위해 교사는 자신에 대한 실제적인 지식을 가지고 있어야 하며, 자신의 능력과 행위에 대해 객관적으로 평가할 수 있는 눈이 있어야 한다. 이러한 것들은 몬테소리 교사가 되기 위해 필수적인 것들이다.

① 인도되는 교사

몬테소리가 강조한 것은 '인간의 생명'인데, 그렇기에 교사는 어린이가 자신이 가지고 있는 모든 능력을 살려서 스스로 충실한 창조활동으로 인도할 수 있어야 한다는 것이다. 몬테소리 교사관의 기본 지침은 교사가 어린이에게 어떤 교재를 가르치거나 특기를 숙련시키게 하는 것이 아니라, 교사 자신도 어린이와 함께 인도되고 있다는 것이다. 즉, 어린이가 보다 큰 근원적인 힘을 향해 발돋움하고자 할 때 교사는 그 발돋움을 도와주기 위해 어린이 옆에 파견되어 있음을 느끼게 되고 어린이를 올바로 인도하기에 앞서 자기가 올바로 인도되기를 원하게 된다는 것을 의미한다.

② 교사의 기본적인 준비: 마음의 깊이

몬테소리의 교사관에는 '자중', '겸손', '자제', '깊은 정신성' 등의 단어들이 자주 등장한다. 그러므로 몬테소리는 우선 교사에게 필요한 것은 마음의 깊이이며, 이는 교사 자신이 우주적인 질서 속에 올바로 인도되기를 언제나 원하는 것이라고 말하고 있다. 이런 상태를 가리켜 몬테소리는 '투명한 마음' 또는 '정신적인 겸허'라는 말로 설명하고 있다.

③ 관찰하는 겸허한 교사

아이들을 이해하고 존중하기 위해서 몬테소리 교사들은 아이들을 관찰하는 의욕과 능력을 개발하여야 한다. 어린이를 관찰할 때에는 기회에 알맞게 개입하거나 후에 말하거나 침묵을 지킬 줄 아는 적절한 태도를 갖는 것도 중요하다. 교사들이 관찰하고자 하는 것은 외적인 성장이나 활동들이 아니라, 이런 성장이나 활동들이 보여주고 있는 내적인 조정이다.

④ 중개자로서의 교사

중개자로서의 교사란 "교사는 어린이에게 무엇을 가르치는 것이 아니라 스스로 배우게 하는 중개자가 되어야 한다."는 뜻이다. 교사는 아이들에게 교육환경을 접촉하게 하는 연결자이기도 하다. 즉, 어린이의 자발적인 활동, 자기 개발을 지켜봐 주고 원조해 주는 존재로 그 위치나 역할을 제시하고 있다.

교사는 어린이를 위한 교육환경의 준비자와 대화자로서 봉사해야 한다. 교사들은 아이들을 직접 대하기에 앞서 많은 것을 준비하고 있어야 하는데 그러기 위해서는 교사로서의 기술적인 면보다도 오히려 생명의 공감에 의해 적절하게 움직일 수 있는 인간적인 면이 요구된다.

⑤ 전체를 한눈에 보는 교사

몬테소리 교육을 실시하는 교사라면, 몬테소리의 인간관과 세계관, 교육관을 이해하여야 하는 것은 당연한 일이다. 예를 들어,

㉠ '인간이 지닌 생명'의 특징은, 자연의 프로그램에 따라 올바로 성장하며 창조를 지향하며, 동시에 기쁨과 사랑, 자비, 평화, 감사 등이 넘치게 된다. (인간관)

㉡ 우주 전체가 하나의 조화를 이루고 있으며, 인간의 지성은 이 우주적인 전체의 질서를 요구하여 무한히 확대될 수 있다. (세계관)

㉢ 생명은 스스로를 완성해 가는 특성이 있으며, 교육은 스스로 발전하고 있는 생명을 돕는 것이다. (교육관)

교사는 어린이를 어른으로 향해 천천히 변모되는 과정에 놓여 있다고 보고, 그 각각의 과정의 의미를 전체로서 이해해야 한다.

(2) 교사의 역할

몬테소리 교육에서 '교사'는 준비된 환경의 하나로서 유아의 각 발달단계에 나타나는 양상을 잘 관찰하고 다음의 발달을 이룰 수 있는 경험을 제공하여 한 단계에 도달한 유아가 그 자신에게 도움이 되는 경험을 스스로 찾게 한다는 것으로 정의한다.

환경의 조성자인 교사가 마련한 '준비된 환경'에서, 교육의 주체자인 유아가 스스로 교구를 선택하여 작업함으로써 집중현상을 일으켜 정상화에 이르도록 한다. 이런 면에서 몬테소리는 유아를 독립된 개체로 존중하고 신뢰하며 유아에게 선택의 기회를 부여하는 교사의 역할을 중시한다. 그리고 교사는 유아에게 그 틀을 만들어 주기보다 스스로 틀을 만들도록 도와주어야 하며 설명만 하는 것이 아니라 먼저 '관찰자'나 '인간발달의 연구자'이어야 한다. 따라서 교사는 일반 교사라기보다는 '지도자'(director)이어야 한다.

몬테소리의 준비된 환경에서 지도자로서의 교사는 유아를 세 가지 방법으로 도와줄 수 있는데 이는, 첫째, 유아의 작업과정과 발달을 관찰하는 '관찰자'(observer)로서 도움을 주며, 둘째, 작업공간에서 유아를 보호하는 '보호자'(caretaker)로서 도움을 준다. 셋째, 유아와 교구 간의 상호작용이 촉진되도록 도와주는 '촉진자'(facilitator)로서의 역할을 한다.

① 관찰자로서의 교사

지도자로서 '관찰자' 역할은 유아의 발달단계와 성장 · 발달에 수단이 되는 작업에 대한 능력을 판단해야 한다. 그러기 위해서는 교구에 대한 정확한 지식을 가지고 있어야 한다. 관찰자는 매일 유아가 스스로 교구를 선택해서 작업하는 것을 관찰한다. 유아가 독립적으로 교구를 선택해서 작업할 때, 어느 부분을 어려워하는지, 특별히 강조해야 할 사항이 있는지, 다른 제시가 필요한지, 작업에 집중할 수 있는지 등을 관찰하여 도움을 준다.

② 보호자로서의 교사

'보호자' 역할은 매우 중요하다. 왜냐하면 유아가 교구를 가지고 안정된 환경에서 독립적으로 작업함으로써 자기 발달을 성취할 수 있기 때문이다. 이를 위해서 보호자는 어떻게 하면 환경이 유아에게 즐거움과 편안함을 줄 수 있는지 고려해야 한다. 먼저 보호자는 유아를 교구와 연결시켜 주는 것 이외에도 유아를 유아의 환경 속에 존재하고 있는 질서(order)와도 연결시켜 주어야 한다. 따라서 보호자는 유아가 질서를 지킬 수 있도록 모든 교구와 자료는 지정된 장소나 선반 위의 정확한 위치에 두도록 한다.

유아는 교구가 진열된 곳에서 자유롭게 교구를 선택하여 작업할 수 있으며 작업이 끝났을 때는 반드시 처음에 꺼냈을 때와 똑같은 상태로 제자리에 넣어 두어야 한다. 유아는 자신이 선택한 교구를 다른 유아에게 건네 줄 수 없고 다른 유아로부터 교구를 빼앗을 수도 없어야 한다. 그리고 비록 그것을 원한다 해도 다른 유아가 작업을 끝내고 제자리에 갖다 놓을 때까지 기다리고 참는 질서감을 배워야 한다.

한편 교구가 빠진 부분이나 부족한 부분이 없도록 항상 완벽하게 준비하며 연필이나 종이와 같은 자료는 충분한 양을 사용할 수 있도록 준비한다. 흠집이 있거나 긁힌 교구, 부러지거나 빠진 부분이 있는 교구는 완벽하게 수선해야 한다. 이처럼 보호자 역할에서는 일상의 문제들만을 수행하는 것뿐만 아니라 교구에 대한 유아들의 반응에도 주의해야 한다. 예를 들어, 만약 유아가 교구를 사용하고 있지 않다면 이는 아마도 교구 사용에 어려움이 있기 때문일 것이다. 이때는 사용하기 쉬운 장소로 교구를 옮겨 놓는다. 그리고 유아들이 교구를 사용하지 않는 또 다른 경우로는 교구가 손상이 되었을 경우이다. 이때는 수선을 하거나 다른 것으로 대치해 놓는다.

③ 촉진자로서의 교사

'촉진자' 역할은 유아가 무엇을 할 수 있을까에 대해 많은 시간과 열정이 요구된다. 촉진자의 역할에서 지도자는 유아에게 몬테소리 활동을 실제적으로 시범해 보인다. 활동은 항상 한 번에 1명의 유아에게 한 가지 활동을 제시한다. 시범을 수행하는 데 있어서 지도자는 다음의 세 가지 책임을 갖게 된다.

첫째, 각 활동은 특별히 유아발달의 적절한 시기에 맞게 되어 있으므로 정확하게 시범을 보여 유아가 지적 · 신체적 능력에 도전을 할 수 있게 하며 나중에는 독립적으로 활동을 시도해 볼 수 있게 한다.

둘째, 활동이 제시된 이후에 유아의 호기심이 충분히 자극되었으면 지도자는 감상적인 충동으로 유아를 도와주는 것은 억제해야 한다. 유아가 새로운 교구를 자유롭게 탐색하고, 제시된 활동을 여러 번 반복해서 재현하려는 노력을 격려한다. 그러나 유아가 제시된 활동을 파악하지 못하거나 중요한 단계에서 기술의 부족으로 좌절되는 것처럼 보일 때, 때때로 지도자는 재시범을 보일 수 있다. 시범을 반복하면서 지도자는 유아가 이전에 실수한 부분을 정확하게 제시하여 알게 해야 한다. 따라서 지도는 정확한 제시를 할 수 있도록 철저한 준비를 하는 것이 필요하다.

셋째, 많은 실행을 해 본 이후에 유아가 최종적으로 활동을 수행하고, 관계가 있는 연습을 했을 때 지도자는 '유아가 활동과정에서 무엇인가 학습되어진다'라는 것을 깨달을 수 있도록 도와준다. 이런 과정을 통해서 유아는 활동을 수행해 봄으로써 기술과 지식을 획득할 수 있다. 그러나 지도자는 새로운 기술을 적용하기 위한 다른 기회를 준비해야 한다. 지도자의 역할은 유아의 흡수정신과 민감기를 파악하여 유아의 지적 구조가 바르게 전개되도록 도와준다. 따라서 몬테소리의 지도자 역할은 어렵더라도 유아의 내적 발달을 자유롭게 전개시킬 수 있는 좋은 환경이 되도록 도와주어야 한다.

앞에서 제시한 교사의 세 가지(관찰자, 보호자, 촉진자) 역할들을 수행하기 위하여 교사가 유념해야 할 태도에 대해 다음과 같이 명시하고 있다.

① 환경을 정비하고 관리한다.

② 간단명료하고 정확하게 교구 사용법을 제시한다.

③ 유아가 환경과 상호작용을 시작할 때까지는 적극적으로 하되 상호작용이 시작된 뒤에는 소극적으로 개입한다.

④ 유아가 스스로 찾을 수 있고 할 수 있는 작업을 지도자에게 쉽게 의지하면서 도움을 청할 때는 스스로 해 보도록 지도자는 인내의 한도를 보여 준다.

⑤ 유아가 교사를 찾을 때는 즉각 반응한다.

⑥ 유아가 말할 때에는 주의 깊게 잘 듣는다.

⑦ 유아의 작업을 존중하고 도중에 중단시키거나 질문을 하여 방해되는 일이 없도록 한다.

⑧ 유아가 범한 오류를 직접적으로 정정하지 않는다. 단지 유아 스스로 깨닫도록 유도할 뿐이다.

⑨ 쉬고 있는 유아나 남의 작업을 관심 있게 보고 있는 유아를 무리하게 부르거나 작업을 하도록 강요하지 않는다.

⑩ 작업을 거부하는 유아나 잘 모르는 유아, 오류를 범하고 있는 유아에 대하여 방심하지 않고 조심스럽게 올바른 작업으로 유도한다.

⑪ 교사를 찾는 유아에게는 옆에 있음을 느끼게 하고, 교사를 부담스럽게 의식하고 있는 유아에게는 없는 것처럼 유아의 시야에서 모습을 감춘다.

⑫ 온 마음을 기울여 자신이 만족스럽게 작업을 끝마친 유아에게는 조용히 다가가 함께 만족한 표정을 지어 준다.

2 프로젝트 접근법

1) 프로젝트 접근법의 개념

프로젝트 접근법은 프로젝트 수업 또는 프로젝트 학습, 활동 등과 같은 의미로 사용되고 있다. 'Project'란 '앞으로 던진다', '계획하다', '연구하다', '예상하다', '투영하다' 등의 의미로 쓰이며, 무엇인가 마음속에서 생각하고 있는 것을 구체적으로 실현하고 형상화하기 위해 스스로 계획을 세워 수행하는 활동을 말한다. 프로젝트를 교육과 관련지어 생각할 때 프로젝트 수업의 의미는 '한 명 또는 그 이상의 아동이 특정 주제에 대하여 심층적으로 연구하는 것'이라고 할 수 있으며, 프로젝트의 주제는 구체적일 수도 있고 추상적일 수도 있으며 아동의 생활주변에서 경험할 수 있는 것들 중에서 선택되어진다.

프로젝트에 의한 학습의 첫 배경으로는 1830년대 코벳(Cobbet)에 의한 교육방법을 들 수 있는데 이것은 실생활과는 무관한 주입식 교육을 받는데 불만을 품고 실생활에 필요한 활동을 통한 교육방법을 시도하는 것이었다. 프로젝트 접근법의 효시가 된 것은 듀이이다. 듀이는 1886년에 세워진 자신의 실험학교에 사회생활과 같은 조건을 재현하고 교사에 의한 피동적 교육이 아닌 활동을 통한 학습을 실현하고자 하였다. 따라서 그의 실험학교 교육과정은 기존 학교와 같은 전통적인 교과목에 의한 것이 아니라 프로젝트 형식을 취하는 일련의 워크숍과 유사한 것이었다. 즉, 아동들이 주어진 프로젝트를 수행하고 문제를 해결해 나가면서 필요한 경우에 그때그때 산수, 읽기, 역사, 과학 등의 교과를 도입하는 것이었다. 듀이가 시도한 교육의 이면에는 아동들이 진정으로 흥미 있어 하는 문제를 탐구하게 되면 스스로 탐구하고 사고하는 방법을 배울 수 있다는 것이다. 그에게 있어서 사고하는 방법의 학습이란 곧 문제해결을 의미하는 것이었다(지옥정, 2000).

이러한 듀이를 배경으로 킬패트릭은 프로젝트에 의한 활동들을 이론적으로 정립하였다. 그는 프로젝트의 본질을 '진심을 다하는 유목적적 활동'이라고 정의하였으며 활동의 목적을 프로젝트의 전 과정에서 핵심적인 역할을 하는 것으로 보았고 목적설정 과정에서 학습자의 능동적인 참여와 학습자의 주체적 역할 수행 등이 스스로 내적으로 동기화되어 학습에 전념하게 된다고 주장하였다(김상욱, 2000).

프로젝트를 오늘날 유아교육의 현실에 맞게 재조직한 카츠와 차드(Katz & Chard, 1989)는 프로젝트에 의한 활동이 유아의 학문적, 인지적, 정서적 발달을 저해한다는 어떠한 증거도 찾을 수 없었으며 오히려 매우 바람직한 영향을 미친다는 점을 확인할 수 있었다고 주장하면서 종전의 프로젝트에 의한 학습방법을 '프로젝트 접근법(Project Approach)'이라는 용어로 발표하였다. 결국, 프로젝트 접근법은 듀이의 이론적 바탕 위에서 킬패트릭이 체계화한 '프로젝트법'을 카츠와 차드가 오늘날 유아교육의 현실에 맞게 재조직한 교육방법이라고 할 수 있다(지옥정, 2000).

조정숙(2001)은 프로젝트 접근법을 교사 주도의 교과목 중심의 교수방법에서 탈피하여 학습자 자신이 능동적으로 참여하고 학습 진행과정에서 학습자 스스로 자신의 학습에서 주체자가 되어 역할을 수행하고 내적으로 동기화되어 학습에 몰입하는 아동중심 교육방법과 통합교육과정의 원리로 보고 있다. 유승희(2007)는 프로젝트 수업은 교사가 제시한 문제의 정답을 찾는 데 있지 않고 아동들이 동료학생 또는 교사와 함께 협력하면서 주제에 관련된 탐구문제들에 대해 깊이 있게 보다 능동적, 적극적으로 학습해 나가는 것으로 보았다. 한국교육개발원에서는 프로젝트 학습은 교사·학생 주도로 초등학교 학생의 관심과 흥미, 주제중심, 문제중심, 활동중심의 수업을 전개해 나가는 학습방법이라고 정의하고 있다.

그러므로 프로젝트 접근법은 유아교육에 대한 교수-학습 방법으로서 한 명 또는 그 이상의 유아가 이행하는 특정주제에 대한 깊이 있는 연구로 정의된다. 유아들은 프로젝트 활동을 위한 계획에 직접 참여하며 계획 세운 것을 달성하기 위하여 다양한 활동과 노력을 며칠에서 몇 주 동안 지속해 나가게 되는 것을 말한다. 프로젝트 접근법은 교사나 학교의 선호도나 의무 그리고 한계 등에 따라 다양한 방법으로 유아교육과정에 통합될 수 있으며 프로젝트에서 행해지는 연구는 지적, 학습적, 사회적 기술과 능력의 다양한 응용을 포함한다. 프로젝트는 개인이나 대·소집단 혹은 전체 학급이 참여할 수 있다. 또한 무엇을 가르치고 배우느냐의 내용뿐 아니라 가르치는 것과 배우는 방법을 의미한다. 이 접근법은 아동들이 각자 사람이나 물건, 그리고 자신의 환경과 각자의 의미 있는 방법으로 상호작용 하도록 격려해 주는 교사의 역할을 강조하고 있다. 학습의 방법으로써 프로젝트 접근법은 아동들로 하여금 학습에 활발히 참여할 것을 강조한다(Katz & Chard, 1989).

2) 프로젝트 접근법의 목적과 특성

프로젝트 접근법의 주목적은 "어린이의 주변 세계에 대한 이해를 증진시키고 계속 학습하고자 하는 성향을 강하게 키워 주는 것"(Katz & Chard, 1989)이며 교육목표로서 지식과 기술을 획득하고 성향과 감정을 배양하는 것으로 제시하였다.

첫 번째 목표는 지식의 획득으로 유아들은 새로운 지식을 토론하는 동안 접하게 된 새로운 정보와 개념의 의미를 이해하려고 노력한다. 조사와 구성, 극놀이 과정에서 잘못된 개념들은 수정하고 새로운 어휘를 익히고 친숙한 용어의 뜻을 명료화한다.

두 번째 목표는 인지적, 사회적, 의사소통 및 신체적 능력발달에 필요한 기술의 획득이다. 기술은 쉽게 관찰되고 비교적 짧은 시간 안에 실행되는 분리된 행동의 단위로써 모든 유아교육과정 구성에 기초가 되어 왔다.

세 번째 목표는 성향을 키우는 것으로 여러 상황에서 겪는 경험에 대해 지속적으로 독특하게 반응하는 행동, 태도, 습관을 의미한다.

네 번째 목표는 긍정적 감정을 키워 가는 것이다. 긍정적 감정이란 수용감, 자신감, 소속감, 안정감, 유대감, 상호 의존감 등과 같이 집단생활을 하는 가운데 주관적으로 느끼는 긍정적 감정 혹은 정서 상태를 의미한다.

프로젝트 접근법은 다음과 같은 측면에서 앞에서 기술한 네 가지 교육목표를 성취시켜 준다(Katz & Chard 1989; Chard, 1992, 1994).

첫째, 주변세계가 심층적으로 연구할 만한 흥미로운 것임을 깨닫게 하여 생활 전반에 대한 지적 호기심을 북돋아 준다.

둘째, 프로젝트는 참여자의 협의에 의해 점차적으로 발전되어 가므로 자발적 놀이와 교사의 체계적 교수 간에 균형을 맞출 수 있다.

셋째, 학교생활이 곧 일상생활, 사회생활과 밀접하게 관련이 되어 있으며 학교교육은 실생활에 도움을 준다는 것을 인식한다.

넷째, 교실 상황을 하나의 공동사회로써 경험하고, 소속감과 협동심을 기른다.

다섯째, 다양한 프로젝트를 탐구하는 과정에서 새롭게 도전받고 현실적 어려움을 극복하고 주변 생활세계에 대해 보다 폭넓은 관심과 식견을 지닌 사람으로 성장 · 발전하게 된다.

카츠와 차드(1989)는 듀이(1886)의 아동중심 교육철학과 킬패트릭(1919)의 구안법, 영국의 비고츠키(1978)의 사회문화이론, 가드너(Gardner, 1987)의 다중인지이론 등을 참고로 프로젝트를 중심으로 접근하는 유아의 학습방법의 특징을 제시하였다.

첫째, 프로젝트 접근법은 학습내용의 선정방법과 교수–학습 방법을 함께 제시하고 있는 방법론적 이론이므로 프로젝트 접근법에서 학습내용은 교사가 사전에 확정하는 것이 아니라 교사와 학습자의 관심에 따라 새롭게 수정되거나 추가될 수 있다.

둘째, 프로젝트 접근법에서는 학습의 전 영역이라고 할 수 있는 지식, 기능, 성향, 느낌의 상호 보완적이고 유기적인 관계를 통한 인격적 통합을 강조한다. 유아가 자발적인 내적 동기를 갖고 프로젝트에 참여하는 과정에서 유아들은 프로젝트 주제에 대한 책을 찾아볼 필요성을 느끼게 되고 책을 찾아보는 동안에 글을 읽고 싶어 하는 성향이 계발될 수 있다. 이러한 성향은 읽기 기능의 발달을 촉진하게 되며 책을 읽을 수 있는 기능이 획득되면 더욱더 읽고자 하는 성향을 촉진하게 만드는 요인이 된다. 즉, 지식, 기능, 성향, 느낌은 상호 유기적인 관계 속에서 영향을 주고받으면서 발전하게 된다고 보고 있다.

셋째, 프로젝트 접근법에서는 학습내용이 학습자 개개인에게 유의미해야 한다는 점을 강조한다. 학습자의 주제에 대한 개념이나 이해의 정도에 따라 학습의 방법이 다를 수 있다. 이는 모든 사람이 동시에 동일한 방법으로 학습하는 기존의 학습방법보다 각 개인의 강점에 기초하는 다중지능이론과 결부되는 중요한 부분이라 할 수 있는데 프로젝트 활동에서는 이러한 점을 보완하는 효과적인 학습방법임을 보여 준다.

넷째, 교수-학습 과정 면에서 프로젝트 접근법은 시작, 전개, 마무리의 3단계 과정으로 구분되는데 각 단계마다 중심사건과 과정, 그리고 아동들의 활동내용이 다르며 이와 유기적인 관계 속에서 교사의 관심과 역할이 달라진다. 이는 프로젝트 접근법의 구조적 특징으로 프로젝트의 각 단계를 프로젝트 활동의 전형적 요소인 토의, 현장활동, 표현, 조사, 전시로 구조화하는 것이다.

다섯째, 프로젝트 접근법은 바람직한 유아교육을 위해 부모나 주변 사람들, 더 나아가 사회구성원들과 협력적 관계를 강조한다. 이는 교육을 위한 모든 준비와 책임을 교사와 교육기관이 전담해서는 효과적이지 못하다는 견해에서 출발한다. 유아는 교육기관에 입학하기 이전부터 지금까지 가정의 영향을 받고 있으므로 효율적인 교육이 되기 위해서는 가정, 즉 부모와 연계가 필요하다는 것이다. 또한 지역사회는 현장견학에 있어서 견학의 장으로서뿐 아니라 자원의 원천으로서 유아교육의 책임을 함께 나눌 것을 강조한다.

여섯째, 프로젝트 접근법에서는 프로젝트 전 과정을 통하여 교사와 유아, 유아와 유아 간의 적극적인 교류와 상호작용 및 협동적 학습이 될 것을 강조한다.

비고츠키(1978)는 학습자의 인지발달이나 학습자의 능동적인 참여가 인지발달을 촉진한다고 하였다. 이러한 점에서 교사와 학습자, 학습자와 학습자 상호 간의 적극적인 관계와 학습자의 능동적인 참여가 장려되는 프로젝트를 통한 활동의 지지근거가 된다.

3) 프로젝트 접근법의 보육과정

(1) 단계별 전개과정

프로젝트 접근법의 전개과정은 한편의 좋은 이야기처럼 발단, 전개, 종료 순으로 진행되며 일반적으로 3단계(준비 및 시작단계, 전개단계, 마무리 단계)를 거친다(Chard, 1994; Helm & Katz, 2001; Katz & Chard, 1989).

① 1단계: 준비 및 시작 단계

1단계는 프로젝트를 계획하고 시작하는 단계이다. 교사는 스스로가 계획망을 사용하여 교육과정을 살펴보고 주제의 실행가능성을 평가해 본다(Chard, 1992, 1994; Helm & Katz, 2001). 1단계에서 유아들과의 협력 연구를 위한 적합한 주제의 선정은 매우 중요하다. 주제 선정을 위해 유아의 생활과 관심사를 반영하도록 하며(Chard, 1992, 1994), 지역적으로 적합한 주제를 선정하기 위한 주제 선정 기준을 통해 평가한다.

주제 선정 기준(Katz& Chard, 1989)의, 첫째는 유아들에게 친숙한가, 둘째, 심층적으로 연구되고 이해할 만한 가치가 있는가, 셋째, 유아들의 흥미를 끌 수 있는가, 넷째, 현실적이면서 또한 상상력을 자극할 수 있는가, 다섯째, 직접 수집 · 실험 · 조작 · 탐구할 수 있는가, 여섯째, 다양한 표상활동을 할 수 있는가이며, 이를 고려하여 주제가 선정되면 교사는 유아들을 위한 경험, 흥미, 자료 제공 및 현장 경험의 가능성들을 생각하면서 예비 프로젝트 주제망 또는 개념 지도를 미리 조직해 본다.

교사는 프로젝트의 구상과정에 유아들을 참여시키고 각자 프로젝트에 대해 무엇을 알고 있는지, 무엇을 하고 싶은지, 무엇을 해 보고 싶은지, 그리고 무엇을 할 수 있는지에 대해 의논한다. 이를 통해 교사는 주제에 대해 유아들이 이미 알고 있는 지식, 경험, 아이디어를 파악하고 수렴하여 보다 확장, 발전된 프로젝트 망을 구축한다. 유아들에게 주제와 관련된 경험을 글이나 그림 등 다양한 방법으로 표현하고 주제에 대한 생각 나누기, 유목화, 주제망 구성을 교사와 함께하며 질문목록을 작성한다. 프로젝트의 부모 참여는 프로젝트의 성공적 수행에 매우 중요하다. 부모들은 프로젝트와 관련된 경험담을 들려주고 자료들을 제공해 주고 현장 활동을 계획 · 조정 · 안내하는 역할을 맡을 수 있다. 직접 참여하여 도움을 줄 수 없는 부모들도 현재 학급에서 수행되고 있는 프로젝트에 대해 관심을 가지고 자녀들의 이야기를 경청하고 어린이들의 작품을 관람함으로써 프로젝트의 성공에 기여할 수 있다.

② 2단계: 전개단계

전개단계의 주요 특징은 연구자들이 주제에 대해 좀 더 주의 깊게 연구하고 질문에 대한 답을 찾기 위해 탐색과 표상활동을 하는 것이다. 처음의 질문의 망이나 목록들을 다시 살펴보고 유아들은 지역의 특정 장소, 사물 또는 사건 등을 현장 견학하고, 관찰 · 발견한 것을 다양한 방법을 통해 그리기, 쓰기, 읽기, 그래프, 차트, 도표, 벽의 장식, 모형 만들기, 극놀이 등으로 표상하며 주제에 대해 깊이 생각하도록 격려해 준다.

현장 견학은 가까운 이웃이나 지역사회에서 쉽게 현장 학습을 할 수 있는 장소, 사람, 물체, 사건들을 찾아본다. 현장 견학 후 토의시간을 갖고 견학을 통해 어떤 것을 배우고 느꼈는지에 대해 공통적, 개별적 경험들을 재확인한다. 현장에서 그린 스케치는 보다 상세한 그림으로 완성시키거나 도표를 작성하여 비교하거나 조형품을 구성하는 데 사용한다. 유아들은 관찰한 것을 그리거나 조형물로 만들고 관찰 · 발견한 것에 대하여 기록하고 예측하고 결과를 토론하고 새롭게 이해된 것을 극놀이로 표현한다. 서적들을 조사하여 새로운 질문을 제기할 수 있다. 문해능력이 있는 유아들은 혼자서도 표상작업을 수행할 수 있지만 문해능력이 부족한 유아들은 보다 많은 교사의 지도와 대화를 필요로 한다.

③ 3단계: 마무리, 전시, 평가단계

3단계는 마무리 단계로 프로젝트 1단계와 2단계를 거치면서 이루어진 활동의 결과에 대해 검토와 정리, 다른 사람을 초대하기 위한 재창조 작업을 통해 결과물을 발표하고 평가하는 단계이다. 프로젝트를 진행하는 동안 만든 여러 결과물(예: 주제망, 주제와 관련한 질문목록, 그림, 도표, 관찰보고서, 저널, 조형품, 프로젝트 활동과정에 관한 사진 등)을 전시한다. 다른 학급의 어린이들과 교사들, 원장선생님, 학부모 및 지역사회 인사들을 초대하여 프로젝트 활동을 하는 동안 무엇을 배우고 어떻게 배웠으며 어떠한 절차를 밟았는가를 설명하고 발표한다.

(2) 교사의 역할

프로젝트 접근법의 교수-학습 방법에서 교사의 역할은 매우 중요하다. 같은 주제라도 어떻게 진행시키느냐에 따라 그 활동의 질이 달라지기 때문이다. 교사는 아동의 반응에 민감하여야 하고 아동에게 끊임없이 자극을 주어 흥미를 유발시키며 더 나은 방향으로 이끌기 위해 노력해야 한다. 프로젝트 활동을 진행해 나가면서 교사는 그 역할이 역동적일 수밖에 없다. 왜냐하면 프로젝트는 각 단계별 특성에 따라 교사의 역할이 달라져야 하며 유아의 성숙 정도나 특성, 또는 활동의 몰입 정도에 따라 적절하게 끌어 주고 촉진하며 중재하는 역할이 필요하기 때문이다(지옥정, 2000).

시작단계에서 교사는 교사와 유아, 유아와 유아들 간의 주제에 대하여 지식과 경험이 충분히 공유될 수 있도록 하며, 유아 자신의 이전 경험을 다양한 방법으로 표현할 수 있도록 이끌어 준다. 유아들의 경험, 잘못 알고 있는 내용이 무엇인지 파악하며 주제에 관해 궁금한 내용을 유아들이 스스로 찾아볼 수 있도록 장려한다. 전개단계에서 교사는 각 유아의 특성에 맞게 활동에 적극적으로 참여하도록 동기를 부여하며 필요한 자원 준비를 상황에 맞게 해 주어야 한다.

유아 또는 소집단의 활동내용, 표현방법을 잘 관찰하면서 프로젝트 진행이 바른 방향으로 이루어질 수 있도록 전체적인 조정자 역할을 한다. 학급의 다른 유아의 활동과정이나 결과물에도 관심을 갖고 의견을 교환할 수 있도록 공유 시간을 효과적으로 운영한다. 마무리 단계에서 교사는 되돌아보는 시간을 갖고 주제망과 질문목록을 유아들과 함께 검토하고 평가해 보면서 어떤 내용이 다루어졌는지 진행과정에서 계획 세운 활동을 모두 마쳤는지 점검한다. 적절한 역할 분담과 고른 참여로 전시회 및 발표회가 준비되어 시행될 수 있도록 조정해 준다.

(3) 집단의 구성

카츠와 차드(1989)는 프로젝트를 '한 명 또는 그 이상의 유아들이 주제에 대해 깊이 있게 탐구하는 활동'이라고 정의한 데서 프로젝트 활동이 소집단 중심활동임을 내포하고 있다. 또한 말라구찌(Malaguzzi, 1993)는 상호관계를 중시하는 프로젝트 활동에서는 소집단이 가장 적합한 형태의 학급조직이라 하였다. 소집단에서 두 사람이라는 집단은 두 사람 사이의 대화를 서로 이해할 수 있고 자신을 상대에게 맞출 수 있게 한다. 그러나 3명으로 구성된 아동집단은 매우 다른 역동이 발생한다. 아동이 짝수가 아닌 홀수이기 때문에 서로 연합하거나 외톨이가 될 수 있고 서로 분리되거나 갈등이 생길 수도 있다. 마찬가지로 아동이 4명이 된다면 3명이 집단을 이룰 때와는 또 다른 가능성이 발생하게 된다(서영숙, 1997). 교사는 프로젝트 주제의 특이성에 따라 대집단으로 할 것인가, 소집단으로 할 것인가의 적절한 집단 구성에 대한 사전 계획을 하여야 한다.

3 레지오 에밀리아 접근법

1) 시대적 배경

레지오 에밀리아는 이탈리아 에밀리아 주의 레지오라는 지명이다. 이곳은 기원전 2세기경에 로마인들에 의해 세워졌으며, 사회주의적 성향이 강한 도시로 아동복지와 사회보장제도가 잘 되어 있는 이탈리아의 부유한 지역이다(임현혜, 2003).

1945년 2차 세계대전이 끝나고 천주교에 의해 독점되어 오던 교육을 국민들의 교육적 요구가 증가하면서 진보주의에 입각한 생활교육을 실시하였고, 교육의 주도권도 중앙정부에서 지방정부로 이관하게 되었다. 이 무렵에 교사들은 교육개혁의 필요성을 주장하였다. 이와 동시에 부모 공동 조합 형태의 학교를 설립하고자 하는 자발적 시도가 이루어졌다. 그중 레지오 에밀리아시는 여성이 중심이 되어 부서진 탱크, 말, 트럭을 팔아 부모협동학교를 설립하였다(김은희, 2001). 여기에 감동을 받은 개혁적 교육실천가 말라구찌는 부모협동학교를 시립학교 체제로 전환시켰고, 1963년에 진보적인 유치원을 개원하기에 이르렀다. 이 유치원에서 최초로 적용된 교육과정의 하나가 바로 레지오 접근법이다(임상도, 2000).

1970년대는 4개월~3세의 유아를 위한 영유아 센터를 설립함으로써 교육서비스의 조직망을 형성하기 시작했다. 학교는 부모들의 요구에 따라 시간을 연장하여 탁아의 욕구도 충족시켜 줌으로써 아동복지에 발전을 가져오고 성인 가족에 대한 사회복지 차원의 욕구와 아동이 양질의 교육을 받아야 한다는 가치가 통합되어 현재 수준의 유아교육체제를 형성하였다(홍경란, 2008).

1980년 중반기는 시교육기관이 가장 발달한 시기이며 필요로 하는 부모들이 모두 시립기관을 이용할 수 있었던 것은 아니었다. 이러한 수용에 시립교육기관을 더 확장하고 운영해야 할 필요성을 느끼게 되었고, 1987년에는 몇몇 사회사업관이 시와 특별 협약하여 영유아센터나 유아학교의 교육행정과 협력하는 부모협력 영유아센터가 문을 열었다(김하진, 2011). 이 지역에서는 인간 간의 사회적 관계형성과 의사소통을 중요시하고 있으므로 유아들이 또래 · 교사 · 역사 · 사회 문화적 환경과의 관계 속에 소속되어 있는 것으로 본다. 따라서 어느 누구도 유아에 대한 문제해결에 독점권을 가질 수 없음을 인식하여 부모뿐만 아니라 지역 주민이 상호 긴밀한 관계를 가지고 학교활동 및 교육적 의사 결정에 개입한다.

그리고 레지오 에밀리아는 이탈리아 특유의 아름다움과 미학에 대한 깊은 인식을 가지고 있어 주변 환경에는 어디든 청결과 심미적 질서가 있으며, 위대한 미술작품과 건축물을 볼 수 있다. 이러한 문화적 전통은 학교의 물리적 환경에 반영되어 심미적 즐거움을 주는 형태와 색을 갖춘 건물, 가구, 설비, 3차원적인 공간 조직, 자연물과 빛의 활용, 유리벽, 아뜰리에 등이 반응적인 환경을 이루며 유아의 상징적 표상을 통한 학습활동을 자극한다(오문자, 1995).

2) 레지오 에밀리아 접근법의 목적

레지오 에밀리아 접근법은 유아를 또래나 성인, 사회문화적 환경과의 관계로부터 동기 유발되며 학습하는 풍부한 잠재력과 권리를 가진 주체로 보는 관점에 기초하며, 레지오 에밀리아 접근법의 교육목적은 표현적, 의사소통적, 인지적인 언어를 통합하여 유아 스스로 사고하는 힘을 구축해 갈 수 있는 총체적인 어린이(whole child)를 길러 내는 것이다(안영주, 1997). 이처럼 재통합된(re-integrated) 유아는 하나의 고립된 탐구자가 아니라, 주변 다른 사람의 도움을 필요로 한다고 믿는다. 그러나 언제나 유아를 주체로 본다(Edwards, Gandini, & Forman, 1996).

구체적으로 아동의 복지와 가족의 사회적 요구 지원, 최상의 환경에서 발달을 지원받을 권리, 능력 있는 개인으로서의 자율성 및 자기 표현력 신장과 동시에 아동의 모든 표현적, 의사소통적, 상징적, 인지적, 윤리적, 은유적, 논리적, 상상적, 관계적 언어발달을 통한 통합된 어린이를 길러 내는 것이다(Gandini & Edwards, 1998; 지옥정, 1998c에서 재인용). 즉, 레지오 에밀리아 접근법의 목적은 유아교육의 궁극적 목적처럼 각 아동의 성장 발전과 바람직한 사회구현에 있는 것이라 할 수 있다.

3) 레지오 에밀리아 접근법의 특징

레지오 에밀리아 교육의 주창자인 로리스 말라구찌는 레지오 교육을 “상호작용, 구성적 특징, 강력한 관계성, 협력정신의 중요성, 그리고 개별적이면서도 집단이 함께하는 탐구활동”이라고 주장하며 학교의 목표를 모든 표현, 의사소통, 인지적 언어를 재검토하고 통합하여 자기 스스로 생각하고 선택하는 힘을 구축할 수 있는 통합된 아동을 만드는 것이라 하였다.

또한 학교교육이 언어와 비언어적 학습으로 분리되어 있으며 전통적 교육이 흔히 언어적 학습을 강요하고 있으나 레지오에서는 이 두 가지 학습 모두가 통합되어 같이 짜여 있으며, 언어를 통한 내용이 논리–수학적 모형의 인지구조적 학습을 통해 미적 수준이 더해지는 것으로 밝히고 있다(서영숙 · 서지영, 2002).

(1) 잠재력이 있고 유능한 아동의 이미지

레지오 에밀리아 접근법은 잠재성을 지닌 유능하면서도 강한 아동관을 설정하고 있다. 유능한 어린이는 타인과 상호작용이 원만하고, 뚜렷한 정체성의 형성과 현상에 대한 자신의 지식을 구성하는 어린이를 말한다. 이러한 어린이는 스스로 가치를 소유하고 있고 또 가치를 창출해 내는 어린이이다. 아동은 자발적으로 학습하려는 욕구를 소유하고 있어서 잠재력, 유연성, 성장욕구, 호기심, 지식 습득과 다른 사람과 관계를 맺고 상호작용하는 데 적극적이다. 이러한 욕구를 타고난 그들의 권리로 인정하는 것으로서 교실, 지역사회, 문화와의 조화와 상호교류를 통해 자기완성을 추구하는 활동적이고 유능한 주인공으로 개인적 · 역사적 · 문화적 정체성과 의사소통자로서의 능력과 권리를 갖고 있다고 보고 있다(서영숙 · 서지영, 2002).

말라구찌는 어린이들은 능동적으로 활동하고 생각하는 방법과 의지를 본래 타고났다고 한다. 레지오 에밀리아 참여자들은 윤리적, 가치적으로 보수적이거나 중립적인 입장이기보다는 진보적인 입장에서 선택하고 책임지며 헌신하는 삶을 거쳐왔다. 그것은 정치, 교육, 삶의 장에서 서로 배반하지 않고 일관성을 유지해 왔음을 의미한다. 그래서 그들은 교육을 발전시키기 위해, 보다 나은 사회를 위해 노력하는 국가 및 지역사회와 시민사회와의 관계를 중요시한다. 또한 유아들은 유전적으로 이미 사회화하기, 의사소통하기, 기억하기, 변형하기, 그리고 이해하는 방법을 배우기에 적합하게 타고났다는 것이다(오종숙, 2003).

아동은 의사소통 능력을 가지고 교실, 지역사회, 문화와의 조화와 상호교류를 통해 자기완성을 추구하는 활동적이고 유능한 주인공으로서, 개인적, 역사적, 문화적 정체성과 의사소통자로서 능력과 권리를 가지고 있다(Edward, 1995). 타인, 즉 다른 아동이나 교사, 부모 등과의 의사소통과 관계형성, 물리적 세계와의 관계, 그리고 아동 자신의 역사, 그가 속한 세계의 사회적, 문화적 환경과 관계를 맺고 있는 개체로서의 아동을 강조한다(Rinaldi, 1998).

아동은 성인이 생각하는 것보다 훨씬 더 다양하게, 더 잘 표현할 수 있음을 보여준다. 레지오 접근법에서 아동은 단순히 문자 언어만이 아니라 온갖 종류의 표현적, 대화적, 상징적, 인지적, 윤리적, 은유적, 상상적, 관계적 상징 등 수백 가지의 언어로 자신의 감정과 생각을 탐색하고 표현하도록 허용하는 것을 중요하게 여긴다. 특히 프로젝트를 통해 얻은 정보와 아이디어를 여러 가지 도색 매체를 통해 표현하도록 한다.

유아에 대해 갖고 있는 이미지는 교육철학과 실제의 중심으로 여기며 강하고, 유능하고, 풍부한 유아 이미지를 갖고 있다. 유아를 단순한 욕구권리를 지닌 독특한 주체로 사고하는 존재이며, 유아들은 학습에 적극적이고 즉각적으로 참여하는 능력을 갖고 태어났기 때문에 진지하게 다루어야 하며 유아들의 사고는 들어줄 가치가 있음을 인식하고 함께 탐구해야 한다. 따라서 강하고 유능한 유아 이미지에는 적절한 교육체제에 대한 모든 원리가 들어 있다(김은희, 2004).

그러므로 레지오 에밀리아의 아동은 권리를 가진 존재로서 끊임없이 자신의 정체성을 찾고 독특성과 차이점에 대해 존중받으며, 사회가 부여한 어린이의 권리를 인정받는다. 또한 성인은 유아를 어른의 종속물이나 교육의 대상이 아닌 그 존재 자체로 인정하고 또래 간의 관계와 상호작용을 중요하게 여기며, 상호협력과 협상, 상호교육의 가치를 살리는 활동을 전개하고 유아의 의견을 경청하며 많은 선택의 기회를 주어야 한다. 그래서 아동이 여러 활동에 더 적극적으로 참여할 수 있도록 아동에게 귀를 기울여야 한다.

(2) 참여를 통한 관계의 교육과 커뮤니케이션을 통한 협동

어린이는 개인보다는 서로 관계를 맺고, 모든 대상이 함께 공유하는 공동체 중심의 교육을 지향하도록 지도한다. 여기서 관계란 생태적 관계망 속에서 서로가 서로에게 영향을 주고 양향을 받는 생명력 있게 만들어지는 교육을 의미한다. 물론 참여 및 관계에 따른 갈등도 있을 수 있다. 레지오 에밀리아 접근법에서는 사회인지적 갈등 요인을 학습의 중요한 기제로 보기 때문에 교사는 유아들 간의 갈등을 억제하기보다 발전적 토의나 새로운 학습의 계기로 활용한다.

유아들은 또래뿐만 아니라 유아와 성인 간 그리고 환경적 맥락에서 사회적 상호작용이 이루어질 수 있는 학습상황을 의도적으로 계획하여 제시한다. 유아들은 또래 간 상호작용에 참여하여 상징적, 언어적 의사소통을 통해 서로 간 불일치와 일치를 경험하고, 협상해 나가는 과정에서 유아 자신에 대한 정체감을 강화하고 개인과 또래집단의 자율성을 증진시키며 학교에 대한 자신감과 소속감을 갖게 된다(김창숙, 2009). 상호작용에는 여러 가지 장점이 있다.

첫째, 무엇을 어떻게 묘사할 것인가를 결정, 프로젝트에 참여하는 사람끼리 어떻게 협동하고 생각이 다르면 어떻게 해결할 것인지에 관한 결정 등과 같은 도전할 만한 일에 대한 집중이다.

둘째, 교사, 아동 모두 공동 관심사에 집중되어 있으므로 교사 또한 이 프로젝트에 집중한다. 따라서 레지오 프로젝트는 성인과 어린이뿐만 아니라 어린이 상호간에 대화다운 대화를 할 수 있다(Edwards, 1995). '성공적인 교육의 핵심은 상호호혜, 교환과 대화이다(Forman, 1993)'라는 신념에 기초하여 문제-환경과 문제-해결 경험은 성인들과 유아들 사이에서뿐만 아니라 유아들 간에도 확장된 대화를 할 수 있도록 알맞은 맥락을 제공한다(Kate, 1993). 이러한 맥락 안에서 유아들은 협력과 의사교환이 보다 자주 일어나며 보다 자극을 제공해 주고 보다 쉽게 일어나게 해준다.

따라서 유아들이 스스로 혹은 친구들과 함께 습득한 지식은, 교사로 하여금 교육적 전략과 과정의 근거로 삼고 있는 생각과 행동의 조직에 중요한 역할을 하게 된다. 이러한 과정들은 유아 혼자서 작업해서는 이룰 수 없는 문제해결을 하도록 해준다(Malaguzzi, 1993). 또래 간의 상이한 견해를 서로 접하게 함으로 해서 사회인지적 갈등을 야기시키기 위하여 공동 작업을 많이 장려하고 공동의 문제해결 상황을 의도적으로 제시하기도 한다. 또래 간뿐만 아니라 성인과 아동 간의 사회적 상호작용을 매우 중요한 학습수단으로 보며, 그 상황에서 성인의 역할은 지식의 일방적 전달자가 아니고 아동의 근접발달영역 내에서 비계설정(Scaffolding)을 통해 지원하는 것이다.

특히, 의사전달이라는 맥락에서 상호작용을 하도록 설정함으로 해서, 타인의 관점을 인식하고 새로운 관점에서 현상을 보게 되며, 자신의 이론을 상대방에게 알리는 과정에서 다시 한 번 자신의 사고를 재고찰해 보도록 하여 논리의 일관성을 추구하도록 자극하고자 한다(김현지, 2001).

(3) 프로젝트 수업활동

프로젝트 접근법이란 전인교육의 목적 아래 통합적 교육과정 맥락에서 교사중심이 아닌 아동중심의 듀이의 진보주의 철학을 바탕으로 한 카츠와 차드(1989)에 의해 아동교육계에 소개된 교육방법이다. 이 방법은 교사의 지도하에 개별 유아, 소집단 유아, 또는 학급 전체가 수행하는 주제에 대한 철저하고 심도 깊은 연구이며, 일상생활을 통해서 배워 나가는 것이다. 다시 말하면, 프로젝트란 어떤 것에 대하여 더 많은 것을 배울 만한 가치가 있는 주제를 심층적으로 연구 조사하는 것을 말한다.

레지오 에밀리아 접근법에서도 프로젝트를 '투영하다'는 동사어로 보면서 유아와 활동하는 방식뿐만 아니라 협력해서 토의하고, 연구하고, 각자의 의견을 표현하고, 민주적인 방식으로 결정한다는 넓은 의미로 사용하며 카츠와 차드가 정의한 바와 유사하게 '소주제 또는 topic을 중심으로 아동들의 심도 있는 연구활동을 하는 것'을 뜻한다.

프로젝트의 주제는 우연한 사건이나 아이디어로부터 포착되어 시작되기도 하고 한 명 또는 몇 명이 제안한 문제에서 시작되기도 하며 교사가 직접적으로 주도하는 경험으로부터 시작되기도 한다(Hendrick, 1990). 주제 선정은 아동과 교사의 상호

협상에 의해서 이루어진다. 즉, 아동이 주제를 제시한 경우 교사가 교사 회의를 통해 프로젝트의 주제로 적합한지 여부를 판단하여 결정을 한다. 반대로 교사가 쌓아온 경험 및 아동 관찰에 의해 잠정적으로 주제를 선정한 후 아동들에게 제시해 본 후 아동들이 흥미 있어 하는지 계속 추진할 것이지 여부를 결정한다.

이러한 프로젝트가 성공적으로 이루어지기 위해서 집단의 구성은 인지적 학습과정의 극대화를 위해 한 학급 전체 아동이 아닌 5명 정도의 소집단 구성이 바람직하며 이러한 집단 형성이 학습과 아이디어의 교환을 극대화시킨다고 한다(Edwards, Gandani & Forman, 1996).

그 기간은 6주에서 8주까지 다양하고, 아동들의 관심이 지속되는 한도에 따라 기간이 정해진다. 최근 들어 프로젝트의 개념을 확대시켜, 레지오 교육자들은 짧게는 2시간 정도라 해도 아동의 집중적인 탐색이 한 주제를 중심으로 행해진 경우를 모두 프로젝트 또는 미니 스토리라고 말하고 있다.

(4) 발현적 교육과정(Emergent Curriculum)

레지오 에밀리아 교육과정은 발현적 교육을 중시하는 것으로서, 발현적 교육과정이란 과거 아동이 가지고 있는 대상에 대해 아동이 열정을 가지고 계획하고 자료를 수집하여 새로운 경험을 하는 과정을 말한다.

따라서 레지오 에밀리아 교육에서는 교사가 일반적 교육의 목표는 세우지만 세부목표는 미리 세우지 않고 과거의 경험과 유아에 대해 알고 있는 것을 기초로 가설을 세우고, 유아의 욕구와 흥미에 적응할 수 있는 융통성 있는 목표를 세움으로써 유아의 욕구에 따른 표현을 유발시키는 발현적 교육과정을 실시한다. 발현적 교육과정은 계획 또는 결과에 대한 것이라고 단정할 수 있는 성질의 것이 아니라 교사가 특정 학습자를 특정 장소에서 특정 시간에 반응적이 되도록 요구하는 계획의 과정이다(Nimmo, 1995).

발현적 교육과정을 운영하기 위해서는 프로젝트 활동의 진행 및 특성에 있어 융통성 있게 구성해 나가야 한다. 프로젝트 활동의 진행과정 동안 유아 간 혹은 교사-유아 간에 이루어지는 끊임없는 대화에 따라 프로젝트의 방향이 달라질 수 있기 때문이다. 그러므로 교사는 프로젝트가 진행될 방향에 대한 가설을 세움으로써 적절한 준비를 하고, 활동 속에서 유아들을 관찰한 후에 그 관찰을 동료와 함께 비교, 토의하고 해석한 다음, 탐색과 학습을 위한 방법과 제안할 내용을 유아들과 공유하여 선택을 해야 한다(Gandini, 1993).

리날디(Rinaldi, 1998)는 학습은 누적적이며 예상 가능한 단계에 따라 순차적, 한정적 또는 결정론적으로 진행되는 것이 아니라, 오히려 다방면으로의 전진, 정체, 그리고 퇴보가 동시에 일어나면서 생성된다고 한다. 사람들은 다른 사람들이 가지고 있는 가설과 이론들을 접하고 또 다른 사람과 갈등을 겪으면서 사고가 풍요로워지고, 다른 한편으로 자신의 생각을 확인하고 부인하기도 하는 연속적 상황을 거치면서 그 과정에 참여한 사람들의 정체성을 구성함으로 해서 발전한다(Rinaldi, 1998). 이 과정에서 일어나는 문제와 갈등을 통해 아이들은 새로운 가설을 세우고, 실행하며 검증하는 방법을 통해 이론을 끊임없이 수정하고 자신들만의 새로운 이론을 만들어 낸다.

(5) 상징화 주기(Cycles of Symbolization)

인간은 상징과 표상이 있음으로 인하여 기억, 회상, 문제해결, 추론이 가능해지고 이에 능동적으로 된다. 유아가 어떤 것을 안 것 혹은 이해한다는 것을 표현하면 더 명료화된다. 즉, 직관적인 사고가 의식적인 사고가 되기 위해서는 상징이나 표상으로 나타내어야 한다. 한 가지 상징체계로 표상할 때 나타나지 않는 개념도 다상징적 매체를 이용하면 쉽게 나타낼 수 있다. 특히 다양한 매체가 반성적 사고과정에 이용되면 이해의 수준을 넓고 깊게 할 수 있다(성숙향, 2003).

프로젝트가 전개되면 유아는 학습과정 속에서 한 가지 상황이나 개념을 언어로 토의하고 그림으로 그리고 탐색한 후 그 탐색을 바탕으로 다시 그리고 대상물을 복사하여 가상의 모형(simulate)을 만든다. 이와 같은 과정을 통해 유아는 자신의 초기 가설과 아이디어를 표상한다. 일차적으로 표상한 것을 실제 장면을 재방문하여 재표상한다. 이렇게 하여 거듭 표상과정을 거치는 데 이런 과정을 포만(Forman, 1996)은 '상징화 주기(Cycles of Symbolization)'라는 개념을 사용하였다.

이 사이클이라는 의미에는 반복의 의미가 들어 있지만 그 반복이 동일한 과정과 절차를 거치는 단순 반복이 아니라 매체를 바꾸어 보기도 하고, 새로운 시각에서 보기도 하며, 새로운 맥락에서 유아들이 동일한 현상이나 개념을 다루어 보는 것이다(오문자, 1996). 이 개념은 반성적 사고능력을 향상시키기 위한 교수전략으로 유아들이 현재의 가정, 아이디어, 이론을 그림으로 그리고 다시 그리게 하여 깊이 생각하는 능력을 향상시킨다는 데 의미가 있다.

(6) 표상을 통한 학습

레지오 에밀리아의 교육법에서 표상활동은 매우 중요하다. 표상은 아직 언어가 완전히 발달하지 않는 유아들에게 효과적인 사고의 수단이 되며, 그들의 이해의 정도를 객관적으로 가늠할 수 있는 잣대가 된다. 표상은 또 가시화될 수 있기 때문에 객관화, 반복, 반성이 가능하여 학습내용을 교사가 탐색할 수 있다. 특히 객관화의 과정에서 타자들과 표상에 대해 합의, 소통할 수 있다는 점에서도 유용하다. 레지오 교사들은 아동이 자신의 생각을 다른 사람이 이해할 수 있도록 표현하는 의사소통적 맥락의 표상활동을 강조한다. 여러 프로젝트에서 공통적으로 사용하는 방법으로 교사는 아동들이 이해한 것을 잘 모르는 학습의 다른 아동에게 발표하거나 어린 아동을 위한 사용지침서를 만드는 단계를 반드시 포함시킨다.

레지오 에밀리아 학교에서 사용한 상징적 표상은 학습과정의 한 부분으로 사고를 구성해 가는 중요한 요소이다. 자신의 경험을 반성하고 해석하며, 기억력을 일깨우거나 다른 사람의 아이디어를 나누기 위해 사용된다. 의사소통을 위한 표상은 다른 사람이 잘 이해할 수 있는 상징을 사용해야 한다. 포만(1996)은 한 가지 주제나 개념의 이해를 위해서 다양한 매체를 사용하여 표상, 재표상하여 다양하게 표상한다면 각 매체의 서로 다른 인지 조직적 특성이 통합, 축적되어서 결국 주제에 대한 학습이 심화될 수 있다고 하였다.

레지오 교육에서 표상의 개념은 말로 생각과 느낌을 표현하는 언어적 표상, 사인펜, 연필 등을 이용해 그림을 그리고, 종이, 나무 구성물과 점토로 조각을 해 보는 도식적 표상, 제스처를 사용하는 신체표상, 또는 음악적으로 극화적 표상 등을 모두 포함한다. 이처럼 다양한 상징을 이용한 표상을 통해 아동들의 특정 개념에 대한 이해를 심화시키고자 한다. 즉, 표상을 학습의 도구로 사용한다. 특히 도식적 표상은 유아들이 자신의 그림이나 다른 유아의 그림을 읽는다고 말한다. 도식적 표상을 통해 현재 유아가 하고 있는 활동이나 주제에 대한 이해의 정도, 전 단계를 어떻게 이용하는지 알 수 있고 이것은 그리고, 가정, 설정, 토론, 토의의 기호가 되어 다음 단계의 조사와 지식을 심화시키는 자료가 된다(성숙향, 2003).

(7) 기록 작업(Documentation)

레지오 에밀리아 접근법에서의 기록은 연구목적을 위한 관찰기록과는 다르다. 기록작업은 대안평가의 한 방법으로, 기록을 통해서 유아를 평가하는 것이다. 즉, 기록화란 유아들의 활동에 관한 모든 과정을 기록으로 남기는 과정과 유아행동의 결과로써 작품 두 가지 측면 모두를 의미한다(김희진 · 오문자, 1996).

다큐멘테이션은 어린이들의 활동의 전 과정을 다양한 기록으로 남긴다. 비디오, 슬라이드, 전사된 녹음기 등의 모든 다큐멘터리 조각들은 어린이들이 과정을 해석하고 이 과정에 어린이들이 부여하는 의미, 그들의 상징과 상징체계를 개인적으로 확장시키는 과정을 이해하는 데 근간이 된다. 다큐멘테이션된 프로젝트는 어린이들의 사고, 이론, 흥미와 관심 등이 녹아들어 있다. 관찰하고 기록한 것에 대한 해석들은 교사들이 어린이들과 함께 일하는 데 중요할 뿐만 아니라 부모들을 위해서도 중요하다. 이 같은 시각에서 본 다큐멘테이션은 가족 참여에 새롭고 색다른 의미를 부여하여 가족 참여가 늘어나고 그 질이 향상되도록 해 준다(Rinaldi, 2002). 기록작업이 유아교육의 질 향상에 기여하는 바를 네 가지 측면으로 생각해 볼 수 있다(Kate & Chard, 1989).

첫째, 기록 작업은 유아들이 말과 행동에 대한 구체적이고 가시적인 기억을 함으로써 자신과 타인의 느낌과 사고를 재방문 · 재수정 · 재고찰함으로써 다음 학습을 위한 출발점이 되고 심화학습이 된다.

둘째, 교사들은 기록한 자료를 토대로 유아들을 보다 더 잘 이해할 수 있고, 다른 교사들과 함께 활동을 확장하여 이후 방향의 결정을 위해 분석하고 토의한다.

셋째, 기록을 통해 부모들은 유아에 대한 정보와 유치원 교육과정의 목표를 인식하고 교사들을 신뢰하고 존중하게 될 뿐만 아니라 교육활동에 부모를 적극적으로 참여시키는 수단이 된다.

넷째, 기록화는 그것이 수행되는 발현적 교육과정으로 인한 유아의 관심과 흥미 정도에 따라 유아에게 많은 자율성을 준다(신현자, 2000).

이처럼 기록화는 대안평가의 한 방법으로, 기록을 통해서 유아를 평가하는 것이다. 기록화 활동이 유아교육의 질 향상에 기여하는 바를 네 가지 측면으로 나누어 본 결과, 기록화가 유아, 교사, 부모, 교육과정에 모두 효과적임을 알 수 있다. 즉, 기록화는 유아들의 심화학습을 조장해 주고, 교사는 유아에 대한 깊은 이해가 가능하고 자신의 교수전략의 반성적 평가에 도움을 준다고 하였다. 또한 부모에게는 유아에 대한 폭넓은 이해가 가능하고 발현적 교육과정의 계획과 평가를 가능하게 한다고 효과를 밝히고 있다. 레지오 에밀리아 접근법에서 모든 기록은 기록으로 끝나지 않고 전시로 이어진다.

4) 레지오 에밀리아 접근법에서의 교사의 역할

레지오 접근법에서 교사는 학습자, 협동자, 연구자, 청취자, 활성자, 모델 등 여러 역할을 한다(Edwards, 1993). 서지영과 서영숙(2002)은 레지오 접근법을 적용하는 영유아 보육 및 교육기관 교사가 수행해야 할 역할을 다음과 같이 정리하고 있다.

(1) 안정감을 주는 친근한 교사

영유아를 위한 보육 · 교육기관은 아동과 애착관계를 형성하고 가족적인 안정성을 유지하는 것이 매우 중요하다. 즉, 유아교육기관과 교사는 가정생활이 주는 중요한 이점과 특징을 살리면서 아동과 친밀해야 하고 지속적으로 전문가 역할과 기관의 규칙, 제한과 기준을 지켜서 조화를 이루게 해야 한다. 한 기관에서 한 선생님과 같이 지내는 것은 친밀성과 지속성에 대한 요구를 채울 수 있다.

교사는 개별 아동의 특성, 요구, 흥미를 상세히 조사, 관찰, 기록하여 매주 교사 토론에서 상세한 정보를 나누기도 하고, 부모 참여를 중요하게 여겨 기관과 가족의 연결을 강화해야 한다. 이것은 유아교육기관에서만 끝나는 것이 아니라 지역사회와 연결하여 지역사회의 재정 지원을 통해 가족관계의 장점을 살릴 수 있는 교육이 현실적으로 이루어지게 해야 한다. 또한 아동을 격려하고 보호함으로써 아동을 지역사회의 일꾼으로 키워야 한다.

(2) 동기를 유발하는 교사

교사는 연구와 학습의 흥미를 자극하는 환경을 만들고, 아동이 이미 갖고 있는 학습의 능력을 바탕으로 더 나아가게 격려해야 한다. 교사나 성인은 아동과 상호작용 방식에 따라 아동의 동기유발과 학습에 영향을 준다. 아동은 교사와의 상호작용을 통해 가능성의 범위가 넓어질수록 강하게 동기화되고 더욱 풍부한 경험을 하게 된다. 따라서 교사는 아동을 위해 가능성의 범위를 확장시켜 주어야 한다. 교사는 질문하고, 제안하고, 증명해 보여 주고, 자극적인 상황을 만들어 아동의 호기심을 불러일으키며 생각을 격려하는 역할을 해야 한다.

(3) 함께 감탄하고 탐구 · 표현하는 교사

프로젝트에서 사태가 어떻게 전개될지는 아무도 정확하게 모른다. 모든 참여자가 다 그 방향과 시간에 영향을 미치는 사회적 구조 속에서 협력하며 탐색해 간다. 이런 구조에서는 마치 탐정이 사용하는 것과 비슷한 연역적 방법을 사용하는데, 여기서 "의문"과 "감탄"이 환영받는 요소이다(Filippini, 1993; Rinaldi, 1992). 즉, 집단토론과 활동으로 이어지는 일종의 지적 스파이크를 일으키는 것이다. 아동의 놀이

상황에서 참여와 의사소통은 교사의 도움 없이도 일어나지만 교사가 그런 상황을 놓치지 않는 것이 중요하다. 교사는 아동의 대화, 공동 활동, 지식의 공동 건설을 자극하고 촉진하는 것을 통해 발견의 기회를 제공하는 것이다. 이것은 아동과 함께 활동에 참여하는 과정에서 잘 일어난다.

(4) 지식을 빌려주는 자원이 되는 교사

교사와 부모는 아동이 원할 때 도와줄 수 있는 자원이 된다. 자원 인사는 단지 질문에 답해 주는 것이 아니라 아동이 해답을 찾도록 도와주고, 더욱 중요한 것은 아동 스스로 좋은 질문을 생각해 낼 수 있도록 돕는 것이다(Rinaldi, 1993). 그러므로 레지오의 교사들은 아동이 가진 경험이나 생각과는 다른 경험이나 생각, 풀어야 할 문제 등을 아동에게 제공하는 역할을 중요하게 생각한다. 소위 비고츠키가 말하는 근접발달영역(ZPD), 즉 가능한 실제의 발달수준과 잠재적 발달수준 사이의 영역은 성인과 아동 간의 상호작용과 협력을 위한 풍부한 가능성을 시사한다.

근접발달영역 이론이 성인중심적이고 교수중심적인 과거의 관점으로 퇴행시킬 우려도 있다. 그러나 말라구찌는 아동이 "도약"할 수 있는 기대와 준비를 하고 있음을 보일 때 성인의 역할은 중요하다(Malaguzzi, 1993)고 보며, 그런 상황에서 성인은 아동에게 그의 판단과 지식을 빌려줄 수 있고 또 그렇게 해야 한다고 주장한다. 그러나 이것은 조건이 있는 대여, 즉 아동이 다시 갚을 것이라는 조건을 전제로 한 대여이다. 이런 대여를 통해 아동은 즉각적으로 되돌려 주고 풍부해지며 더욱 정교하게 성장한다(Rinaldi, 1993b).

(5) 반응적 경청을 하고, 기다리고, 적절하게 개입하는 교사

지적 발견은 근본적으로 사회적 과정이라고 본다. 그러므로 교사는 아주 어린 아동도 남의 말을 듣고, 타인의 목적과 아이디어를 고려하고 타인과 성공적으로 의사소통하는 것을 배우도록 도와주어야 한다. 교사는 아동에게 필요한 시간을 주는 방법을 알아야 한다. 개인을 고립시키지 않고도 창의력과 주관성을 보호해 주고 소집단의 일원으로 문제에 직면하고 해결할 수 있는 기회를 주어야 한다. 아동이 자신들의 방식대로 사고하도록 지원해 주기 위해 교사는 주의 깊게 듣고, 기다리고, 적절하게 개입해야 한다. 아동의 몸짓과 언어에 더욱 주의를 기울이고 그것의 의미를 해석하는 능력을 키워야 아동의 활동에 더 잘 피드백 하도록 자신을 조절할 수 있다.

레지오의 교사는 아이들을 주의 깊게 관찰하고 그들의 대화를 경청하여 어떻게 활동을 계획하고 진행할 것인가에 대한 근거자료로 활용한다. 즉, 교사는 아동의 생각, 가설, 이를 발견하고 기록하고 그것을 근거로 토의한 다음 융통성 있는 계획과 준비를 한다. 레지오의 교사들은 아동이 말하는 것을 듣고, 다시 듣고 또 아동이나 동료, 학부모와 나누기 위해 녹음기를 사용하여 아동의 대화를 녹음하기도 한다.

교사는 아동의 사고와 활동을 지원하기 위해 집단 토의시간에 초점이 될 수 있는 개별 아동의 아이디어를 물색하고, 아동으로 하여금 자기가 한 일, 생각한 것, 결정한 것을 기억하도록 돕고, 아동에게 아이디어와 정보를 제공하고, 아동들이 사회적, 인지적 과정을 계속해 나가도록 중재하며, 아동의 질문이 형성되도록 돕고, 어떤 질문에 가치를 부여하고 주의 집중을 하도록 영향을 미치는 등 동시에 많은 역할을 한다(Rankin, 1997). 교사는 아동에게 어떤 생각을 제시하거나 습관을 형성시키기 위해 학교에 있는 것이 아니라, 지역사회의 한 일원으로서 아동에게 영향을 줄 수 있는 것을 선택하고 아동이 그 영향에 적절하게 반응하도록 돕는 반응적 관찰자로서의 교사의 역할을 해야 하는 것이다(Dewey, 1956).

(6) 아동의 활동을 기록하고 전시하는 교사

레지오의 교사는 학습을 나선형과정으로 보고 아동이 경험한 내용을 발견하고 재방문할 기회를 가지도록 제안하고 그들 학습과정의 파트너로 인식한다. 교사들은 탐색한 내용을 아동 활동에 연결시켜 지도할 뿐 아니라 기록과 전시를 통해 아동에게는 물론, 교실 밖의 사람들에게 전달하는 역할도 한다. 기록과 전시가 주는 교육적 효과를 살펴보면 다음과 같다.

첫째, 기록화는 유아에게 자신의 감정 및 아이디어가 의미 있는 것임을 인식하게 하고 긍정적 확신감을 갖도록 하는 역할을 한다(Edwards, 1993). 유아 간의 상호작용을 촉진시킬 뿐만 아니라 다른 유아와의 협력도 가능하게 해 주고, 유아에게 지난번의 경험을 다시 제공함으로써 경험의 재발견을 통한 지식의 재구성 자료가 되기도 한다.

둘째, 기록은 교사와 부모의 유대관계에 긍정적 영향을 주고, 교사 간 의견교환의 촉매제 역할도 한다(Malagguzi, 1993; 박정옥, 1998). 기록은 반영적 사고뿐만 아니라 유아들의 발달상황이나 학습 진전을 평가할 수 있는 평가도구도 될 수 있다(Helm, Beneke, & Steinh, 1998). 교사에게는 연구자로서 자세를 갖고 유아들의 사고에 관해 알아보는 방법으로 활용, 향후 프로젝트 및 교육활동 고안의 자료가 된다.

셋째, 부모에게 유아와 교사와의 의사소통에 있어서 효과적인 방법을 제시하고, 프로젝트 활동에 부모를 참여시키는 수단이 된다.

넷째, 기관의 방문객들에게 기관의 교육방법을 알리고 피드백을 받을 수 있는 의견 교환의 방법이 된다.

다섯째, 기록의 전시는 유아교육기관의 모든 벽에 유아와 교사가 창출해 낸 것을 영구적 또는 단기적으로 전시하는 장소로 사용한다. 유아들의 작품 옆에는 항상 유아들이 작업하는 사진, 의견, 질문을 글로 옮긴 것 등이 함께 전시되게 한다. 이러한 전시는 프로젝트의 주제가 교실 전체에 스며들게 할 뿐 아니라 부모나 다른 교사에게 알리는 데도 도움이 된다.

(7) 연구하고 발전하는 교사

레지오의 교사들은 교육과정 계획과 교사발전을 위해 매일 학급에서 실시되고 있는 활동에 대한 체계적인 연구를 한다(Edwards, 1993; Malaguzzi, 1993a). 아동들 사이에서 어떤 프로젝트에 대한 흥미가 떠오르면 그 프로젝트를 어떻게 전개시켜 가야 할 것인지, 그 프로젝트와 관련된 아동의 사전경험은 어떤 것이 있는지, 아동들의 표현활동은 그들의 사고와 어떻게 연결되어 있는지, 아동이 사물이나 사건에 대해 세우고 있는 그들 나름의 가설은 무엇이며, 그것을 어떻게 드러내는지 등 교사들의 연구주제란 끝이 없다. 교사들은 이런 질문들을 혼자서 연구하는 것이 아니라 같은 반 동료교사나 기관에서 같이 근무하는 교사, 장학사, 장학관, 부모들과 더불어 같이 고민하여 의사결정을 내린다.

교사의 전문가로서의 성장은 자기 스스로의 노력에 의해서도 이루어지겠지만, 동료나 부모들과의 대화와 토론, 아동과의 생활을 통해서 더욱 풍성해진다(Malaguzzi, 1993; Rinaldi, 1994). 그러므로 현장에서 아동과 생활하며 선배 교사와의 교류를 통해 전문성을 성장시켜 가는 현장교육을 중요하게 여긴다.

(8) 동료 교직원과 협동하는 본이 되는 교사

레지오 에밀리아 학교에서는 원장이 없으며 주교사와 보조교사의 차이가 없이 교사 간의 공동 작업을 통해 기관이 운영된다. 교실에서 공동 담임교사 간의 협동이 있는가 하면, 교사와 아동 간의 협동, 기관 전체 교직원과의 협동, 그리고 부모나 지역사회와의 협력 등을 생각할 수 있다. 그들은 교육과정 계획단계에서부터 문제나 위험부담에 대해 충분히 의견을 나누고, 실수도 함께 해결하며, 상호 협력하여 노력한 결과도 공유한다. 이런 교사의 협동행위는 개방적으로 토론하는 의사소통의 분위기를 만드는 데 기여한다. 또한 아동은 교사들이 어떻게 협동하며 작업하고, 토론하고, 연구하는지를 보면서 배운다. 협동은 레지오 접근법의 특징적인 요소이다.

(9) 정치적 활동에 참여하는 교사

레지오의 교사들은 일반적인 교사역할 외에도 공립 유아교육 · 보육을 위한 정치적 활동에 참여한다(Edwards, 1993). 정치적 활동이란 학교운영 자문위원회나 학교조정위원회에 참석하여 교육 프로그램이나 재정, 정책 등에 대한 발언을 하는 것을 비롯하여 지역사회의 모임이나 행사에 참여하여 아동의 권리를 옹호하고 발전시킬 수 있는 발언이나 행동을 하는 것 등을 의미한다.

(10) 다양한 매체를 제공해 주는 자원을 재활용하는 교사

자원재활용이나 재활용센터의 중요한 목적은 버리는 물건, 불완전한 상품, 쓸모없는 물건을 활용하여, 이런 물건들이 커뮤니케이션과 창의성에 새로운 가능성을 준다는 생각을 북돋우고자 하는 것이다. 어린이는 같은 개념을 다른 매체로 표상할 때 더 깊이 있게 배운다.

각 매체들은 각기 다른 유용성을 가지고 있으며, 매체마다 다른 유용성으로 인해 특별한 시각을 야기시키고, 쉽게 사용할 수 없는 매체와 타협하는 것을 배우게 하며, 기본 단위 방식, 시간의 지속성, 피드백의 양과 같은 매체의 여러 양상들이 아동의 표상적 관점에 영향을 미친다(Forman, 1994). 그리고 자원재활용을 통해 자연에 대한 존중은 물론, 유치원과 어린이집이 지역사회에 갖는 의미, 사회가 유아를, 유아가 사회를 어떤 존재로 보는가 하는 새로운 지역사회와의 관계를 형성하는 계기가 된다(서영숙, 1998).

(11) 다양한 시청각 기자재를 활용하는 교사

공간꾸미기와 더불어 레지오에서는 집기류나 시청각 기자재를 갖추는 작업도 이루어진다. 삼각거울, 라이트테이블, 다양한 모양의 선반 등이 있고, 조명등, OHP, 환등기 등의 시청각 기자재와 스캐너 등 컴퓨터 관련 제품도 활용된다. 이 모든 것은 더 많은 사회적 상호작용을 이끌어 내고 더 다양한 표상작업이 이루어질 수 있도록 교구 교재를 갖추는 것이며, 프로젝트 과정에서 순환이 더 잘 이루어지도록 전시를 효과적으로 하기 위한 도구를 갖추는 것이다. 그리하여 교실은 더욱 매력적으로 변하고 그 속의 아동과 교사는 점차 자극을 받아 새로운 환경과 활동에 관심이 끌리게 된다.

4 발도르프 프로그램

1) 시대적 배경

발도르프 교육철학은 제1차 세계대전으로 인한 사회적 · 경제적 혼돈 속에서 독일의 교육사상가인 슈타이너(Steiner)의 인지학적 관점을 바탕으로 정립된 것이며, 1919년에 남부 독일 슈투트가르트에서 발도르프 아스토리아 담배공장 노동자들의 자녀들을 위해 처음 학교를 세우고 발도르프 교육철학을 실천할 수 있는 교육의 장이 마련되었다. 발도르프 교육철학은 인간을 그 중심에 두고 인간의 신체, 영혼, 정신의 건강한 발달을 추구한다.

슈타이너는 발도르프교육을 통하여 학령기에 있는 7세부터 21세까지의 교육대상자에게 육체와 정신이 조화롭게 성장할 수 있도록 돕고자 했다. 보편적인 발달단계에 맞는 교육내용과 개별적인 아이의 발달특성에 근거한 개별화교육이 함께 이루어진다. 교육계획과 교수법은 아이의 발달상태에 맞추어져 있으며 이는 담임교사의 통찰과 노력이 끊임없이 요구되는 일이기도 하다. 슈타이너가 성장하고 진화하는 존재로서 인간의 본성을 중시하는 그의 인지학을 바탕으로 만든 교육모델인 발도르프교육은, 산업시대의 물질만능주의와 인간소외와 상실의 문제, 학습자의 가치와 자율성 및 삶을 소외시키는 지식과 결과 위주의 학교교육의 문제를 극복하기 위함이었으며 인지학에 기초한 것으로 20세기 아동중심교육의 하나로 시작되어 현재까지도 전 세계에 대안교육으로서 성장해 오고 있으며, 슈타이너의 정신이 실천되고 연구되고 있다. 발도르프교육의 특징은 남녀공학, 에포크수업, 전인교육, 성적이 없는 성적표, 교과서 없는 수업, 외국어 수업의 발달, 자치 행정 등이 있다. 루돌프 슈타이너는 레알슐레에 다니던 시기에 칸트(Kant)의 순수이성비판에 흥미를 느꼈다. 그러나 그는 칸트의 의견에 반대하며 '사고와 경험은 끊임없이 발달할 수 있는 것'이라는 생각을 가졌다. 대학 진학 이후 그는 피히테(Fichte), 셸링

(Schelling), 헤겔 등의 책을 탐독했고, 당시 문학을 가르쳤던 슈레어 교수의 영향을 받아 정신세계와 물질세계 사이의 관계를 새롭게 바라보게 되었다(정윤경, 2004). 이는 발도르프교육학에 적용되었는데, 그는 당시의 학교교육이 가시적인 물질세계에만 매달리고 있는 것을 비판하며 가시적인 물질세계와 비가시적인 물질세계를 연계하려고 노력했다(정윤경, 2004).

이 외에 슈타이너는 쉴러(Schiller)의 저서 『인간의 미적 교육에 대한 편지』와 괴테(Goethe)의 자연과학에 관한 글 등의 영향을 받았다. 슈타이너는 교육이란 인간 본성에 대한 올바른 인식에서 출발해야 한다고 강조하였고, 인간의 본질을 이해하기 위한 여러 가지 개념을 제시하였다. 슈타이너는 인간을 신체(body), 영혼(soul), 정신(sprit)의 세 가지 요소의 통합체라고 하였을 뿐 아니라 전체적인 인간의 발달과정을 설명하기 위하여 인간을 외형체(physischerleib), 생명체(etherleib), 자아체(ichleib)라는 세 가지 구성체로 설명하였다. 슈타이너는 현대의 물질 위주의 사고로는 대상을 제대로 파악할 수 없다고 하였다. 인간의 신체적인 특성도 영혼적이고, 정신적인 부분의 특성이 반영된 결과라고 말한다. 현대사회의 교육을 바라볼 때, 교육의 진정성 및 방법론, 교육철학에 대한 갈등은 늘 존재하며 교육적 가치와 실천방법 및 결과에 대해 끝나지 않는 문제의식은 지속적인 과제로 이어지고 있다.

2) 발도르프교육에서의 환경구성의 기본원리

발도르프 유아교육기관의 환경구성은 발도르프 교육학을 기본으로 되어져야 하며, 그에 근거한 구체적인 원리가 실제적인 환경에도 담겨져 있어야 한다. 발도르프교육 공간은 인간발달에 맞춰 정서적, 신체적, 영혼적 발달에 따라 조성됨을 볼 수 있으며 어린이를 보호하는 환경, 어린이가 스스로 만들어 가는 환경, 질서와 조화, 자유로운 놀잇감, 자연과 계절에 어우러지는 삶의 공간 등의 다섯 가지를 도출할 수 있다(윤선영, 2010).

슈타이너의 인지학적 이념이 드러나는 환경은 발도르프 학교 건물에서부터 찾아볼 수 있다. 발도르프 유치원과 학교의 건물은 각이 없는 곡선으로 이루어진 것을 특징으로 지붕, 교실, 복도, 모두 곡선으로 되어 있다. 발도르프 유치원의 실외 놀이터에는 모래밭과 조그만 놀이집, 나무가 있을 뿐, 유치원에 반드시 있어야 한다고 알고 있는 미끄럼틀, 정글짐 등이 없는 곳도 많다(곽노의, 1997). 이러한 물리적 공간의 특성은 어린이들이 최대한 자연과 가까운 곳에서 교육받을 수 있도록 설계된 것이다.

발도르프 유치원의 실내 역시 안정과 자연스러움을 추구한다. 유치원의 실내는 목재로 되어 있어 자연스러움과 부드러움, 편안한 분위기를 느낄 수 있고, 환경을 구성하는 기본재료는 자연에서 온 재료들이다. 각 계절에 맞는 자연물로 환경을 구성하여 유아가 도시나 밀폐된 주거환경에서 사계절 리듬을 직접 경험하지 못하는 것을 유치원에서 느낄 수 있도록 고려하여 환경을 구성한 것이다(김정임, 2006). 특히 슈타이너는 환경을 구성하는 데 있어 색채에 관한 것을 중요하게 생각하였다(Steiner, 2008). 지나치게 화려한 색은 자극적일 수도 있고 회색이나 갈색은 음울하게 만들 수 있기 때문에, 교실의 벽은 문양이 없고 단순하고 은은한 색을 권장한다. 따라서 발도르프 유치원에서는 분홍색 벽지와 커튼의 색을 추천한다. 아이들이 태어나기 전에 태반이 분홍색이기에 유아들은 분홍색에 안정감을 느낄 수 있기 때문이다(김유라, 2014).

① 어린이들이 자신의 신체기관을 만드는 데 도움을 주는 환경

슈타이너는 '어린이는 온전한 감각기관'이라 했다(Sassmannshausen, 2003). 이는 주변 환경이 어린이의 성장발육에 직접적인 영향을 미치고 있음을 의미한다. 예를 들어, 주변의 모든 색, 조명, 형태, 재질 등은 감각적으로 어린이들의 신체형성에 영향을 미친다. 색깔은 어린이들의 신체형성을 촉진하거나, 영혼의 상태에까지 영향을 미친다. 벽의 색깔은 생명력을 활성화하는 색깔이 좋으며, 옷의 색깔은 소극적인 어린이의 경우 녹색을, 활동적인 어린이는 붉은 색깔로 입혀 보색의 영향에 따른 영혼의 상태를 고려한다(Steiner, 1992). 그래서 만일 교실분위기가 항상 산만하다면, 작은 무늬들이나 장식이 너무 많거나, 녹색이 너무 많지는 않은지 살펴볼 필요가 있다(윤선영 2010). 재질은 자연물과 같이 영유아의 유기체 형성에 좋은 자극을 주는 것이어야 한다.

흔히 발도로프교육은 '자연친화적'이라 자연물만 제공한다고 생각하기 쉽지만, 사실은 그 자연물이 무엇인가를 규정하지 않기에 어린이들이 자유자재로 사용할 수 있다는 점이 어린이가 스스로를 만들어가는 자연친화적 세상으로 볼 수 있다. 또한 다양한 색, 재질, 크기의 천연 직물도 어린이들이 마음껏 무엇인가 만들어 볼 수 있는 놀잇감으로서 일차적인 자연물과 같은 효과를 지닌다(윤선영, 2010).

② 질서 있는 환경

발도르프 유아교육학에서는 심리학적 관점에서 어린이가 '세상은 항상 정돈되어 있다'는 신뢰감을 갖는 환경이 필요하다고 본다(Sassmanshausen, 2008). 영유아기 어린이들은 세상에 대하여 거리감을 가지고 지적으로 기억하고 이해하며 대하지 않고, 세상과 직접적인 관계 속에서 놀이에 대한 강한 의지로 접하고 있다. 그래서 놀잇감들은 늘 제자리에 있어야 하고, 그렇지 않을 때에는 당황스러워 한다. 심지어 자기가 찾는 놀잇감이 바로 옆에 있는데도 없다고 말을 하곤 한다.

영유아들의 교실 안의 모든 물건들은 제자리를 가지고 항상 거기에 놓여 있어야 한다. 이러한 공간적 질서는 어린이들로 하여금 놀이에 대한 충동을 항상 새롭게 불러일으키고 세상에 대한 안정감을 형성해 준다(윤선영, 2010).

③ 자연과 계절의 흐름에 어우러지는 삶의 공간

발도르프 유아교육기관에서는 영유아가 인위적인 목표에 의해 학습하지 않고 삶에 참여하면서 배울 수 있도록 생활을 조성하는 것을 중시하고 있다(Sassmannshausen, 2008). 그래서 학습은 간접적인 과정이 된다. 영유아는 이 세상에 살기 위해 태어났으며, 그들이 가지고 있는 삶에 대한 신뢰감은 곧 학습의 질을 결정한다. 발도르프 유아교육학에서는 영유아가 최대한 삶을 경험할 수 있도록 실제의 생활이 영위되는 공간이 제공되어야 함을 요구한다. 그것도 삶을 가르치기 위함이 아니라, 삶이 요구하고 있기 때문에 삶에서 필요한 작업이 이루어질 수 있는 공간을 의미하는 것이다.

오래전부터 인간은 계절에 적절히 어울리는 생활을 지혜롭게 해 왔다. 청소하기, 빨래하기, 다리미질하기, 채소와 과일나무 가꾸기, 요리하기, 식사준비, 축제준비와 같은 생활작업이 자연스럽게 이루어지며, 어린이들에게 필요한 놀잇감이 만들어지고, 고장난 것은 고치고 놀이기구나 부서진 것을 수리하는 일들이 생활 속에서 이루어져야 한다. 즉, 삶과 환경과는 서로 상관이 있어야 한다(윤선영, 2010). 물리적인 발도르프 영유아교육기관의 공간특징 가운데 실외환경은, 외부는 자연으로부터 어떠한 형태를 모방하고자 한 것이 아니라 자연에서의 성장 · 변화하는 원리를 건축에 도입하여 건물을 자연 속에서 호흡하는 실체로서 하나의 살아 있는 유기체로 보았다. 영유아교유기관은 영유아의 성장과 변화의 장으로써 생명감, 아름다움, 인간과 자연, 그리고 우주가 소통하고 교감하는 장소로서의 역할을 할 수 있게 하며, 실내외 어느 곳에서나 자연을 마주할 수 있도록 구성되어 있다. 또한 영유아의 신체를 발달시킬 수 있는 자연물로 만들어진 놀이기구들이 있다. 큰 나무 원통, 나무를 이용하여 만든 놀이집, 흙을 쌓고 그 위에 미끄럼을 놓아 만든 미끄럼틀, 커다란 나무에 튼튼한 줄을 이용해 묶어 놓은 그네, 모래밭, 다양하게 잘라 놓은 나무토막, 나뭇가지, 긴 밧줄, 짧은 밧줄, 모래용 삽, 그릇, 쇠수저 등이 있다.

유아들은 주어진 모든 놀잇감을 이용하여 놀이를 통해 균형감각을 발달시키며, 신체발달을 촉진시킨다. 자연에 대한 이해와 감사하는 마음, 자연을 마주하는 법을 직접 경험할 수 있는 살아 있는 환경을 제공하고 있다. 실내공간을 살펴보면 교실의 형태도 외형과 마찬가지로 부드러운 곡선의 형태이며, 기둥이나 벽과 천장, 창문의 모양에서도 직각이 없는 부드러운 곡선을 느낄 수 있다. 건축에 관련하여 슈타이너의 지침에 따르면, 유아들이 지내는 건물은 부드러운 곡선으로 이루어져 있어야 하고 아늑한 곳과 놀이공간이 유아들을 포근하게 둘러싸고 있는 듯한 느낌을 줄 수 있어야 한다(Dandy, 2002). 또한 복도나 거실을 거치지 않고 교실에서 바로 실외 영역으로 나갈 수 있게 구조화되어 있어 교실 내의 활동을 실외로 쉽게 연장할 수 있다.

3) 발도르프교육 놀잇감의 원리

놀잇감은 유아의 상상력을 자극하고 촉진할 수 있도록 매우 단순한 것들이다. 이러한 가장 기본적인 형태를 갖도록 만든 장난감보다 영유아로 하여금 새로운 것을 상상하도록 하여 다양하고 독창적인 놀이를 할 수 있는 여지를 만든다. 그 외에 발도르프 교육기관에서 영유아의 창의적인 놀이를 돕는 데 중요한 부분을 차지하고 있는 것이 바로 인형이다. 단순한 형태로 구체적인 부분이 최소한으로 표현된 인형을 통해, 영유아는 자기 나름대로의 상상력을 동원하여 구체적인 부분들을 마음속에서 완전하게 만들기도 하고, 이미지를 필요에 따라 다양하게 변화시키면서 내면의 정서를 표현하는 수단으로 사용한다(강도은 역, 2007).

(1) 촉각과 관련된 놀잇감

영유아로 하여금 놀잇감에서 자연 속에 숨겨져 있는 존재의 비밀을 무의식적으로 감지하고, 상상력이 발동하여 다양한 용도로 사용하며, 놀이를 창조하게 한다. 또한 '진짜'의 질감을 경험하면서 동시에 영유아들은 자신을 경험한다. 이때 비로소 자신의 경계를 느끼고, 자신 안으로 들어와 다시 세상을 향할 수 있게 된다. 그리고 자연에 대한 경외심이 생기는 것이다. 만일 자연물의 다양한 재질에 대하여 실험을 통해 알아본다면 자연의 정신적인 신비감은 소멸되고, 자연을 사랑하는 마음보다는 소비를 지향하는 물질주의적 사고방식을 키울 수 있다(윤선영, 2010).

(2) 방향 및 균형감각과 고유운동감각에 관련된 놀잇감

모래주머니, 평균대, 오름집 등의 방향 및 균형감각, 고유운동감각을 위한 놀잇감은 영유아가 모험적으로 여러 가지 동작을 시도하여 봄으로써 신체 조절능력이 발달되며, 특히 균형잡기 놀이는 수학적 적응에도 필요한 능력을 길러 준다.

체조나 체육활동이 특정한 신체부위의 기능적인 운동능력에 초점을 두는 데 반해, 이러한 움직임은 삶에 필요한 신체의 전반적인 힘이 길러지는 데 기여한다. 그것은 태권도나 체조와 같이 기계적이며 절도 있는 움직임을 너무 이른 시기에 배우게 되면 자발적인 움직임을 배울 기회가 그만큼 줄어들기 때문이다. 또한 인간은 균형을 유지하면서 자아를 인식할 뿐 아니라 타자, 즉 만물의 존재를 인식할 수 있다고 한다(Soeman, 2007).

(3) 청각과 관련된 놀잇감

오음계 악기들은 부드럽고 아름다운 소리를 내어, 꿈을 꾸는 듯한 분위기를 자아내며, 아직 꿈꾸는 듯한 상태에서 자라나고 있는 영유아의 정서와 잘 어울리며, 음악적인 감각 발달에도 긍정적인 영향을 준다. 이는 5도음이 어린이들을 감싸 보호하는 효과가 있기 때문이다. 그러나 이 세상에서 가장 좋은 악기는 사람이 가진 성대이며 가장 아름다운 소리는 사람의 목소리이다. 따라서 교사가 직접 불러 주는 노래는 가장 훌륭한 음악이 될 수 있다(윤선영, 2010). 놀이활동을 통해 교사가 나지막하게 불러 주는 노래는 모두의 합창이 되고 놀이를 더욱더 재미있고 흥미롭게 하는 요소가 된다.

(4) 시각과 관련된 환경과 놀잇감

라쥬어가 되어 있는 벽면의 살구 빛 또는 복사꽃과 같고 엄마의 자궁속과 같은 색깔은 엄마 품에 안긴 듯 따스하고 편안함을 느낄 수 있게 한다. 벽면에 그림이나 전시물을 게시할 때에는 선보다 면으로 그린 그림을 게시하며, 인형극을 할 때에는, 등장인물은 단순하게 표현하고 옷의 색깔로 등장인물의 특성을 나타낼 수 있도록 표현하게 된다. 영유아는 색에 대한 감각이 활성화되어 있다.

따라서 성인보다 직접적이며 본질적인 특성으로 선과 악, 좋고 나쁨, 악마와 천사 등의 특징을 가르쳐 주지 않아도 옷의 색깔로도 구분하여 즉각 알아차린다. 벽에 그림을 걸거나 할 때에는 선을 배제하고 면으로 그림을 만들어 벽면에 붙여 놓는데 이 그림들은 시야를 자유롭고 편안하게 한다. 그리고 놀잇감 및 환경의 제공에 있어서 가짜가 아닌 진짜의 것을 제공해 주고자 한다. 그 이유는 발도르프 유아교육기관에서는 가짜의 삶이 아닌 실제의 삶을 살도록 하며, 따라서 실제의 사물을 제시하여 실제로 사용하고 있는 것이다. 이는 "실제의 사실적 논리"와 관련이 있다. 사용하는 도구가 어떻게 만들어지고 우리의 생활에 어떻게 사용되며 우리 삶에 효용성을 부여하는지 그리고 어떻게 다루어야 하는지 등을 생생하게 경험하여 인과관계 및 과정, 사물들의 관계성 등을 알 수 있는 생생한 체험을 가능하게 한다는 것에 의미를 두기 때문이다.

실제의 것을 사용하면 자칫 위험해 보여 안전사고가 발생하지 않을까 우려되어 보통 일반 유아교육기관에서는 가짜의 모조품을 사용하거나 아예 제공하기를 꺼려한다. 그러나 영유아는 진짜의 물건을 다룰 때 더욱 조심하게 되고 사물에 대한 관심도 더 커진다. 도구와 기계에 대하여 그림으로 옛 것과 오늘날에 사용하는 것, 용도 등을 간접적이고 주지주의적인 교육방법으로 다루는 것보다 실제 생활 속에서 사용하게 되면 영유아는 훨씬 많은 것을 체험하게 된다(윤선영, 2010).

(5) 상상력과 창의력을 키우는 환경을 조성

완벽하게 만들어져 있고, 볼에 볼터치를 한 '아름다운' 인형은 어린이에게 잘못된 미적 감각을 심어 줄 수 있을 뿐만 아니라 영유아의 두뇌활동이 별로 활성화되지 못한다(Steiner, 1992). 공장에서 찍어낸 같은 모양, 같은 색깔, 같은 표정의 인형이 모든 영유아들의 놀잇감이 된다면 그 안에서 개별적이고 상상력이 풍부하며 창의적인 감각과 생각을 이끌어 내는 데에는 한계가 있다. 영유아가 스스로 상상하며 개발하고 만들어 가는 활동이야말로 두뇌를 발달시키며 창의적인 두뇌의 형태를 조성해 나갈 수 있는 여건을 제공해 주는 것이다.

발도르프교육에서의 중심적 과제는 영유아에게 가능한 많은 자유의 공간을 주는 것이다. 이것은 영유아가 태어날 때 지니고 온 많은 과제들을 스스로 수행할 수 있도록 하는 힘을 기르는 것과도 관련이 있다(Sassmannshausen, 2009). 영유아에게 최소한의 것을 제공하고 보여 주는 일은 영유아 스스로 상상하고 채워 갈 수 있는 여지를 주어, 영유아다운 판타지의 경험을 충분히 풍부하게 하며 표상능력을 갖게 한다. 이후 학교에 들어가면 형상화(Imagination) 능력으로, 그리고 사고력으로 발달하게 된다. 상상력은 창의성뿐만 아니라 자신의 신체를 인식하는 정도를 고려하여 제공하는 것이 좋다. 예를 들어, 줄인형이나 줄인형극의 경우 영유아의 영혼에 작용하는 폭이 크기 때문에 가급적 큰 어린이에게 제공한다(윤선영, 2010).

발도르프 유아교육에서 유아의 상상력 발달은 매우 중요하다. 영유아는 삶을 모방하면서 삶의 행위를 배우고, 인간의 노동행위, 식물이나 동물과 같은 자연과 인간과의 관계, 인간 간의 관계, 언어(모국어)까지도 배우게 된다. 이와 같은 경험은 상상력의 기초가 되어 유사한 경우나 물건을 보게 되면 다시 내적인 활동(표상)으로 살아 움직이게 된다(설희정, 2008).

슈타이너는 영유아의 내면에는 상상력이 숨겨져 있으며 영유아는 본래 상상력이 가득 차 있는 존재라고 하였다. 유아가 7세경이 되면 자유로운 상상을 하게 되는데 이것은 자유로운 사고와 기억능력이 있다는 것을 의미한다. 외부로부터 자극을 받지 않은 채 유아가 스스로 하고자 하는 것들을 기억해 낼 수 있으며, 자기만의 독특하고 자유로운 상상을 펼친다. 이러한 상상력은 항상 존재하는 눈에 띄는 대상에 적용된다(김성원, 2001).

(6) 조화롭고 아름다운 환경

영유아들의 환경을 교육적으로 의도된 교재 · 교구가 채워진 공간으로부터 아름답고 자연스러우며 조화로운 환경으로의 제공을 하는 것도 의미 있는 일이다. 식사 시간에 조명을 조정하여 온화한 분위기를 만들고 아름다운 촛대에 초를 켜고 예쁜꽃이 담긴 꽃병으로 장식한 식탁에 식탁보를 깔고 수저와 젓가락, 밥그릇 등이 정갈하게 놓여 있을 때 전체적으로 조화로우며 아름다운 경험을 하게 되며, 그 식사시간을 통해 영유아는 존재감을 느끼게 된다. 바쁜 일과 속에서 조용히 자리에 앉아 빨리 먹어 치우는 상황과는 질적으로 다르다.

햇빛이 비쳐 들어오는 유리창에 투명한 색지를 이용하여 별, 천사 등을 장식하는 것은 교실 공간에 자연이 선사하는 조화와 아름다움을 더 빛나게 한다. 낮잠을 잘 때에는 포근한 잠자리에 나지막한 소리로 불러 주는 자장가나 낮잠으로 이끄는 동화 들려주기 등 적절한 분위기를 조성하고, 축제가 있을 때에는 그 축제에 적절한 환경이 조성되는 등 조화로움 속에 아름다움이 조성된다. 정리정돈이 잘되어 있는 것도 역시 조화다. 교실의 탁자와 의자들 그리고 놀잇감 장 등을 어떻게 배치하는가에 따라 상황이 편리하고 안정감을 주며 또한 놀이에 대한 욕구도 자극한다(윤선영, 2010).

(7) 자연, 계절의 변화와 어우러진 환경 조성

발도르프 유아교육기관에서의 환경 조성은 영유아가 신체발달의 과정에 있으며, 시간의 흐름 속에 있으므로 영유아가 그 안에서 시간의 흐름을 감지할 수 있도록 조성하는 것이 좋겠다. 영유아기에는 주변 세계와 직접적으로 연결되어 있다. 영유아들을 주변세계와 분리해서 자연의 법칙과 인간생활에 대하여 교육하는 것은 적절치 않다. 그것은, 영유아는 아직 세상을 객관적인 대상으로서 바라볼 수 없으며, 그 자체가 영유아들의 일부라 보기 때문이다. 따라서 발도르프 유아교육기관에서는 자연의 변화와 밀접한 생활을 영위하고 있다.

영유아들은 자연을 통해서 자신의 모든 감각과 신체를 발달시키는 것이다. 시간의 흐름, 계절의 변화, 자연은 영유아들에 있어서 세계의 일부이며 동시에 학습의 장이 된다. 그 속에서 영유아는 세상의 본질인 정신적인 것과의 만남이 이루어진다. 자연과 세상을 사랑하는 마음은 바로 여기에서부터 생겨난다. 그래서 '종교적'이다. 수스만(Soesman, 2007)은 종교란 인간의 초월적인 존재와의 합일을 갈구하는 것, 즉 근원에 도달하고자 하는 것이며, 이는 감각적인 세계를 통해서 이루어진다고 했다(윤선영, 2010).

(8) 삶을 위한 환경에의 의미부여

계절의 변화와 어울리게 삶을 살아가는 것이 본래 인간의 모습이었다. 영유아의 건강하고 행복한 삶을 위해서 우선 영양, 건강, 안전 등을 보살펴 줌으로 해서 물리적 신체의 건강을 돕고, 세상에 대한 열린 태도와 신뢰감, 삶의 의미가 만들어질 수 있도록 '밀착감' 형성을 위한 영혼의 보살핌이 있어야 한다. 또한 성인의 모법을 통해 삶의 긍정적인 즐거움을 배우며, 신체, 영혼, 정신의 보살핌을 통해 인간의 생산적이며 창의적인 '삶의 도발에 맞서는 힘'을 길러 준다. 그러나 이러한 자율성은 지적 학습과정을 통한 결과가 아닌 삶을 통한 모방과 놀이경험, 신체적 성장, 자기 육신의 주인으로서 자유롭고 환타지가 가득한 놀이를 하며, 세상과 행위적인 상호작용을 함으로써 생겨나는 것이어야 한다. 특히 일상생활에서의 가사일과 수작업은 영유아가 '삶과 삶을 위한 작업과의 관계'를 투명하게 볼 수 있게 한다(윤선영, 2010).

이와 같이 발도르프 교육기관에서의 놀이환경은 자연스럽고 인위적이지 않으며 자유로움을 제공하는 반면, 우리나라의 유아교육기관에서의 놀이활동은 절반의 자유와 구조화된 틀 안에서 생활주제와 그 날의 교육계획안에 맞추어진 교사에 의해 준비된 놀이를 진행하며, 맘껏하는 놀이가 아닌 과제를 수행하는 것과 같은 놀이형태를 띠는 것을 볼 수 있다. 어린이는 마음껏 자유로움 속에서 놀이활동이 이루어져야 한다고 보는 측면에서 놀이활동 속에 교사의 의도를 빼고 자유롭게 놀 수 있도록 배려할 필요가 있다.

4) 발도르프교육이 추구하는 교육내용 및 방법

발도르프교육이 추구하는 교육방법은 통합적이고, 발달에 적절한 교육, 리듬과 모방에 따른 교육으로 대부분 혼합 연령집단으로 학급을 구성한다. 이 속에서 유아들은 서로 상호작용하면서 형제자매관계를 형성하게 된다. 현재 우리나라의 교육체제는 동일 연령집단 구성으로 이루어져 있는 상황에 익숙해져 있다.

한편 현대사회의 가족구성을 보면 대가족에서 핵가족으로, 핵가족에서 단일가족, 한부모가족, 친구가족 등 다양한 형태의 가족구성의 구조를 가지고 있으며, 출산율의 저조로 인해 한 자녀가족의 형태가 많은 것이 현실이다. 이러한 때 발도르프 교육기관에서의 교육적 상황에서는 혼합연령 체제의 윗연령과 아래연령의 통합을 경험할 수 있으며, 그 안에서 서로 도움을 주고받으며 형제애를 느끼고 서로의 입장을 배려하는 등의 사회성을 배울 수 있는 기회를 갖게 된다. 또한 발도르프 교육기관에서는 개별성을 존중하며 개별화 교육을 지향하고 있다.

개별화 교육을 통해 교사들 모두가 보다 취약한 학생들을 촉진시키려고 노력하고 언제나 본보기로서의 모범을 통해 유아들을 지도한다. 활동은 우선 교사의 자극으로 시작되기는 하지만 어떤 숨겨진 강요 없이 소규모집단으로 행하여지므로 모든 영유아에게 효과적이다. 그리고 발도르프 교육기관에서는 영유아를 보다 깊이 이해하기 위해 유아교육기관의 경우 3~5세 동안 3년간, 초등학교 단계는 1학년부터 8학년까지 8년간을 같은 선생님이 계속 담임을 맡는다. 이렇게 같은 선생님에게 한결 같은 지도를 받으면서 인생은 지능의 높낮이만으로 좌우되는 것이 아님을 깨닫게 되고, 자기 나름대로의 사회적 역할을 자각하도록 도와준다.

발도르프 교육기관의 하루 일과의 생활계획을 리듬생활이라고 표현하는 것은 하루생활 계획이 들숨(정적활동)과 날숨(동적활동)이 조화롭게 배치되어 유아로 하여금 안정적이며 고른 호흡을 하루 종일 유지하기 위함이다. 또한 하루 중 동네나들이, 숲 나들이와 같은 바깥나들이는 비가 오나 눈이 오나 바람이 부나 한결같이 실시한다. 이는 영유아로 하여금 자연의 변화와 현상 등을 자신의 온 감각을 통해 느끼며, 자연에 대처하는 능력을 키우며, 자연의 조화로움, 아름다움, 감사함을 체감할 수 있도록 하여 균형 있는 신체발달을 도모하기 위함이다.

우리나라에서 지난 20여년 간 발도르프교육이 뿌리내리면서 어느 발도르프 교육기관이든 우리나라의 세시풍속 및 절기에 따른 놀이활동, 예술활동, 라이겐, 노래, 요리활동, 전통 수 작업 등의 활동을 리듬활동에 접목하여 우리의 풍습을 지키고 실천하는 활동들로 구성하고 있다. 그리고 실제 생활을 경험하기 위해 놀잇감도 주로 자연물 놀잇감으로 실제의 감각을 느낄 수 있도록 하며 요리활동을 하더라도 썰고 다지고 자르기를 할 때 다루게 될 도구의 성질과 위험요소 등에 대한 이야기를 충분히 나누고 교사의 실제적이고 조심스러운 행동의 본보기를 직접 보고 느끼고 익힐 수 있도록 한다. 이는 세상을 살아가면서 위험요소는 어디에나 존재하지만 그것에 주의를 기울이고 조심성 있게 대처한다면 그 위험요소는 더 이상 위험요소로만 작용하지는 않는다는 것을 인식하게 하는 실제의 교육으로, 이는 보편적인 발도르프교육의 교육활동 방법이며 내용이 된다.

5) 발도르프교육에서의 교사 역할

발도르프교육에서 교사는 아이가 하고자 하는 것을 하도록 격려한다. 슈타이너는 "아이들의 자유로움을 존중해야 한다"고 하면서 사람들은 자신이 가진 자유의 감정이 파괴되면 다른 한편으로 무의식적인 의지가 남아 있다고 한다. 교사의 삶에 대한 태도는 유아에게 중요한 교육환경이 되며 교사 개인의 삶이 곧 인간이라는 존재이며 삶의 본질에 대한 정신세계를 보여 주게 된다(윤선영, 2010). 따라서 교사는 유아들에게 삶의 동반자로서 함께 삶을 경험하며, 인간으로서 어떻게 살아야 하는지에 대한 질문을 무의식적인 행동으로 끊임없이 제기하고 있다. 유아들은 이 세상이 '도덕적'이라는 무의식적인 가정을 하고 대한다(Steiner, 1975).

그러므로 교사는 설명이나 지시적인 어법보다 유아가 발달과정에서 자신의 행동을 모방할 수 있다는 것을 의식해야 하고 발달에 적합한 모델을 제시해 줄 수 있어야 한다. 이는 유아들이 자발적으로 성인의 행동을 선택하고 모방하는 가운데 내면화가 일어나며 자신에 맞는 발달조건 속에서 자기 스스로 조절을 통해 서서히 발달하기 때문이다. 특히 인간의 개별성을 존중해 주어야 한다(김정임, 2016). 발도르프교육에서 교사는 업무를 수행하기 위한 기능인이 아니라 삶의 동반자로서 함께하면서 영유아들의 삶에 영향을 미치고 있으며, 돌보는 것이다. 교육은 교사가 지닌 교육에 대한 태도와 지식이나 능력을 넘어설 수 없다. 교사는 유아 각 개인은 자신의 특성과 기질, 잠재력, 삶의 배경 및 고민, 성장단계, 그리고 신체적 · 정신적 소질을 다 다르게 갖고 있으므로 이를 관찰하는 방법을 훈련받거나, 스스로 훈련하는 등 꾸준한 앎의 자세와 노력을 기울일 필요가 있다. 슈타이너는 최초의 학교를 설립할 즈음에 가진 세미나의 발문에서 교사의 네 가지 자질을 다음과 같이 제시하였다.

첫째, 교사는 크고 작은 전체에서 주도권을 쥐고 있어야 한다.

둘째, 교사는 모든 세계 및 인간존재에 대해 관심을 가져야 한다.

셋째, 교사는 자신의 내면에서 허위와 타협해서는 안 된다.

넷째, 교사는 신선해야 한다(Sassmansshause, 2009).

유아들에게는 에테르체가 독립적인 성장을 하여 자유로워져서 영유아의 신체성장에 온전하게 작용할 수 있도록 개념을 너무 일찍 가르쳐서는 안된다고 한다(Steiner, 2008). 이상과 같이 발도르프교육의 유아교육적 함의를 교육의 원리, 내용과 방법, 교육평가, 교사의 역할까지 모두 살펴보았을 때, 발도르프교육은 하나의 프로그램이 아니다. 발도르프교육은 유아의 본성을 탐구하는 일에서 출발하여 그 본성을 잘 발현시키는 것이 교육의 목적이 되고, 이를 위해 인적, 물적 환경을 정비하고 제공하는 일이 교육의 내용과 방법, 그리고 교사의 역할이 된다. 또한 유아의 영적 본성과 그것을 관장하는 초월적이고 우주적인 힘들을 믿고 의지하는, 마치 종교적 신념과 같은 확신을 공공히 하는 데서 교사교육과 부모교육이 함께 마련되어야 하며 유아의 본성을 거스르고 그것을 방해하는 일들을 점검하고 반성하며 제거해 나가는 일이 교육평가가 되어야 한다(최숙연, 2010).

5 생태유아교육 프로그램

1) 시대적 배경

현대사회는 산업문명으로 인하여 자연생태계의 파괴와 인간성 상실이라는 커다란 위기에 봉착해 있으며, 이로 인해 인간의 본성인 자연과 함께 어우러져 살아가는 본성을 잃어 가고 있다. 자연생태계 파괴는 곧 공해문제와 오존층의 파괴 그리고 다양한 생물종의 급격한 감소에 이르렀으며, 환경오염과 자원고갈 등과 같은 현상이 발생하여 인간소외, 인성파괴, 비인간화 문제로 이어졌고 이러한 영향은 곧 우리 아이들에게 나타나게 되어 절박한 상태에 이르렀다. 생태파괴로 인한 절박함을 다음과 같이 알아보고자 한다.

(1) 산업문명의 발달로 인해 병든 아이들

산업문명의 경제성장으로 우리 아이들에게 TV와 게임기, 컴퓨터, 스마트폰 등 아이들이 갖고 싶어 하는 것들은 모두 다 가질 수 있게 되었지만 파란 하늘과 맑은 공기, 푸른 숲과 흙, 즉 자연을 알고 지낼 수 없게 되었다. 뿐만 아니라 바쁜 현대인들의 가족구조에도 그 기능이 변화하면서 우리 아이들은 부모에게서 진정한 사랑을 받을 수 없고, 할아버지와 할머니의 사랑과 자상함을 알지 못하게 되었다. 자연에서 뛰어놀아야 할 아이들이 시멘트와 철물로 둘러싸인 유치원과 어린이집, 놀이터에서 놀게 되고, 신선한 각종 야채들의 섭취보다는 인스턴트 음식과 농약에 오염된 음식을 섭취하게 되었다.

이러한 현상으로 인해 우리 아이들은 '양계닭'의 처지와 비슷하게 되었고, 심신이 나약한 아이, 버릇없는 아이, 이기적인 아이, 욕심 많은 아이, 남을 배려할 줄 모르는 아이, 참을성이 없는 아이, 정서적으로 불안정한 아이, 마음이 조급하고 공격적인 아이, 또래와 어울리지 못하는 아이, 진취성이 없는 아이 등으로 자라나(임재택, 2008)게 되었다.

이처럼 급속도로 성장하는 산업문명 속에서 우리 아이들은 갖는 것보다는 잃는 것이 많게 되었고 우리 아이들의 몸과 마음은 병들어 가고 있는 심각한 문제에 직면해 있다.

(2) 유해식품으로 인한 아이들의 질병

옛말에 '잘 먹고, 잘 자고, 잘 싸는 아이가 건강한 아이다.'라는 말이 있듯이 골고루 영양분을 섭취하고 자연의 이치에 맞게 제철음식을 먹으며 인간은 면역력을 기르며 살아왔다.

하지만 현재 우리 아이들은 각종 인스턴트식품에 노출되어 자극적인 맛에 입맛이 길들여져서 자연스럽게 피자나 햄버거, 자장면과 라면 등 유해식품이 들어간 음식을 섭취하고 있다. 이에 비해 자연에서 갓 따온 나물과 김치, 콩류와 생선은 아이들이 싫어하는 음식이 되어 소아비만과 과잉행동장애(ADHD), 폭력적인 행동, 뇌신경장애, 아토피 피부염 등을 유발하게 되었다. 아토피 피부염은 각종 인스턴트식품과 유해식품의 과잉섭취로 인해 잘못된 식습관에서 발병하는 경우가 크다.

(3) 아토피 피부염의 증가

아토피 피부염은 환경오염, 불량한 먹을거리, 스트레스, 생활리듬 파괴 등 외부 자극에 대해 인체가 적절히 대응할 수 있는 면역체계가 약화되어 피부로 나타난 증상이다(임재택, 2008). 여기서 문제시되는 점은 지금 우리 아이들의 아토피 피부염과 피부알레르기는 급격하게 증가하고 있으며 보통 10명 중 4~5명의 수준이라는 것이다.

자연에서 뛰어놀던 예전의 아이들은 아토피 피부염을 겪지 않았고, 겪는다 해도 금방 개선되어 드문 질환으로 여겼다. 이처럼 계속해서 환경오염이 가속화되고 아이들의 먹거리 풍토가 개선되지 않는다면 우리 아이들의 아토피 피부염은 더 빠르게 증가할 것이다.

(4) 체격은 크나 체력이 약한 아이들

요즘 아이들의 경우 체격은 커졌을지 모르지만 체력은 형편없는 수준이다. 요즘 아이들이 잘 먹어서 크다고 하지만 아이들이 즐겨 먹는 음식물에 들어 있는 성장 호르몬의 영향이 더 큰 것인지도 모른다. 옛날 사람들은 8척 거구라고 하면 진짜 힘도 세고 골격도 탄탄했는데, 요즘 사람들은 덩치만 크고 체력은 형편없는 경우가 많다. 요즘 사람들은 고기양을 늘리려고 성장 호르몬이든 사료를 먹여 키우는 소나 돼지나 닭처럼 덩치만 커진 게 아닌가 하는 의구심을 갖지 않을 수 없다(임재택, 2008).

각종 인스턴트와 유해음식을 입에 달고 사는 아이들일수록 유아비만이 오게 되어 성장 · 발달에도 문제를 일으키고, 두뇌활동에 이상을 나타내게 되는 큰 문제점을 호소하게 된다.

(5) 정신적 질환에 시달리는 아이들

산업문명 사회는 많은 편리함이 존재하지만 그에 비해 많은 사건과 사고도 발생하고 있어 안전을 핑계로 우리 아이들은 밖에서의 활동을 잃어버리게 되어 뛰어 놀 공간을 빼앗기게 되었다. 뿐만 아니라 아이들은 TV를 보거나 컴퓨터로 게임을 하고, 스마트폰으로 많은 영상들을 보며 플라스틱 장난감을 가지고 놀게 되었다.

매스 미디어에 매몰된 아이들에게는 감각차단결핍증, TV · 컴퓨터 · 스마트폰 · 인터넷중독증, 정서불안, 과잉행동장애, 스트레스, 히스테리, 성격불안, 초조, 고립, 이상과 현실의 혼돈, 환상, 자아상실, 인간기피증, 쾌락 추구 등 각종 정신적 질환이 증가하는 추세에 있다(임재택, 2008).

2) 생태유아교육의 개념

생태유아교육은 생태(eco)와 유아교육(early childhood education)이 결합하면서 생긴 말로서, 생명론 내지 생태론과 유아교육의 만남이면서 생태론적 접근의 유아교육이라는 의미를 내포한다(임재택, 2008). 생태유아교육에 대한 정의는 다양하게 제시되고 있으며, 그중 심시원(2007)은 생태유아교육의 개념을 다섯 가지로 구분하고 있다.

첫째, 생태유아교육은 생명사상 내지 생태론적 세계관에 바탕을 둔 생명론적 접근의 유아교육이다. 생태유아교육은 생명학(virology)과 생태학(ecology)을 비롯한 우리나라와 동 · 서양의 생명사상에 바탕을 둔 유아교육이다. 따라서 생태유아교육은 아동중심 유아교육을 포괄하면서 그것을 넘어서는 보다 높은 차원의 근원적인 생명중심 유아교육이다.

둘째, 생태유아교육은 새로운 패러다임(paradigm)의 유아교육이다. 생태유아교육은 최근 산업문명의 최대 피해자인 우리 아이들의 병든 몸과 마음을 살리고, 나아가 성장과 개발, 자본과 경쟁의 논리가 지배하는 지금의 유아교육 현실을 개선하고자 하는 새로운 패러다임의 유아교육이다.

셋째, 생태유아교육은 자연의 순리를 따르는 자연친화적 유아교육이다. 생태유아교육은 자연의 본성을 지닌 아이들이 자연의 순리대로 스스로 잘 자라도록 돌보고 기르는 일을 하는 것이다. 본래 아이는 부모의 자식, 사람의 아이인 동시에 자연의 아이이다. 따라서 생태유아교육은 아이를 사람의 아이이면서 자연의 아이로 기르는 것으로써 자연의 순리대로, 사람의 도리대로 아이를 기르는 것을 의미한다.

넷째, 생태유아교육은 생명의 원리에 따라 아이라는 생명을 모시고 살리는 생명살림의 유아교육이다. 아이라는 생명체 속에는 본래부터 한 사람으로 스스로 자라날 수 있는 생명의 씨앗이 유전인자 형태로 내재되어 있다. 이는 나락 한 알 속에는 장차 지수화풍(地水火風)의 도움으로 뿌리를 내리고, 잎이 나고, 줄기가 자라고, 꽃이 피고, 열매를 맺고, 벼로써의 생명을 다하면, 다시 흙으로 돌아가는 벼의 일생의 유전정보가 내재되어 있다는 것과 같은 이치이다. 즉, 생명의 기운을 잘 발휘할 수 있도록 돌보고 기르는 일이 생태유아교육인 동시에 생명 살림의 유아교육 근본이다.

다섯째, 생태유아교육은 우리 조상들이 아이를 기른 지혜에 바탕을 둔 역사 깊은 미래 지향적 유아교육이다. 우리 조상들은 지난 5000년 동안 한반도에 터를 잡고 자식들을 길러 세계적으로 드높일 만한 찬란한 민족문화를 꽃피웠다. 그러한 조상들의 자녀양육 지혜를 오늘의 현실에서 창조적으로 활용하는 것이 생태유아교육의 관심이고 접근이다. 생태유아교육은 우리 민족의 문화이고, 우리 민족과 아이들의 삶이고, 생활 그 자체이다(심시원, 2007).

즉, 생태유아교육은 생태지향적인 가치를 추구하고, 자연친화적 교육을 실천하는 특성을 가지며, 자연의 본성을 지닌 유아와 자연과의 신체적 · 정신적 교류와 교감을 통해 인간과 자연의 공생 및 상생의 지혜를 터득하고 실천하도록 돕는 것이다. 생태유아교육은 생명사상 및 생태론적 세계관에 바탕을 둔 생명론적 접근의 유아교육이며 자연의 순리대로 스스로 잘 자라도록 돕고 기르는 일을 하는 것이며, 생명의 원리에 따라 아이라는 생명을 모시고 살리는 생명살림의 유아교육인 것이다(임재택, 2008). 이는 사람의 아이이면서 자연의 아이로 키우는 것을 말하며, 자연의 순리대로 사람의 도리대로 우리 조상들이 아이를 기른 지혜에 바탕을 둔 교육을 말한다.

3) 생태유아교육 본질

생태유아교육의 본질에는 생태유아교육에서 바라보는 아이, 교육, 생명에 대한 본질이 깃들어져 있다. 이러한 생태유아교육의 본질을 임재택 · 김은주 · 하정연 · 권미량 · 조채영(2008)은 세 가지로 분류한다.

첫째, 아이는 생명의 본질이다. 아이는 하나의 생명체이고, 아이는 자연의 모든 생명체 중의 하나이다. 아이라는 생명체는 자연에서 태어나서 자연 속에서 살다가 수명이 다하면 다시 자연으로 돌아가지만 그 생명체의 본성인 생명(生命)은 없어지지 않는다. 즉, 아이는 생명의 본성과 자연의 순리에 따라 스스로 살아가는 동시에 다른 생명체들과 어울려 살아가는 존재라는 것이다. 아이는 모든 생명체와 자생(自

生)하면서 공생(共生)하는 생명체인 것이다.

둘째, 교육은 아이와 아이 삶의 살림이다. 인간이 세상을 살아가는 인생사(人生事)는 밥하고 빨래하고 청소하고 아이를 돌보는 일이다. 인생사의 근본은 의식주와 육아이다. 인간은 의식주를 통해 생존하고 육아를 통해 종족을 번식한다. 그래서 의식주는 인간을 살리는 가장 기본적인 행위이다. 결국 인간의 의식주는 인간의 '삶'이고 '생활'이며, 인간을 살리는 '살림'이면서 '살림살이'이다. 즉, 아이가 살아가는 것은 입고, 먹고, 자고, 놀고, 생각하는 일을 반복하는 것이다. 아이가 살아가려면 가족들은 물론 가축, 곡식 및 채소들과 땅과 물과 공기가 살아 있어야 하며, 또한 이들은 각자가 살려면 서로를 살려야 한다. 그래서 가정집은 모든 생명체를 살리는 생명의 기운이 깃든 생기 있는 살림집이어야 한다.

셋째, 유아교육은 아이 · 생명의 살림살이이다. 지금 우리 아이들은 가정집과 유치원 · 어린이집 등에서 주로 생활한다. 지금의 병든 가정집을 본래의 모습대로 살림집으로 회복해야 하듯이 유치원 · 어린이집에서도 아이들의 삶을 생태적으로 전환하여 어린 생명체들이 생기발랄하고 신명나는 아이들로 자라도록 돌보는 생명의 살림집으로 바꾸어야 한다. 즉, 유치원 · 어린이집에서는 아이들을 '양계닭'처럼 키우는 것이 아니라 '토종닭'처럼 돌보는 방향으로 전환해야 한다. 아이들에게 잃어버린 자연과 놀이와 아이다움을 되찾아 주는 노력을 기울여야 하고, 유치원 · 어린이집의 의식주를 자연적, 생태적, 생명적인 살림의 의식주로 바꾸는 노력이 필요하다(임재택 외, 2008).

4) 생태유아교육 프로그램의 내용

생태유아교육 프로그램을 통해 기르고자 하는 아이상은 '신명나는 어린이'로 음양의 조화를 이룬 아이, 달리 말하면 개성과 창의력을 지니면서 흥겨움과 우리 멋이 흘러넘치는 가운데 자연과 하나되어, 사람과 더불어 행복한 삶을 누리는 어린이다운 어린이를 말한다(하정연, 2009). 현재 실천되고 있는 생태유아교육 프로그램들이 다양하며 또 앞으로 유아교육현장에 적용할 수 있는 활동들도 다양하게 고안할 수 있으나 본 연구에서는 구체적인 교육활동 실천 프로그램으로 1995년 3월에 개원된 부산대학교 부설 어린이집에서 실시하고 있는 생태유아교육 프로그램 위주로 살펴보고자 한다. 프로그램 내용으로는 바깥놀이 프로그램, 산책 프로그램, 손끝놀이 프로그램, 노인 · 아동 상호작용 프로그램, 세시풍속 프로그램, 텃밭 가꾸기 프로그램, 동물 교감 프로그램, 명상 프로그램, 먹을거리교육 프로그램, 절제 · 절약 프로그램, 도시 · 농촌 교류 프로그램, 몸짓놀이 프로그램 등이 있다. 다양한 프로그램 중에서 몇 가지 프로그램의 내용을 살펴보면 다음과 같다.

바깥놀이 프로그램은 아이들이 자신이 가지고 있던 지식, 개념, 경험을 자유롭게 펼치는 시간이다. 바깥놀이를 통하여 지적인 호기심과 상상력을 키우고 계절의 변화와 친구들과 더불어 살아가는 능력을 갖게 하며 자연을 통해 생명의 소중함을 깨달아 가게 한다. 산책활동은 아이들에게 온갖 자연물을 직접 보고, 만지고 듣고, 느끼고, 냄새 맡을 수 있는 체험적 교육활동으로 아이들에게 사람, 사물, 현상과의 관계성을 알게 한다.

세시풍속 프로그램은 아이들에게 계절의 변화에 따른 생활의 주기를 알게 하고, 우리의 건강한 먹을거리를 알게 하며 더불어 즐길 수 있는 놀이와 조상들의 삶의 지혜를 알 수 있게 하는 프로그램이다. 동물 기르기 프로그램은 아이들에게 동물을 기르며 새끼가 어미가 되고 언젠가는 죽음에 이르는 것을 보면서 생명의 성장과 순환을 경험하게 한다(임재택, 2008).

(1) 노인 · 아동 상호작용 활동

지금 우리의 현대사회는 핵가족화라는 거대한 사회적 변화 속에서 세대 간의 단절이 심각하다. 즉, 노인과 젊은이, 노인과 아동과의 교류가 잘 이루어지지 않고 있으며, 아이들은 할머니 · 할아버지의 깊은 사랑을 맛보지 못하고 있다. 이러한 상황 속에서, 현대사회에서 단절되어 있는 노인과 아동과의 교류를 유아교육기관이라는 장을 통하여 의도적으로 연결하려는 노력의 일환이 바로 노인 · 아동 상호작용 활동이다. 즉, 노인 · 아동 상호작용 활동은 '노인에겐 보람을, 아이에겐 사랑을'이라는 취지 아래 노인들이 유치원이나 어린이집의 영유아 보육활동에 자원봉사자로 참여하여 아이들과 함께 생활하면서 노인 · 아동 간의 상호작용 기회를 체계적으로 제공하려는 활동이다(임재택, 2005).

노인 · 아동 상호작용 활동의 유형은 아이들의 연령이나 발달수준, 노인봉사자의 취미, 능력을 고려한 역할수준에 따라 달라지나, 대체로 동화, 노래, 산책, 요리, 전통놀이, 텃밭 가꾸기, 예절교육, 행사보조, 간식 및 식사지도 등과 같이 다양하다(임재택 외, 2006). 이러한 노인 · 아동 상호작용 활동에 대한 한 연구(박경란 외, 2003)를 살펴보면 노인 · 아동 상호작용 활동 프로그램을 통하여 아동들은 노인 및 노화에 대한 인식이 긍정적으로 많이 바뀌고, 부정적인 인식이 많이 줄어든 것으로 나타났다고 밝히고 있다. 또한 부산대학교 부설 어린이집의 실천사례(임재택 외, 2001)를 살펴보면 노인 · 아동 상호작용 활동을 통해 노인들은 소일거리가 생겨서 인생의 보람, 생활에 대한 활기와 의욕 및 자신감을 갖게 되며, 아이들은 조부모들의 사랑을 경험하고, 노인에 대한 긍정적인 태도와 우리의 전통문화를 체득할 수 있는 좋은 기회를 갖게 되었다고 한다.

(2) 명상

명상이라는 말은 '눈을 감고 고요히 생각하는 것', '마음을 닦는 것', '참된 자기를 찾는 것', '참된 삶의 길을 찾는 것', 혹은 '의식의 집중을 통해서 자기 초월과 자기 성숙을 이룩하는 정신적인 과정'과 같은 다양한 의미로 사용되고 쓰이고 있다. 즉, 명상이란 내가 진정 내면적으로 어떤 존재인지, 그 자아가 외부의 상황에 어떻게 반응해 나아가고 있는지를 알아 가는 과정이다(임재택 외, 2006).

유아들은 본래 신비적이고 명상적인 존재이다. 그러나 여러 가지 기술과 정보가 강조되는 경쟁적이고 기계적인 사회 속에서 왜곡된 유아들에게 본래 자신의 모습을 찾고, 자신의 본래 모습을 느낄 수 있도록 하기 위해 명상이 필요하게 되었다(임재택, 2005).

명상은 우선 특별한 절차나 방법을 따르기보다는 일상생활 속에서 자연스런 체험활동으로 접근하는 것이 중요하다(김우경, 2006). 따라서 침묵해 보기, 생각해 보기, 기도해 보기, 자연의 소리에 귀 기울여 보기 등 하루 일과 중에서 어느 특정한 시간을 정하여 매일 하는 명상을 통하여 유아들은 자신을 인식함으로써 타인을 배려하고, 모든 생명을 존중하는 마음이 생긴다. 또한 감정조절을 통해 정서적으로 안정감을 얻고 스트레스에서 벗어나 몸과 마음이 조화를 이룬 행복하고 기쁨이 넘치는 삶을 살아가게 된다(권은주 · 고성민, 2006).

(3) 절제 · 절약 활동

절제 · 절약 활동은 아이들에게 생태의 기본 핵심인 순환과 돌림의 경제를 인식시키고 실천하도록 도와주는 데 목적이 있다. 동시에 낡은 옷 하나도 그 존재가치를 인정하고 섬기려는 옛 어른들의 '섬김의 문화'가 갖는 의미를 아이들에게 전하기 위함과 학부모와 지역사회 전체가 절제 · 절약 활동을 생활화하자는 뜻을 담고 있다(하정연, 2004).

구체적인 실천방법은 '아나바다 운동'에서 찾고 있다. 즉, 아껴 쓰고 나눠 쓰고 바꿔 쓰며 다시 쓰는 생활로 현대 경제가 가져온 문제를 실천적인 면에서 해결해 가려한다(임재택, 2005). 실천할 수 있는 활동으로는 아이들의 시장놀이를 통한 물물교환, 알뜰마당, 각종 폐품 재활용하기, 입던 옷 물려주기, 전기 · 수도 아껴쓰기, 1회 용품 안 쓰기, 쓰레기 분리수거, 음식쓰레기 퇴비 만들기 등이 있이 있으며, 이는 유아의 생활 속에서 지속적인 습관으로 연계되어야 한다(교육부, 1998).

(4) 먹을거리 활동

아이는 먹으면서 자란다. 보통 '잘 먹고 잘 놀고 잘 싸는 아이'는 건강한 아이의 상징이다. 아이들의 먹을거리는 아이들이 제대로 자라느냐 자라지 못하느냐 하는 중요한 문제가 걸린 일이다. 또한 먹을거리는 의식주의 중요한 일부로 민족의 정체성과 문화의 표현이기도 한다(임재택, 2005). 따라서 아이들에게 자연의 맛을 알게 하고 신토불이(身土不二)의 맛으로 한국인의 정서를 심어 주기 위해 노력해야 한다. 육류보다는 신선한 채소와 과일을 많이 제공한다. 동시에 올바른 식습관을 기르고 우리의 전통음식을 되살리며 나누는 삶을 가르치고, 한 방울의 물과 한 톨의 쌀에도 감사하는 마음을 갖게 해야 한다(하정연, 2004).

생태적 식생활과 관련한 한 연구(채영숙, 2005)에서 생태적 프로그램 운영을 통해 유아들이 제철 음식과 우리 전통음식을 잘 먹게 되었고, 음식을 소중하게 생각하고 골고루 먹게 되었으며, 음식의 섭취량과 종류도 증가한 것으로 나타났다. 이에 아이들에게 생명력이 깃든 올바른 먹을거리 문화를 되찾아 주기 위해 모유 먹이기, 신토불이음식 먹이기, 제철음식 먹이기, 육류섭취 줄이기, 유기농 농산물 먹이기, 아침밥 먹이기 등의 실천과 함께 유아교육기관과 학부모, 지역사회의 적극적인 협조가 필요하다(서형숙, 2002).

(5) 손끝놀이

손끝놀이란 말 그대로 아이들이 손끝을 사용해서 할 수 있는 놀이를 말한다. 손놀림은 단순한 육체적 과정이 아니라 정신적인 과정이어서 손의 사용은 머리, 마음, 손이 조화롭게 발달하도록 한다. 한 손의 사용은 일을 한다는 것을 의미하며, 일을 한다는 것은 유아들에게 삶을 살아가는 건설적인 생명력을 키우는 일이라 할 수 있다(임재택 외, 2002).

생태유아교육기관 유아들의 자유놀이 시간에 쉽게 볼 수 있는 모습 중의 하나는 아이들이 바느질, 실뜨기, 뜨개질, 직조 짜기를 하는 모습이다(조채영, 2006). 손끝놀이는 공간적인 제약을 별로 받지 않는 활동으로 교실 안이나 바깥놀이터에서, 산책을 가서도 가능하며, 시간도 비교적 자유롭게 할 수 있는 활동이다(임재택, 2005). 따라서 손가락 체조하기, 곡식 옮기기, 숟가락 · 젓가락 이용해서 옮기기, 종이 접기, 오리기, 붙이기, 구슬 끼우기, 실뜨기, 바느질, 자수, 털실 짜기 등의 손끝놀이를 보다 더 적극적으로 실시해야 할 것이다.

(6) 몸짓놀이

몸짓놀이란 몸을 이용해서 할 수 있는 놀이를 말한다. 몸짓놀이는 몸을 자극함으로써 오장육부를 튼튼하게 하고 몸을 유연하게 한다. 뇌의 자극, 체력 증강, 정서적인 순화와 함께 한국인의 고유한 몸짓을 살려 냄으로써 한국인의 정신과 기(氣)를 되찾게 한다. 또한 몸짓놀이를 통하여 자연과 인간이 하나 되는 신명을 경험할 수 있다(임재택, 2005). 몸짓의 원형은 우리의 전통 육아방식에서 찾아볼 수 있다. 도리도리, 짝짜궁, 곤지곤지, 잼잼, 고네 고네, 따로따로, 불무불무, 목마타기, 까꿍, 에비 비, 단지팔기 등 전통사회에서 즐겼던 아이체조는 단순한 놀이가 아니라, 아이의 몸을 유연하게 하고 기(氣)의 흐름을 왕성하게 한다. 몸짓놀이에는 기체조를 변형한 도인체조, 여러 동물 모양을 기초로 한 몸짓, 우리 전통의 무예와 춤을 기초로 한 몸짓 등이 포함된다(하정연, 2004).

생태유아교육기관 유아들은 몸짓놀이를 일상생활 속에서 즐기고 있으며, 교사들은 몸짓놀이를 통해 확실히 아이들은 물론이고 교사 자신의 몸이 건강해졌다(조채영, 2006)라고 몸짓놀이의 효과를 기술하고 있다. 따라서 교사는 아이들과 함께 일상생활 속에서 몸짓놀이를 보다 더 활발하게 실천함으로써 아이들의 몸 · 마음 · 영혼을 건강하게 하여 아이들이 행복한 삶을 살아갈 수 있도록 해야 할 것이다.

(7) 생태미술 활동

아이는 예술적 감성을 지니고 태어난다. 자신이 오감으로 체험하는 것들을 미술로 표현하려고 애쓴다. 아이들은 자연에서 온 몸으로 뛰어노는 자체가 그림을 그리고 조형물을 만드는 연습이 된다. 즉, 자연과 놀이와 아이다움이 감성이 살아 있는 미술을 할 수 있게 한다. 따라서 이러한 모든 활동은 아이들의 삶과 더불어 이루어져야 한다. 정해진 시간에 이루어지는 미술활동이 아니라 시간, 공간을 넘나드는 아이들의 삶 속에서 이루어지는 놀이여야 한다(임재택 외, 2006).

아이들의 미술은 관계성, 순환성, 다양성, 영성의 방법에 따르는 것이 바람직하다. 먼저, 자연 혹은 사람 간의 관계성을 터득할 수 있도록 해야 한다. 바깥놀이나 산책, 텃밭 가꾸기를 하면서 다양한 경험을 할 필요가 있으며, 또래들끼리 어울리는 공동 작업이나 주변 사람들과 어울려 미술을 해 보는 경험도 중요하다. 계절의 변화나 시간 흐름에 따른 자연의 변화와 폐품을 활용한 물질적인 순환을 경험할 수 있는 미술을 해야 한다. 그리고 미술은 다양한 자연을 매체로 표현할 수 있도록 해야 하고, 동시에 아이들의 다양성도 존중해야 한다. 그리고 미술은 영성을 일깨우는 방법으로 이루어져야 한다(임재택, 2005).

PART 5

표준보육과정 누리과정

Chapter 12

제4차 표준보육과정(0~2세)

1 표준보육과정의 기초

보육과정이란 용어의 사용은 1991년 「영유아보육법」이 제정되어 '탁아(care)'라는 용어 대신에 '보호'와 '교육'으로 새롭게 정의된 보육(educare)이라는 용어를 사용하면서부터라고 볼 수 있다. 최근 OECD 국가들도 보호와 교육은 분리될 수 없는 개념이고 양질의 서비스는 이 두 가지를 모두 제공해야 한다는 입장에서 보육의 개념을 환경, 재원, 운영시간, 프로그램의 내용과 상관없이 초등교육 단계 이전의 유아를 위해 제공하는 일체의 보호와 교육으로 정의하고 있으며 유아교육과 보호(early childhood education and care)라는 용어를 사용하고 있다(나정 · 장영숙, 2002).

'보육'은 영유아를 건강하고 안전하게 보호 · 양육하고 영유아의 발달특성에 적합한 교육을 제공하는 사회복지서비스로 영유아의 건전육성과 보호자의 경제적 · 사회적 활동을 효과적으로 지원하여 가정복지 증진에 기여함을 목적으로 한다.

'보육과정'은 보육의 목적을 효과적으로 달성하기 위한 구체적 접근양식이며 보육시설에서 영유아를 돌보는 틀이자 기준이다. 보육의 진정한 목적은 영유아의 성장과 발달에 대한 철학을 전제로 하기 때문에 보육과정의 의미와 개념은 보육과정을 보는 시각에 따라 다를 수 있다(이순형 외, 2006). 보육과정을 보육에 대한 전체적인 계획과 조직 및 틀이라 정의하고 보육과정을 위해서는 보육의 목적과 목표 설정, 목적과 목표 달성을 위한 활동 선정과 조직 그리고 구체적인 교수-학습 활동과 결과에 대한 평가와 같은 과정들이 요구된다 하였다.

보육과정을 보육시설에서 시행되는 교육과정(curriculum)으로 보고, 교육과정이란 무엇을, 왜, 어떻게 가르칠 것인가에 대한 결정을 위한 것으로 교육목적, 교육내용 및 방법, 평가의 4가지 요소로 구성된다. 이러한 교육과정의 개념을 근거로 보육과정을 살펴보면 보육과정은 보육목적, 보육의 내용 및 방법, 평가로 구성된다 하였다. 따라서 보육과정은 보육시설에서 영유아들을 어떻게 보육할 것인가 하는 보육의 내용으로만 볼 것이 아니라 보육목표, 보육내용, 보육방법이나 운영방식 평가를 포괄하는 폭넓은 개념으로 보아야 할 것이다.

2 · 표준보육과정의 의미 및 기본원리

표준보육과정은 유치원 교육과정, 초중등학교 교육과정처럼 국가적 차원에서 우리나라 보육의 바람직한 방향을 설정하여 그에 따른 보육내용을 제시하고 있는 국가수준의 보육과정이다. 즉, 표준보육과정은 보육시설 영유아의 보육목적과 목표를 달성하기 위한 국가수준의 보육과정이며, 보육시설에서 운영해야 할 보편적 보육내용을 제시한 것이다(여성가족부, 2007).

영유아에 대한 관점, 영유아와 환경과의 관계, 영유아의 학습과 발달에 관한 관점 등을 바탕으로 한 표준보육과정의 기본 원리는 다음과 같다(여성가족부, 2005).

첫째, 모든 영유아는 어떠한 상황이나 환경에서도 자신의 발달과 경험을 스스로 구성해 갈 수 있는 능력이 있다.

둘째, 영유아의 발달이나 경험은 사회, 정서, 언어, 건강, 신체 및 인지적 측면이 서로 상호 연결되어 다차원적으로 관련되어 발달하며 한 영역의 발달이나 경험만을 강조해서는 바람직한 성장을 이룰 수 없다.

셋째, 영유아는 개인차가 있으며 개인차를 고려해 줄 때 자신의 잠재력을 최대한으로 발휘해 나간다.

넷째, 영유아 개인의 성장과 경험에 중요한 영향을 미치는 요인들은 보육환경, 보육교사, 또래, 가족 및 지역사회 구성원이다. 영유아의 발달에 적합한 환경은 우리나라 사회 문화에 적합하며 개별적 흥미가 고려될 때 영유아에게 더 바람직한 영향을 미친다.

다섯째, 영유아는 자신의 선택에 의한 놀이, 주변 환경의 직접 탐색에 대한 격려 시 관련된 지식, 기술 및 태도를 가장 잘 습득할 수 있으며, 이 시기의 영유아는 수동적 경험보다 자신의 오감각을 사용하여 실생활에서 직접 체험하고 놀이할 때 가장 바람직한 행동 변화를 수반한다.

여섯째, 질적으로 우수한 교사란 영유아에게 다양한 경험기회를 제공하고 편안하고 안전하게 보호하며 또래, 교구와의 상호작용을 통해 새로운 지식이나 기술을 습득할 수 있도록 세심한 관찰로 개별적이고 민감한 지원을 하는 교사이다.

3 표준보육과정의 개발과정

표준보육과정이란 영유아가 어린이집에서 경험하게 될 질적으로 우수한 양육과 의미 있는 학습에 대한 국가적 수준의 보육목표와 포괄적 보육내용을 제시한 것이다. 영유아가 심신이 건강하고 행복하게 생활하며, 전인적 발달을 도모하고 미래 민주시민으로 성장하기 위해 모든 영유아에게 적합한 구체적인 지식, 기술, 태도 및 가치로 구성된다.

표준보육과정은 「영유아보육법」이 1991년 1월에 제정되면서 종전의 단순한 탁아사업이 보육사업으로 확대되어 발전되었으며 보육시설 수 또한 급증하였고 이에 따른 보육의 질적 수준 향상에 대한 요구도 급증하게 되었다. 급증된 보육시설에서는 구체적인 보육목표와 내용이 다르고 질적 수준의 차이가 나게 되어 보육시설에서의 보육에 대한 사회적 신뢰를 얻기가 힘들었다. 따라서 보육에 대한 국가적 수준의 지침이 필요하게 되었고 2004년 「영유아보육법」이 전면개정을 통해서 「영유아보육법」 제29조에 표준보육과정을 개발하고 보급하여야 함이 명시되어 표준보육과정의 시급한 개발이 이루어졌으며 2006년 11월에 여성가족부령으로 '표준보육과정'이 시행되었으며 「영유아보육법 시행규칙」 제30조에 의거하여 2007년 1월에 최초의 '표준보육과정의 구체적 보육내용'을 고시하게 되었다(여성가족부 고시 제2007-1호).

표준보육과정이 실행됨에 따라 2007년부터 2세 미만 보육과정, 2세 보육과정, 3~5세 보육과정이 보육현장에 적용되었다. 이후 2011년 9월 어린이집, 유치원 공통과정인 '5세 누리과정'이 제정되었고, 2012년 2월 0~4세 영유아를 대상으로 한 '제2차 표준보육과정'이 고시되었다. 이어 2013년 1월에 누리과정을 포함하여 '제3차 어린이집 표준보육과정'을 고시하였다(보건복지부 고시 제 2013-8호). 2019년 10월에는 보건복지부 주관으로 0~5세 영유아의 연속적 경험과 연령 간 발달적 연계를 위하여 누리과정 개정 방향 및 내용을 고려하여 '제3차 어린이집 표준보육과정' 중 0~1세 보육과정과 2세 보육과정의 영역별 내용을 개정하였고, 0~2세 보육과정과 3~5세 보육과정(누리과정)을 포괄하는 총론의 일부를 개정하여, 2020년 4월 '제4차 어린이집 표준보육과정'을 고시하였다(보건복지부 고시 제 2020-75호).

표준보육과정은 「영유아보육법」 제29조 1항에 근거하여 영유아가 보육시설에서 경험하는 바람직한 태도와 가치, 지식, 기술을 제시하여 영유아를 보호하고 교육하는 데 국가적 수준의 지침을 제공하였으며 출생에서부터 만 6세 미만 영유아의 연계적 발달 및 보육실제에서의 연령별 연계와 영역별 연계를 고려하여 영역별 균형을 맞추고 전인적 발달과 인성을 형성하도록 한다. 따라서 모든 보육시설은「영유아보육법」제29조 3항에 근거하여 표준보육과정의 목표와 내용, 방법에 따라 영유아를 보육하도록 노력하여야 하며 보육시설의 장은「영유아보육법」제29조 2항의 표준보육과정에 따라 영유아를 보육하도록 노력하여야 한다.

보육은 영유아를 건강하고 안전하게 보호 · 양육하고 영유아의 발달특성에 적합한 교육을 제공하는 사회복지서비스로 영유아의 건전 육성과 보호자의 경제적 · 사회적 활동을 효과적으로 지원하여 가정복지 증진에 기여함을 목적으로 운영하기에, 보육과정은 보육의 목적을 효과적으로 달성하기 위한 구체적 접근양식이며 보육시설에서 영유아를 돌보는 틀이자 기준이다.

조복희(2007)는 보육과정의 정의를 보육에 대한 전체적인 계획과 조직 및 틀이라 하고 보육과정을 위해서는 구체적인 교수-학습 활동과 결과에 대한 평가와 보육의 목적과 목표달성을 위한 활동 선정과 조직 같은 과정들이 요구된다고 하였으며 백혜리(2006)는 교육과정이란 무엇을, 왜 어떻게 가르칠 것인가에 대한 결정을 위한 것으로 교육목적, 교육내용 및 방법, 평가의 4요소로 구성되며 이러한 교육과정의 개념을 근거로 보육과정을 살펴보면 보육과정은 보육목적, 보육의 내용 및 방법, 평가로 구성된다 하였다. 따라서 보육과정은 보육시설에서 영유아들의 보육을 보육목표, 보육내용, 보육방법이나 운영방식 평가를 포괄하는 폭넓은 개념으로 보아야 할 것이다.

4 표준보육과정의 특성

표준보육과정은 0~5세 영유아를 위한 국가 수준의 보육과정이며 0~1세 보육과정, 2세 보육과정, 3~5세 보육과정(누리과정)으로 국가적 차원에서 우리나라 보육의 바람직한 방향을 설정하여 제시하고 있는 국가수준의 보육과정이다.

즉, 표준보육과정은 보육시설 영유아의 보육목적과 목표를 달성하기 위한 국가 수준의 보육과정이며 보육시설에서 운영해야 할 보편적 보육내용을 제시한 것이다. 따라서 보육시설의 시설장이나 교사들은 표준보육과정에서 제시하고 있는 구체적인 보육내용들을 영유아들이 경험할 수 있도록 표준보육과정에 기초한 보육계획을 세워야 함을 의미한다.

다시 말해, 표준보육과정은 보육의 전문성과 보육의 질을 향상시키기 위해 개발된 국가수준의 보육과정이며, 우리나라 보육이 나아가야 할 방향을 제시하고 각 보육시설에서 보육과정 계획 및 운영 시 지침으로 사용하며 각 보육시설에 적합하도록 재구성하여 적용해야 할 것이다.

제4차 표준보육과정의 성격은 다음의 다섯 가지로 설명할 수 있다.

첫째, 국가 수준의 공통성과 지역, 기관 및 개인 수준의 다양성을 동시에 추구한다.

국가 수준의 공통성은 보육시설에서 보육과정을 구성하고 운영할 때 고려해야 할 일반적 기준을 의미하며, 지역 수준의 다양성은 지역사회의 상황과 여건을 고려하여 특색 있게 운영하는 것을 의미한다. 기관 수준의 다양성은 각 기관의 철학 및 담당교사와 부모의 특성에 맞게 자율적으로 운영하고, 개인 수준의 다양성은 영유아의 연령 및 개별 특성, 발달 수준 등 개인차를 보육과정에 반영하는 것을 의미한다.

둘째, 영유아의 전인적 발달과 행복을 추구한다.

영유아는 자발적으로 자유롭게 놀이할 때 즐겁고 행복하다. 보육시설에서 영유아의 발달과 행복을 지원하기 위해서는 영유아가 자유롭고 즐겁게 놀이할 수 있도록 충분한 시간의 보육과정을 구성하고 운영해야 한다.

셋째, 영유아 중심과 놀이 중심을 추구한다.

제4차 표준보육과정은 '영유아 중심' '놀이 중심'을 추구하는 보육과정이다. '영유아 중심'을 추구한다는 것은 영유아의 건강과 행복을 추구하며, 놀이를 통한 배움의 가치를 최대한 존중한다는 것을 의미한다. 또한 '놀이 중심'을 추구한다는 것은 영유아가 주도하는 놀이가 충분히 이루어질 수 있도록 보육과정을 구성하고 운영함을 의미한다.

넷째, 영유아의 자율성과 창의성 신장을 추구한다.

영유아는 자신이 하고 싶은 일을 스스로 선택하여 그 선택과 결정을 책임지는 경험을 통해 자율성을 기르며, 주변 세계에 호기심을 가지고 상상하며 탐색하고 탐구하는 자신만의 방법으로 놀이를 창조하면서 창의성을 기른다.

다섯째, 영유아, 교사, 원장, 부모 및 지역사회가 함께 실현해 가는 것을 추구한다.

교사와 원장은 영유아의 놀이를 지원하는 보육과정의 주체로서, 부모가 영유아 중심, 놀이 중심 보육과정을 이해하고 협력할 수 있도록 지원한다. 또한 지역사회 공공기관이나 단체의 인적, 환경적, 문화적 자원을 통해 영유아가 풍부한 경험을 할 수 있도록 보육과정 운영을 지원한다.

제4차 표준보육과정은 기본생활, 신체운동, 사회관계, 의사소통, 자연탐구, 예술경험의 총 6개 영역으로 구성되어 각 영역은 영유아가 건강하고 안전하며 바르게 생활하는 데 필요한 내용과 신체, 사회, 언어, 인지, 정서 등 전인적 발달을 위해서 영유아가 갖춰야 할 지식, 기능, 태도 및 가치를 포함한다. 각 영역은 영역별 목표와 그에 따른 내용범주를 만 0~1세, 만 2세, 만 3~5세의 세 연령집단으로 구분하였다. 또한 해당 연령에서 교사가 반드시 알아야 할 영유아의 발달적 지식, 물리적 환경 구성방법, 지도방법, 지도 시 유의점 등의 내용이 포함되어 있는 보육교사를 위한 제4차 어린이집 표준보육과정 해설서도 기술되어 있다.

5 표준보육과정의 목적 및 목표

제4차 표준보육과정의 목적에서는 영유아기의 특성을 반영하여 표준보육과정이 지향하는 바를 '놀이를 통해'라고 제시하였는데, 이는 영유아기의 고유한 특성을 강조한 것이다. 또한 '심신의 건강', '조화로운 발달'과 '민주 시민'의 가치를 반영하였고, 인성의 중요성을 반영하여 '바른 인성'을 추가하였다. 이를 실현하기 위한 표준보육과정의 다섯 가지 목표에서는 추구하는 인간상의 구체적인 내용을 담고 있다.

1) 0~2세 보육과정 목표

(1) 자신의 소중함을 알고, 건강하고 안전한 환경에서 즐겁게 생활한다.

표준보육과정은 영아가 자신의 소중함을 알고, 건강하고 안전한 환경에서 즐겁게 생활할 수 있도록 돕는 것을 목표로 한다. 영아는 놀이를 통해 자신의 감정과 욕구를 조절하는 경험을 하며, 일상에서 환경 변화에 따른 적응과 안전하고 즐거운 생활을 통해 건강한 사람으로 성장해 나간다.

(2) 자신의 일을 스스로 하고자 한다.

표준보육과정은 영아가 자신의 일을 스스로 하고자 하도록 돕는 것을 목표로 한다. 영아는 자신이 하고 싶은 놀이를 적극 시도하여 자신이 좋아하고 잘할 수 있는 일을 알아 간다. 이로써 영아는 자신의 일을 스스로 하는 자주적인 사람으로 성장해 나간다.

(3) 호기심을 가지고 탐색하며 상상력을 기른다.

표준보육과정은 영아가 주변 세계에 대해 호기심을 가지고 탐색하는 과정을 통해 풍부한 상상력을 길러 창의적인 사람으로 성장해 갈 수 있도록 돕는 것을 목표로 한다.

(4) 일상에서 아름다움에 관심을 가지고 감성을 기른다.

표준보육과정은 영아가 일상 속에서 주변의 아름다움에 관심을 가지며, 놀이를 통하여 심미적 감성이 풍부한 사람으로 성장할 수 있도록 돕는 것을 목표로 한다.

(5) 사람과 자연을 존중하고 소통하는 데 관심을 가진다.

표준보육과정은 영아가 자연을 사랑하고 타인을 존중하며, 다른 사람과의 갈등을 해결하는 경험을 통해 더불어 사는 사람으로 성장해 나갈 수 있도록 돕는 것을 목표로 한다.

2) 3~5세 보육과정(누리과정) 목표

(1) 자신의 소중함을 알고, 건강하고 안전한 생활 습관을 기른다.

표준보육과정은 유아가 자신의 소중함을 알고, 일상에서 환경의 변화에 적응하며 건강하고 안전한 생활을 경험하여 건강한 사람으로 성장해 나갈 수 있도록 돕는 것을 목표로 한다.

(2) 자신의 일을 스스로 해결하는 기초능력을 기른다.

표준보육과정은 유아가 자신의 생각과 능력을 알고, 자신의 일을 스스로 해결하기 위해 필요한 기초능력을 놀이를 통해 기르며 확장하는 경험이 필요하다. 이에 보육교직원은 유아가 자신의 일을 주도적이고 자율적으로 해결하는 사람으로 성장할 수 있도록 돕는 것을 목표로 한다.

(3) 호기심과 탐구심을 가지고 상상력과 창의력을 기른다.

표준보육과정은 유아가 자신의 주변 세계에 대해 호기심으로 탐구하는 과정을 통해서 풍부한 상상력과 창의력을 기르며, 놀이를 통해 독특한 새로운 생각과 융통성을 발휘하는 창의적인 사람으로 성장할 수 있도록 돕는 것을 목표로 한다.

(4) 일상에서 아름다움을 느끼고 문화적 감수성을 기른다.

표준보육과정은 유아가 일상을 통해 자신이 느낀 아름다움과 경이로움 등 예술적인 표현력을 경험하며, 놀이를 통한 문화적 공감 능력과 심미적 감수성이 풍부한 사람으로 성장해 나갈 수 있도록 돕는 것을 목표로 한다.

(5) 사람과 자연을 존중하고 배려하며 소통하는 태도를 기른다.

표준보육과정은 유아가 자연을 사랑하는 마음과 가족과 친구, 이웃을 존중하며 다른 사람과 협력, 소통하는 방법을 놀이를 통해 경험할 수 있는 기회를 제공하여, 공동체 의식과 민주 시민의 역량을 키워 나갈 수 있도록 돕는 것을 목표로 한다.

6 표준보육과정의 영역별 목표 및 내용

1) 0~1세 보육과정 영역별 목표 및 내용

(1) 기본생활 영역

① 목표

건강하고 안전한 일상생활을 경험한다.

㉠ 건강한 일상생활을 경험한다.

㉡ 안전한 일상생활을 경험한다.

② 내용

내용범주	내용
건강하게 생활하기	• 도움을 받아 몸을 깨끗이 한다. • 음식을 즐겁게 먹는다. • 하루 일과를 편안하게 경험한다. • 배변 의사를 표현한다.
안전하게 생활하기	• 안전한 상황에서 놀이하고 생활한다. • 안전한 상황에서 교통수단을 이용해 본다. • 위험하다는 말에 주의한다.

(2) 신체운동 영역

① 목표

감각으로 탐색하고 신체활동을 즐긴다.

㉠ 감각 탐색을 즐긴다.

㉡ 신체활동을 즐겁게 경험한다.

② 내용

내용범주	내용
감각과 신체 인식하기	• 감각적 자극에 반응한다. • 감각으로 주변을 탐색한다. • 신체를 탐색한다.
신체활동 즐기기	• 대소근육을 조절한다. • 기본 운동을 시도한다. • 실내외 신체활동을 즐긴다.

(3) 의사소통 영역

① 목표

의사소통 능력의 기초를 형성한다.

㉠ 일상생활에서 듣기와 말하기를 즐긴다.

㉡ 읽기와 쓰기에 관련된 관심을 가진다.

㉢ 책과 이야기에 관심을 가진다.

② 내용

내용범주	내용
듣기와 말하기	• 표정, 몸짓, 말과 주변의 소리에 관심을 갖고 듣는다. • 상대방의 이야기를 들으면서 말소리를 낸다. • 표정, 몸짓, 말소리로 의사를 표현한다.
읽기와 쓰기에 관심 가지기	• 주변의 그림과 상징에 관심을 가진다. • 끼적이기에 관심을 가진다.
책과 이야기 즐기기	• 책에 관심을 가진다. • 이야기에 관심을 가진다.

(4) 사회관계 영역

① 목표

나를 인식하고, 친숙한 사람과 관계를 맺는다.

㉠ 나를 고유한 존재로 안다.

㉡ 안정적인 애착을 형성하고, 또래, 교사와 함께 지낸다.

② 내용

내용범주	내용
나를 알고 존중하기	• 나를 인식한다. • 나의 욕구와 감정을 나타낸다. • 나와 친숙한 것을 안다.
더불어 생활하기	• 안정적인 애착을 형성한다. • 또래에게 관심을 가진다. • 다른 사람의 감정과 행동에 관심을 가진다. • 반에서 편안하게 지낸다.

(5) 예술경험 영역

① 목표

아름다움을 느끼고 경험한다.

㉠ 자연과 생활에서 아름다움에 관심을 가진다.

㉡ 예술적 경험을 표현한다.

② 내용

내용범주	내용
아름다움 찾아보기	• 자연과 생활에서 아름다움을 느낀다. • 아름다움에 관심을 가진다.
창의적으로 표현하기	• 소리와 리듬, 노래로 표현한다. • 감각을 통해 미술을 경험한다. • 모방 행동을 즐긴다.

(6) 자연탐구 영역

① 목표

주변 환경과 자연에 관심을 가진다.

㉠ 일상에서 탐색을 즐긴다.

㉡ 주변 환경을 탐색한다.

㉢ 생명과 자연에 관심을 가진다.

② 내용

내용범주	내용
탐구과정 즐기기	• 주변 세계와 자연에 대해 호기심을 가진다. • 사물과 자연 탐색하기를 즐긴다.
생활 속에서 탐구하기	• 친숙한 물체를 감각으로 탐색한다. • 물체의 수량에 관심을 가진다. • 주변 공간과 모양을 탐색한다. • 규칙성을 경험한다.
자연과 더불어 살기	• 주변의 동식물에 관심을 가진다. • 날씨의 변화를 감각으로 느낀다.

2) 2세 보육과정 영역별 목표 및 내용

(1) 기본생활 영역

① 목표

건강하고 안전한 생활습관의 기초를 형성한다.

㉠ 건강한 생활습관의 기초를 형성한다.

㉡ 안전한 생활습관의 기초를 형성한다.

② 내용

내용범주	내용
건강하게 생활하기	• 자신의 몸을 깨끗이 해 본다. • 음식에 관심을 가지고 즐겁게 먹는다. • 하루 일과를 즐겁게 경험한다. • 건강한 배변 습관을 갖는다.
안전하게 생활하기	• 일상에서 안전하게 놀이하고 생활한다. • 교통수단을 안전하게 이용해 본다. • 위험한 상황에 대처하는 방법을 경험한다.

(2) 신체운동 영역

① 목표

감각을 활용하고, 신체활동을 즐긴다.

㉠ 감각을 활용하고, 신체를 인식한다.

㉡ 신체활동을 즐긴다.

② 내용

내용범주	내용
감각과 신체 인식하기	• 감각 능력을 활용한다. • 신체를 인식하고 움직인다.
신체활동 즐기기	• 대소근육을 조절한다. • 기본 운동을 즐긴다. • 실내외 신체활동을 즐긴다.

(3) 의사소통 영역

① 목표

의사소통 능력과 상상력의 기초를 형성한다.

㉠ 일상생활에서 듣기와 말하기를 즐긴다.

㉡ 읽기와 쓰기에 관심을 가진다.

㉢ 책과 이야기에 재미를 가진다.

② 내용

내용범주	내용
듣기와 말하기	• 표정, 몸짓, 말에 관심을 갖고 듣는다. • 상대방의 이야기를 듣고 말한다. • 표정, 몸짓, 단어로 의사를 표현한다. • 자신의 요구와 느낌을 말한다.
읽기와 쓰기에 관심 가지기	• 주변의 그림과 상징, 글자에 관심을 가진다. • 끼적이며 표현하기를 즐긴다.
책과 이야기 즐기기	• 책에 관심을 가지고 상상한다. • 말놀이와 이야기에 재미를 느낀다.

(4) 사회관계 영역

① 목표

나를 알고, 다른 사람과 더불어 생활하는 경험을 한다.

㉠ 나를 알고 긍정적으로 여긴다.

㉡ 다른 사람과 즐겁게 지내기 위한 태도를 기른다.

② 내용

내용범주	내용
나를 알고 존중하기	• 나와 다른 사람을 구별한다. • 나의 감정을 표현한다. • 내가 좋아하는 것을 한다.

더불어 생활하기	• 가족에게 관심을 가진다. • 또래와 함께 놀이한다. • 다른 사람의 감정과 행동에 반응한다. • 반에서의 규칙과 약속을 알고 지킨다.

(5) 예술경험 영역

① 목표

아름다움을 느끼고 즐긴다.

㉠ 자연과 생활에서 아름다움을 느끼고 관심을 가진다.

㉡ 예술을 통해 자유롭게 표현한다.

② 내용

내용범주	내용
아름다움 찾아보기	• 자연과 생활에서 아름다움을 느끼고 즐긴다. • 아름다움에 관심을 갖고 찾아본다.
창의적으로 표현하기	• 익숙한 노래와 리듬을 표현한다. • 움직임과 춤으로 자유롭게 표현한다. • 미술 재료와 도구로 표현해 본다. • 일상생활 경험을 상상놀이로 표현한다.

(6) 자연탐구 영역

① 목표

주변 환경과 자연을 탐색하는 과정을 즐긴다.

㉠ 일상에서 탐색하는 과정을 즐긴다.

㉡ 주변 환경에 관심을 가지고 탐색한다.

㉢ 생명과 자연에 관심을 가진다.

② 내용

내용범주	내용
탐구과정 즐기기	• 주변 세계와 자연에 대해 호기심을 가진다. • 사물과 자연을 반복하여 탐색하기를 즐긴다.
생활 속에서 탐구하기	• 친숙한 물체의 특성과 변화를 감각으로 탐색한다. • 물체의 수량에 관심을 가진다. • 주변 공간과 모양을 탐색한다. • 규칙성에 관심을 가진다. • 주변 사물을 같고 다름에 따라 구분한다. • 생활 도구에 관심을 가진다.
자연과 더불어 살기	• 주변의 동식물에 관심을 가진다. • 날씨와 계절의 변화를 감각으로 느낀다.

출처: 보건복지부 고시 제2020-75호에 따른 제4차 어린이집 표준보육과정 해설서

7 표준보육과정의 편성과 운영

제4차 표준보육과정의 편성 · 운영은 보육시설에서 영유아 중심, 놀이 중심 보육과정을 편성하고 운영하기 위해 고려해야 할 내용으로 다음의 사항에 따라 편성 · 운영한다.

1) 어린이집의 운영 시간에 맞추어 편성한다.

보육과정을 편성할 때에는 종일제를 기준으로 각 어린이집 일과 운영 시간에 따라 영유아가 편안하고 즐겁게 보육 내용을 경험할 수 있도록 놀이와 휴식과 낮잠 및 바깥놀이 등을 포함하여 편성한다.

2) 표준보육과정을 바탕으로 각 기관의 실정에 적합한 계획을 수립하여 운영한다.

국가 수준의 보육과정인 표준보육과정을 바탕으로 각 기관의 실정에 따라 적합한 계획을 수립하는데, 어린이집과 교사의 자율성을 강조하였다. 이에 교사는 영유아의 경험이 교육적 가치를 가지도록 놀이를 중심으로 보육과정을 수립한다.

3) 하루 일과에서 바깥 놀이를 포함하여 영유아의 놀이가 충분히 이루어지도록 편성하여 운영한다.

제4차 표준보육과정에서는 교사의 사전 계획에 의한 하루 일과 운영보다는 영유아의 흥미와 관심에 따라 영유아가 주도하는 놀이를 중심으로 충분히 즐길 수 있도록 탄력적으로 편성하여 운영한다.

4) 성, 신체적 특성, 장애, 종교, 가족 및 문화적 배경 등에 따른 차별이 없도록 편성하여 운영한다.

표준보육과정에서는 영유아가 성, 신체적 특성, 장애, 종교, 가족 및 문화적 배경 등으로 인해 차별받지 않도록 편성하고, 자신과 상대방의 다른 점을 틀림이 아닌 다른 특성으로 받아들이며 편견 없이 대하도록 운영한다.

5) 영유아의 발달과 장애 정도에 따라 조정하여 운영한다.

교사는 영유아의 발달에 따라 자신에게 적합한 방식으로 놀이할 수 있도록 보육과정을 조정하여 운영하며, 장애 영유아도 또래 영유아와 함께 차별 없이 더불어 생활하도록 지원한다.

6) 가정과 지역사회와의 협력과 참여에 기반하여 운영한다.

영유아가 속한 가정과 기관, 지역사회 등은 모두 보육과정의 주체이기에 상호 협력하고 연계하도록 운영한다. 특히 부모는 영유아가 즐겁게 놀이하며 배우는 놀이의 가치를 이해하여 가정에서 영유아의 놀이를 지원하며, 지역사회는 영유아에게 현장의 다양한 경험을 지원해야 한다.

7) 교사 연수를 통해 표준보육과정의 운영을 개선할 수 있도록 한다.

교사는 영유아에게 놀이와 배움을 지원함과 동시에 함께 배우고 성장하는 보육과정의 주체이자 전문가이다. 제4차 표준보육과정에서는 영유아의 놀이를 지원하는 교사의 역할을 강조하고 있으므로 다양하고 지속적인 교사 연수가 진행되도록 운영한다.

8 표준보육과정의 평가

표준보육과정에서 평가는 어린이집에서 영유아가 중심이 되고 놀이가 중심이 되어 운영되는 하루 일과 및 전반적인 표준보육과정 운영에 대해 되돌아보고 개선해 나가는 과정이다. 제4차 표준보육과정은 어린이집에서 영유아 중심, 놀이 중심 보육과정을 운영하는 데 도움이 되고자 평가를 간략화하고 각 어린이집이 평가를 자율적으로 실시할 수 있도록 강조하였다.

평가는 다음 사항에 중점을 두고 실시한다.

1) 표준보육과정 운영의 질을 진단하고 개선하기 위해 평가를 계획하고 실시한다.

표준보육과정 평가의 목적은 영유아가 중심이 되고 놀이가 살아나는 표준보육과정 운영의 질을 자체적으로 진단하고 표준보육과정 운영을 더 나은 방향으로 개선하는 데 있다. 어린이집에서는 지역의 특성과 각 어린이집의 상황 및 요구를 고려하여 자율적으로 평가의 내용, 평가의 주기 및 시기와 평가 방법을 구성원과 협의를 통해 계획하고 실시한다.

2) 영유아의 특성 및 변화 정도와 표준보육과정의 운영을 평가한다.

평가는 영유아 평가와 표준보육과정 운영 평가로 이루어진다. 영유아 평가는 놀이, 활동, 일상생활 속에서 개별적인 영유아의 고유한 특성과 의미 있는 변화를 관찰하고 그것을 바탕으로 영유아의 성장과 배움을 돕기 위한 평가를 한다.

표준보육과정 운영 평가는 영유아 중심, 놀이 중심으로 적절하게 운영되고 있는지 평가하는데, 놀이시간을 충분히 제공하는지, 놀이 지원이 적절히 제공되어 배움의 기회를 갖는지 등을 평가할 수 있다.

3) 평가의 목적에 따라 적합한 방법을 사용하여 평가한다.

어린이집은 평가 목적과 대상에 따라 가장 적합한 평가 방법을 자율적으로 정하여 활용할 수 있다. 교사는 관찰기록 등 자료 수집에 집중하기보다는 영유아 놀이에 더 집중하고 지원하여 영유아의 특성과 변화 정도를 파악하여 교사가 할 수 있는 가장 용이한 방법으로 기록한다.

어린이집의 표준보육과정 운영에 대한 평가는 개선이 필요할 경우 기관별, 반별 등 필요성에 따라 적합한 방법을 선택하여 자율적으로 운영을 평가할 수 있다.

4) 평가의 결과는 영유아에 대한 이해와 표준보육과정 운영 개선을 위한 자료로 활용할 수 있다.

영유아 평가의 결과는 표준보육과정이 추구하는 인간상과 표준보육과정의 목적 및 목표 등에 견주어 개별 영유아의 특성과 변화 정도를 이해하여 영유아의 배움과 성장 발달에 도움을 주는 데 활용한다. 또한 부모와의 면담자료로 활용될 수 있으며, 영유아의 생활지도에도 활용할 수 있다.

9 제4차 표준보육과정의 이해

어린이집에서 운영하는 보육과정은 국가 수준의 보육목표와 영유아의 발달과 개인차를 고려하여 이들이 경험하게 될 보편적인 보육내용을 제시한다(이미화 외, 2013). 보육과정의 목적은 영유아의 전인적인 성장과 발달을 돕고 민주시민으로서의 자질을 길러 영유아가 심신이 건강하고 조화로운 사회 구성원으로 자랄 수 있도록 하는 데 있다(보건복지부, 2017, 「영유아보육법 시행규칙」, 별표 8의 4).

1) 표준보육과정의 필요성

표준보육과정은 보육시설의 질이 영유아의 제반 발달과 정적 상관이 있다는 연구에 의해 유아의 보육경험 유무나 보육시설의 유형보다 보육시설의 구조적, 과정적, 전반적인 질을 높이는 것이 영유아 발달에 중요하다는 가설에서 시작된 것이다. 즉, 보육과정과 같은 과정적 질이 중요하다는 것이다. 이러한 보육시설의 질이 우수할 때 영유아가 안정적이며, 사회적으로 성숙하고 자기 통제력이 높아지고 또래와의 상호작용을 긍정적으로 할 것으로 기대할 수 있기 때문에 모든 영유아가 비슷한 수준의 보육을 받을 수 있게 하려고 표준보육과정이 구안된 것이다(최영미, 2005).

표준보육과정의 개발과 필요성은 보육현장의 요구, 사회적 요구, 법적인 요구로 정리하여 살펴볼 수 있다.

첫째, 표준보육과정의 개발과 필요성은 보육현장의 요구에서 시작되었다. 표준보육과정이 개발되기 이전의 보육현장을 살펴보면, 당시 우리나라 보육현장은 단편적이고 영유아의 발달적 수준에 적합하지 않는 지식 제공이 만연하고 있었다. 그동안 개별 단체나 기관에서 어린이집을 위한 보육과정을 몇 차례 개발하거나 사용하였으나, 구체적인 보육목표와 내용에 대한 국가적 수준의 포괄적인 합의가 제대로 이루어지지 않았기 때문에, 보육의 질적 수준이 지역이나 기관마다 매우 달랐다. 또한 표준보육과정이 개발되기 이전에는 대부분의 어린이집에서 국가수준의 유치원교육과정을 활동의 지침으로 사용하기도 하였다. 어린이집은 그 대상 연령이나 운영시간, 프로그램의 측면에서 유치원과 상이함에도 불구하고, 독자적인 보육과정이 없이 유치원 교육과정을 따라서 운영하였던 것이다. 따라서 어린이집의 대상과 운영형태에 적합하도록 독자적으로 개발된 보육과정의 필요성이 현장 및 학계에서 제기되었다.

둘째, 표준보육과정의 개발과 필요성은 사회적 요구에서 시작되었다. 여성의 취업 증가와 핵가족화로 인한 사회적 지원의 강화, 저출산과 고령화로 인한 인적 자원 개발의 필요, 지식정보화에 따른 지식 · 기술 · 가치의 재점검 등에 대한 요구가 증가하게 되어 미래의 인재를 담당하는 어린이집의 질적 향상에 대한 의견이 대두되었다.

셋째, 법적인 요구이다. 보육현장과 사회적 요구를 반영하여 2004년 전문 개정된 「영유아보육법」에서 표준보육과정의 개발과 보급을 포함하면서, 개발의 필요성이 법적으로 명백하게 제시된 것이다(김상림 외, 2013).

이처럼 표준보육과정의 필요성이 대두됨에 따라 정부에서는 어린이집의 질적 수준을 높이고, 영유아의 조화로운 성장과 발달을 지원하기 위해 영유아의 연령 및 발달수준에 적합한 표준보육과정을 개발 및 보급하게 되었다. 여성가족부(2007)에 의하면 표준보육과정은 영유아를 건강하고 안전하게 보호 양육하고 영유아의 발달특성에 적합한 교육을 목표로 국가수준의 어린이집에서 경험하는 바람직한 태도와 가치, 지식, 기술을 제시하여 어린이집에서 이들을 보호하고 교육하는 데 지침으로 사용되도록 하기 위해 개발되었다.

또한 표준보육과정은 영유아의 성, 종교, 가족배경, 사회적 신분, 재산, 장애 및 출생지역에 차별이 없어야 하며, 지역적 특성에 따라 융통적으로 사용할 수 있도록 구성되어 있다(여성가족부, 2007).

표준보육과정으로 인해서 전국 어린이집에서 연령집단별로 영유아의 발달수준에 적합하며, 연속성과 통합성을 유지하는 국가수준의 보육목표와 보육내용 체계를 지니게 되었다. 표준보육과정은 어린이집에서 보육계획 수립의 기초를 마련하고 보육내용의 질을 높이는 데 기여하게 되었다(보건복지부, 2013).

2) 제4차 어린이집 표준보육과정 개발 과정

보건복지부는 2017년 12월에 제3차 중장기보육 기본계획(2018~2022)에서, '영유아의 행복한 성장을 위해 함께 하는 사회'라는 비전을 설정하였으며, 국정과제인 '보육 · 양육에 대한 사회적 책임 강화'를 실현하기 위한 보육의 공공성 강화, 보육체계 개편, 보육서비스의 품질 향상, 부모 양육지원 등 4개 분야 확대를 제시하였다. 영유아의 교육수요 변화 등을 고려하여 누리과정의 개편이 진행될 계획('18년~ 교육부 · 보건복지부)으로 0~2세 표준보육과정도 영아의 놀 권리 및 균형적 발달을 고려하여 개정을 추진한다고 발표하였다.

2019년 누리과정 개정에 따라 영유아 특성에 맞춰 표준보육과정을 개선하고자 '제3차 어린이집 표준보육과정' 개정과 해설서 개발 등을 계획하였고, 보건복지부 주관으로 0~5세 영유아의 연속적 경험과 연령 간 발달적 연계를 위하여 누리과정 개정 방향 및 내용을 고려하여 '제3차 어린이집 표준보육과정' 중 0~1세 보육과정 및 2세 보육과정의 개정이 필요하였다. 이후 2019년 10월 '제3차 어린이집 표준보육과정'(0~2세) 개정 연구를 통해 0~1세 보육과정과 2세 보육과정의 영역별 내용을 개정하였고, 0~2세 보육과정과 3~5세 보육과정(누리과정)을 포괄하는 총론의 일부를 개정하여, 2020년 4월 9일에 '제4차 어린이집 표준보육과정'을 고시하였다(보건복지부 고시 제 2020-75호).

Chapter 13

2019 개정 누리과정(3~5세)

1 누리과정의 기초

1) 누리과정의 의미

오늘날 우리나라의 유아 대부분은 유치원 또는 어린이집에서 교육 · 보육의 혜택을 받고 있다. 하지만 일부 계층의 유아 자녀들은 교육 · 보육의 혜택을 받지 못하고 있다. 저소득층은 경제적 부담으로 유치원이나 어린이집에 다니지 못하고, 고소득층은 영어나 특기교육을 위하여 고가의 영어학원을 선택하고 있어 계층 간 유아교육 · 보육기관 선택에 있어서 큰 차이를 보이고 있다. 이에 따라 모든 유아가 양질의 교육 · 보육의 혜택을 균등하게 받을 수 있도록 국가가 적극적으로 나서야 하는 상황이었다. 이러한 배경하에 정부는 이원화되어 있는 유치원 교육과정과 어린이집 표준보육과정을 '누리과정'으로 일원화하여 모든 유치원과 어린이집의 유아에게 공통적으로 적용할 수 있는 공통과정을 개발하게 되었다. 이로써, 유치원과 어린이집에 다니는 5세 유아는 2012년 3월부터 유치원과 어린이집에서 공통의

'5세 누리과정'을 배우기 시작했고, 이듬해인 2013년부터는 만 3~4세 유아까지 누리과정이 확대되어 '3-5세 연령별 누리과정'이 시행되어 왔다. 이후 2019년 7월 유아중심, 놀이 중심이 되는 '2019 개정 누리과정'이 고시되어 2020년 3월부터 시행되고 있다.

누리과정은 기존의 이원화되어 있던 유치원 교육과정과 어린이집 표준보육과정을 일원화하여, 유치원과 어린이집 어디에 다니든지 수준 높은 과정을 제공받을 수 있도록 표준화된 공통의 보육 · 교육과정이다. 누리과정의 영역은 5개 영역(신체운동 · 건강, 의사소통, 사회관계, 예술경험, 자연탐구)이며 20개 내용범주, 62개 내용, 136개 세부내용으로 구성되어 있다. 누리과정 운영의 질을 높이기 위해 누리과정 해설서와 교사용 지도서, 교사용 지침서, 교수-학습 자료동영상 등 총 4종(세부 총 26종)의 교사용 자료를 개발하여 보급하였다.

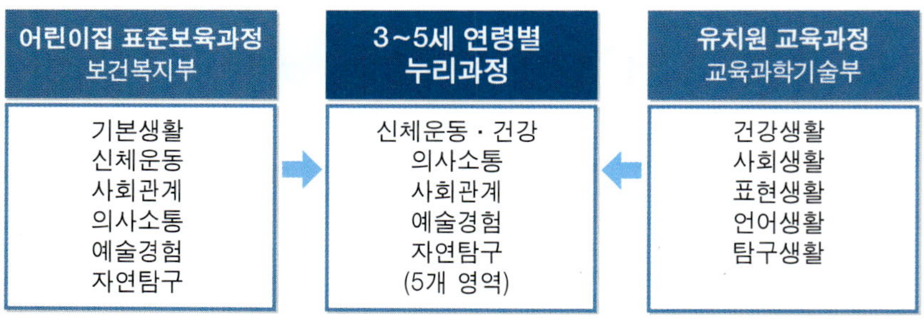

저출산으로 인구규모가 감소되고 인구의 구조가 변화하게 되면서 노동력 감소, 노인인구의 증가, 이에 따른 사회적 비용의 증가 등 심각한 사회문제를 초래할 것이라는 우려가 확대되고 있다. 이러한 상황에서 영아 교육, 보육비 부담은 저출산을 심화시키는 요인으로 지적되었다. 또 저소득층은 경제적 부담으로 유치원이나 어린이집에 다니지 못하고, 고소득층은 영어나 조기교육을 위하여 고가의 영어학원에 다니는 등 이러한 계층 간에 나타나는 차이를 줄이고 모든 유아가 교육, 보육의 혜택을 동등하게 받아야 한다는 인식이 높아짐으로써 제도가 도입되었다. 누리과정의 도입은 우리나라 출산율 제고에 기여를 할 뿐만 아니라 모든 유아에게 보편적 경험을 제공하는 데 그 의의가 있다.

2) 누리과정의 추진배경

오늘날 젊은 부부들의 저출산 현상의 증가로 인해 나날이 인구 규모가 감소되고 있는 것은 물론, 인구의 구조도 변화하게 되면서 노동력 감소, 노인 인구의 증가, 이에 따른 사회적 비용의 증가 등과 같이 매우 심각한 사회문제들이 부각되고 있어 우려의 목소리가 커지고 있는 실정이다. 이러한 상황에서 영유아 교육과 보육비 부담은 젊은 부부들의 보다 풍요로운 개인적인 삶을 추구하고자 하는 라이프스타일과 맞물리면서 저출산 현상을 더욱 심화시키는 요인으로 작용하고 있다.

지난 2010년 기준으로 조사한 결과에 의하면, 만 5세에 해당하는 약 44만 명 가운데 약 90%가 유치원이나 어린이집 등에 다니고 있으나 나머지 10%는 교육 및 보육의 혜택을 받지 못하고 있는 것으로 드러난 바 있다. 이들 가운데 사회적으로 소외된 저소득층은 경제적 부담으로 인해 유치원이나 어린이집 등에 다니지 못하고 있는 것으로 드러난 바 있으며, 반면에 고소득층은 영어나 특기교육 등을 위하여 고가의 영어학원을 선택하고 있는 등의 경제적인 빈부의 격차는 그대로 교육의 격차로 이어져 결과적으로 가난의 대물림이라는 사회통합을 저해시키는 요인으로 작용하고 있는 실정이다.

따라서 이와 같은 사회적 계층 간에서 돌출되고 있는 커다란 빈부의 차이와 교육기회의 차이를 줄이고 국내에 거주하는 모든 유아가 교육 · 보육의 혜택을 받을 수 있도록 국가가 적극적으로 나설 수밖에 없다는 절박한 목소리가 만연하게 된 것이다. 이는 한 국가의 교육은 백년지대계인 동시에 국가의 미래를 책임져야 하는 국가의 미래의 일꾼들을 교육하는 일에 국가가 더 이상 방관만 해서는 안 된다는 각계의 견해에 따라 등장하게 된 것이다. 이러한 영유아교육에 대한 사회복지정책 차원에서의 국가의 투자는 현재 국제적인 흐름이기도 한 현상이기 때문에 더욱 사회적 이슈로 떠오르는 가운데 실행에 옮겨지게 된 것이다.

영유아기는 아동발달에 있어 결정적 시기에 해당하는 것으로 신체 · 언어 · 인지 · 정서 · 사회성 영역 등의 기초 능력이 집중적으로 형성될 수 있어야 하는 시기이며, 이 시기의 발달 정도는 후기 학습에 크게 영향을 미칠 수 있기 때문에 더욱 중요한 사항인 것이다. 따라서 생애 초기 단계인 영유아기 교육 · 보육에 대하여 국가 지원이 필요함을 절실히 느끼게 되었으며, 이에 국가가 이를 적극적으로 추진하고자 하는 배경 속에 누리과정을 강력하게 추진하게 된 것이다. 이러한 배경 하에 정부는 2011년 5월 2일, 만 5세 교육 · 보육에 대한 국가의 책임을 강화하는 '5세 누리과정'을 공통과정으로 제정하여 고시하고 2012년 3월부터 유치원과 어린이집에 다니는 5세 모든 유아에게 공통으로 시행하였다. 2013년 3월에는 만 3~4세 유아까지 누리과정이 확대되어 '3~5세 연령별 누리과정'이 시행되었고, 이후 2019년 7월 유아중심, 놀이 중심이 되는 '2019 개정 누리과정'이 고시되어 2020년 3월부터 시행되고 있다.

2 누리과정의 구성방향

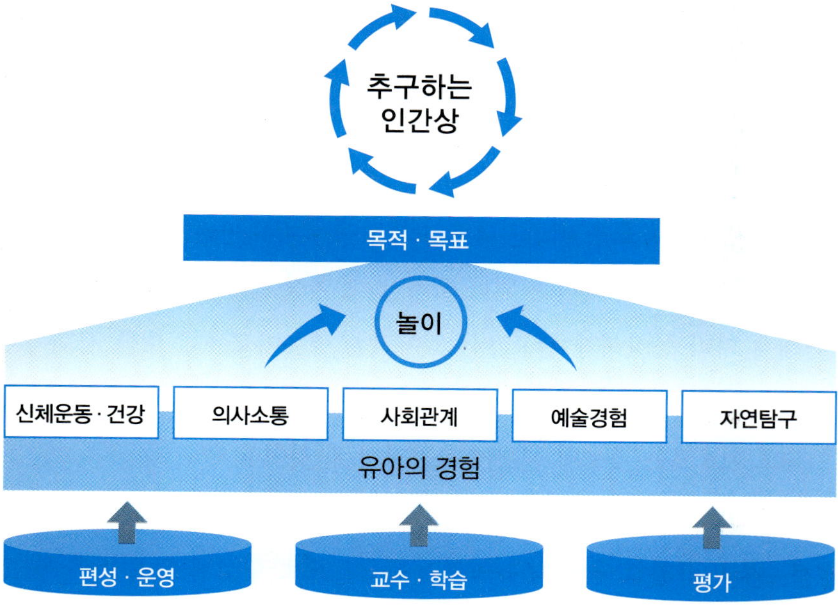

1) 추구하는 인간상

누리과정이 추구하는 인간상은 다음과 같다.

① 건강한 사람

② 자주적인 사람

③ 창의적인 사람

④ 감성이 풍부한 사람

⑤ 더불어 사는 사람

2) 목적과 목표

누리과정의 목적은 유아가 놀이를 통해 심신의 건강과 조화로운 발달을 이루고 바른 인성과 민주 시민의 기초를 형성하는 데에 있다.

이를 실현하기 위한 목표는 다음과 같다.

① 자신의 소중함을 알고, 건강하고 안전한 생활 습관을 기른다.

② 자신의 일을 스스로 해결하는 기초능력을 기른다.

③ 호기심과 탐구심을 가지고 상상력과 창의력을 기른다.

④ 일상에서 아름다움을 느끼고 문화적 감수성을 기른다.

⑤ 사람과 자연을 존중하고 배려하며 소통하는 태도를 기른다.

3) 구성의 중점

누리과정 구성의 중점은 다음과 같다.

① 3~5세 모든 유아에게 적용할 수 있도록 구성한다.

② 추구하는 인간상 구현을 위한 지식, 기능, 태도 및 가치를 반영하여 구성한다.

③ 신체운동 · 건강, 의사소통, 사회관계, 예술경험, 자연탐구의 5개 영역을 중심으로 구성한다.

④ 3~5세 유아가 경험해야 할 내용으로 구성한다.

⑤ 0~2세 보육과정 및 초등학교 교육과정과의 연계성을 고려하여 구성한다.

3 누리과정의 운영

1) 편성 · 운영

다음의 사항에 따라 누리과정을 편성 · 운영한다.

① 1일 4~5시간을 기준으로 편성한다.

② 일과 운영에 따라 확장하여 편성할 수 있다.

③ 누리과정을 바탕으로 각 기관의 실정에 적합한 계획을 수립하여 운영한다.

④ 하루 일과에서 바깥 놀이를 포함하여 유아의 놀이가 충분히 이루어지도록 편성하여 운영한다.

⑤ 성, 신체적 특성, 장애, 종교, 가족 및 문화적 배경 등으로 인한 차별이 없도록 편성하여 운영한다.

⑥ 유아의 발달과 장애 정도에 따라 조정하여 운영한다.

⑦ 가정과 지역사회와의 협력과 참여에 기반하여 운영한다.

⑧ 교사 연수를 통해 누리과정의 운영이 개선되도록 한다.

2) 교수 · 학습

교사는 다음 사항에 따라 유아를 지원한다.

① 유아가 흥미와 관심에 따라 놀이에 자유롭게 참여하고 즐기도록 한다.

② 유아가 놀이를 통해 배우도록 한다.

③ 유아가 다양한 놀이와 활동을 경험할 수 있도록 실내외 환경을 구성한다.
④ 유아와 유아, 유아와 교사, 유아와 환경 간에 능동적인 상호작용이 이루어지도록 한다.
⑤ 5개 영역의 내용이 통합적으로 유아의 경험과 연계되도록 한다.
⑥ 개별 유아의 요구에 따라 휴식과 일상생활이 원활히 이루어지도록 한다.
⑦ 유아의 연령, 발달, 장애, 배경 등을 고려하여 개별 특성에 적합한 방식으로 배우도록 한다.

3) 평가

평가는 다음 사항에 중점을 두고 실시한다.
① 누리과정 운영의 질을 진단하고 개선하기 위해 평가를 계획하고 실시한다.
② 유아의 특성 및 변화 정도와 누리과정의 운영을 평가한다.
③ 평가의 목적에 따라 적합한 방법을 사용하여 평가한다.
④ 평가의 결과는 유아에 대한 이해와 누리과정 운영 개선을 위한 자료로 활용할 수 있다.

4 영역별 목표 및 내용

개정 누리과정은 신체운동 · 건강, 의사소통, 사회관계, 예술경험, 자연탐구의 5개 영역을 유지하였으나, 각 영역에 포함되는 범주와 내용을 간략화 하였다. 각 영역은 3개의 내용범주를 두어 총 15개의 내용범주로 구성하였다. 각 영역에 포함된 내용은 신체운동 · 건강 영역 12개, 의사소통 영역 12개, 사회관계 영역 12개, 예술경험 영역 10개, 자연탐구 영역 13개로서 총 59개로 간략화 하였다.

1) 신체운동 · 건강

(1) 목표

실내외에서 신체활동을 즐기고, 건강하고 안전한 생활을 한다.

① 신체활동에 즐겁게 참여한다.

② 건강한 생활습관을 기른다.

③ 안전한 생활습관을 기른다.

(2) 내용

내용범주	내용
신체활동 즐기기	• 신체를 인식하고 움직인다. • 신체 움직임을 조절한다. • 기초적인 이동운동, 제자리 운동, 도구를 이용한 운동을 한다. • 실내외 신체활동에 자발적으로 참여한다.
건강하게 생활하기	• 자신의 몸과 주변을 깨끗이 한다. • 몸에 좋은 음식에 관심을 가지고 바른 태도로 즐겁게 먹는다. • 하루 일과에서 적당한 휴식을 취한다. • 질병을 예방하는 방법을 알고 실천한다.
안전하게 생활하기	• 일상에서 안전하게 놀이하고 생활한다. • TV, 컴퓨터, 스마트폰 등을 바르게 사용한다. • 교통안전 규칙을 지킨다. • 안전사고, 화재, 재난, 학대, 유괴 등에 대처하는 방법을 경험한다.

2) 의사소통

(1) 목표

일상생활에 필요한 의사소통 능력과 상상력을 기른다.

① 일상생활에서 듣고 말하기를 즐긴다.

② 읽기와 쓰기에 관심을 가진다.

③ 책과 이야기를 통해 상상하기를 즐긴다.

(2) 내용

내용범주	내용
듣기와 말하기	• 말이나 이야기를 관심 있게 듣는다. • 자신의 경험, 느낌, 생각을 말한다. • 상황에 적절한 단어를 사용하여 말한다. • 상대방이 하는 이야기를 듣고 관련해서 말한다. • 바른 태도로 듣고 말한다. • 고운 말을 사용한다.
읽기와 쓰기에 관심 가지기	• 말과 글의 관계에 관심을 가진다. • 주변의 상징, 글자 등의 읽기에 관심을 가진다. • 자신의 생각을 글자와 비슷한 형태로 표현한다.
책과 이야기 즐기기	• 책에 관심을 가지고 상상하기를 즐긴다. • 동화, 동시에서 말의 재미를 느낀다. • 말놀이와 이야기 짓기를 즐긴다.

3) 사회관계

(1) 목표

자신을 존중하고 더불어 생활하는 태도를 가진다.

① 자신을 이해하고 존중한다.

② 다른 사람과 사이좋게 지낸다.

③ 우리가 사는 사회와 다양한 문화에 관심을 가진다.

(2) 내용

내용범주	내용
나를 알고 존중하기	• 나를 알고 소중히 여긴다. • 나의 감정을 알고 상황에 맞게 표현한다. • 내가 할 수 있는 것을 스스로 한다.
더불어 생활하기	• 가족의 의미를 알고 화목하게 지낸다. • 친구와 서로 도우며 사이좋게 지낸다. • 친구와의 갈등을 긍정적인 방법으로 해결한다. • 서로 다른 감정, 생각, 행동을 존중한다. • 친구와 어른께 예의 바르게 행동한다. • 약속과 규칙의 필요성을 알고 지킨다.

사회에 관심 가지기	• 내가 살고 있는 곳에 대해 궁금한 것을 알아본다. • 우리나라에 대해 자부심을 가진다. • 다양한 문화에 관심을 가진다.

4) 예술경험

(1) 목표

아름다움과 예술에 관심을 가지고 창의적 표현을 즐긴다.

① 자연과 생활 및 예술에서 아름다움을 느낀다.

② 예술을 통해 창의적으로 표현하는 과정을 즐긴다.

③ 다양한 예술 표현을 존중한다.

(2) 내용

내용범주	내용
아름다움 찾아보기	• 자연과 생활에서 아름다움을 느끼고 즐긴다. • 예술적 요소에 관심을 갖고 찾아본다.
창의적으로 표현하기	• 노래를 즐겨 부른다. • 신체, 사물, 악기로 간단한 소리와 리듬을 만들어 본다. • 신체나 도구를 활용하여 움직임과 춤으로 자유롭게 표현한다. • 다양한 미술 재료와 도구로 자신의 생각과 느낌을 표현한다. • 극놀이로 경험이나 이야기를 표현한다.
예술 감상하기	• 다양한 예술을 감상하며 상상하기를 즐긴다. • 서로 다른 예술 표현을 존중한다. • 우리나라 전통 예술에 관심을 갖고 친숙해진다.

5) 자연탐구

(1) 목표

탐색하는 과정을 즐기고, 자연과 더불어 살아가는 태도를 가진다.

① 일상에서 호기심을 가지고 탐구하는 과정을 즐긴다.

② 생활 속의 문제를 수학적, 과학적으로 탐구한다.

③ 생명과 자연을 존중한다.

(2) 내용

내용범주	내용
탐구과정 즐기기	• 주변 세계와 자연에 대해 지속적으로 호기심을 가진다. • 궁금한 것을 탐구하는 과정에 즐겁게 참여한다. • 탐구과정에서 서로 다른 생각에 관심을 가진다.
생활 속에서 탐구하기	• 물체의 특성과 변화를 여러 가지 방법으로 탐색한다. • 물체를 세어 수량을 알아본다. • 물체의 위치와 방향, 모양을 알고 구별한다. • 일상에서 길이, 무게 등의 속성을 비교한다. • 주변에서 반복되는 규칙을 찾는다. • 일상에서 모은 자료를 기준에 따라 분류한다. • 도구와 기계에 대해 관심을 가진다.
자연과 더불어 살기	• 주변의 동식물에 관심을 가진다. • 생명과 자연환경을 소중히 여긴다. • 날씨와 계절의 변화를 생활과 관련짓는다.

출처: 보건복지부 고시 제2020-152호 3~5세 누리과정

참고문헌

강문희, 문미옥, 박경자, 서영숙, 우남희, 이강이, 이숙재, 이순형, 이영, 이옥(2002). **21세기 유아교육**. 서울: 학지사.

곽노의(1997). 독일의 열린 학교: 자유 발도르프 유치원. **열린교육연구**, 2(1), 92-104.

곽은복, 김금주, 김연진(2004). **유아교육개론**. 서울: 창지사.

교육부, 보건복지부(2019). 2019 개정 누리과정 해설서.

구경선(2005). **영유아 교사를 위한 몬테소리 교육의 사상과 실제**. 서울: 교육아카데미.

권민균(2005). **아동발달의 이해**. 서울: 창지사.

김경륜(2003). 보육시설의 안전 보육환경 평가척도 개발. 숙명여자대학교 대학원 박사학위논문.

김경은 외(2016). **영유아 프로그램 개발과 평가**. 경기: 양서원.

김경화(2012). 2주기 유치원평가지표의 중요성에 대한 사립유치원 교사의 인식과 실천정도. 원광대학교 교육대학원 석사학위논문.

김경회, 문혁준, 김선영, 김신영, 김지은, 김혜금, 서소정, 안선희, 안효진, 이희경, 정선아, 황혜원(2013). **보육학개론**. 서울: 창지사.

김경회, 문혁준, 김선영, 김신영, 김지은, 김혜금, 서소정, 안선희, 안효진, 이희경, 정선아, 황혜원(2016). **보육학개론**. 서울: 창지사.

김동례(2007). 보육시설 종사자가 인식한 평가인증제의 운영과정과 사후유지관리에 관한 연구. 전남대학교 대학원 박사학위논문.

김명순(2005). 표준보육과정연구. 여성가족부.

김명순, 이미화, 삼성복지재단(2005). **포괄적 보육서비스 아동교육프로그램**. 서울: 다음세대.

김상림, 한준아, 권연희(2013). **보육과정**. 경기: 양서원.

김연진, 이상희, 고영자(2015). **영유아 보육과정**. 서울: 태영출판사.

김연진, 조건덕, 민광미, 현정희(2006). **보육학개론**. 서울: 동문사.

김연진, 한성심, 서지영, 김현자(2007). **보육과정**. 서울: 태영출판사.

김영지(2009). 시간연장 보육프로그램 실행연구. 숙명여자대학교 대학원 석사학위논문.

김영희, 유경애, 이옥섭(2002). **유아교육과정**. 서울: 동문사.

김정원, 심은희, 이경화, 이연규, 장은주, 전선옥, 조순옥, 조화연, 최일선(2013). **보육학개론**. 경기: 양서원.

김지은, 문혁준, 김경회, 김현주, 김혜금, 김정희, 신혜원, 안선희, 안효진, 임연진, 조혜정, 황옥경

(2013). **보육과정**. 서울: 창지사.

김진숙(2010). 보육시설 평가인증제의 운영실태와 정책방안 연구. 가야대학교 행정대학원 석사학위논문.

김현주(2007). 평가인증 보육시설 시설장과 교사의 평가인증에 대한 인식과 만족도 비교 연구. 명지대학교 사회복지대학원 석사학위논문.

김희진, 박은혜, 이지현(2000). **유아교육기관에서의 관찰**. 서울: 창지사.

노희연(2016). **영아보육의 이해**. 경기: 양성원.

류민정(2014). 유치원 및 어린이집의 평가제도 개선방안: 유보통합의 관점에서. 입법과 정책, 제6권 제1호 2014. 6. 219-252. 국회입법조사처.

문미옥(2013). **교육과 보육을 위한 영유아 교육과정**. 서울: 창지사.

문연심(2012). **영유아프로그램 개발 및 평가**. 경기: 공동체.

민경휘(2011). 하리교회 다문화가족 프로그램 개발을 통한 목회 패러다임 고찰. 호서대학교 연합신학전문대학원 석사학위논문.

박성옥, 이영환, 한유미, 곽혜경, 양연숙(2003). **영유아의 건강과 안전**. 서울: 창지사.

박은혜(2000). **세계의 유아교육제도**. 서울: 양서원.

보육시설 평가인증사무국(2005). 보육시설평가인증지침서. 여성가족부.

성미영, 김진경, 서주현, 민미희, 김유미(2015). **보육교사론**. 서울: 학지사.

송지연(2010). 중학교 다문화 교육 프로그램 개발 및 적용: 창의적 재량활동을 중심으로. 한국교원일반대학원 석사학위논문.

신재한(2013). **영유아교육과정의 이론과 실제**. 경기: 교육과학사.

신화식(1996). **몬테소리교육의 이론과 실제**. 서울: 양서원.

심성경 외(2004). **개정 유아교육개론**. 서울: 창지사.

심성경, 조순옥, 이정숙, 이춘자, 이선경, 이효숙(2014). **유아교육개론**. 서울: 창지사.

오연주, 이지영, 이정수, 민광미, 류진순(2016). **보육과정**. 서울: 창지사.

유구종, 조희정(2012). **최신 영유아 보육학개론**. 경기: 공동체.

이기숙(2000). **유아교육과정**. 경기: 교문사.

이기숙, 강수경(2012). **유아교육기관평가**. 서울: 창지사.

이기숙, 장영희, 정미라, 엄정애(2002). **유아교육개론**. 서울: 양서원.

이기숙, 홍순정(2001). **유아교육과정**. 서울: 한국 방송통신대학교출판부.

이성호(2004). **교육과정 개발과 평가**. 경기: 양서원.

이순형(2009). **보육과정**. 서울: 학지사.

이순형(2013). 보육학개론. 서울: 학지사.

이영숙(2000). 몬테소리, 그 교육의 모든 것. 서울: 창지사.

이영옥(2014). 2차 평가인증을 참여한 가정어린이집 원장과 보육교사의 2차 평가인증에 대한 인식 연구(대전광역시 서구 가정어린이집 중심으로). 총신대학교 교육대학원 석사학위논문.

이은해(1985). 아동연구방법. 서울: 교문사.

이은해(1995). 아동발달의 평가와 측정. 서울: 교문사.

이은화, 배소연, 조부경(1995). 유아교사론. 서울: 양서원.

이은화 외(2001). 유아교육개론. 서울: 이화여자대학교 출판부.

이정림, 김은영, 엄지원, 강경숙(2012). 장애 영유아 통합보육 교육현황과 선진화 방안. 서울: 육아정책연구소.

임미선(2011). 유아교육개론. 서울: 박문각.

임미혜, 이혜원(2007). 보육학개론. 경기: 학현사.

임부연, 최남정, 양혜련(2010). 유아교과교육론. 경기: 공동체.

임재택(1995). 현대 유아교육과정. 서울: 양서원.

임재택(2008). 생태유아교육개론. 경기: 양서원.

임재택(2010). 생태유아교육 프로그램. 경기: 공동체.

정옥분(2013). 보육과정. 서울: 학지사.

정윤경(2004). 발도르프 교육학. 서울: 학지사.

정을순(2007). 영유아보육 표준보육과정 적용실태. 아주대학교 공공정책대학원 석사학위논문.

정정옥, 김광자(2015). 예비 보육교사를 위한 보육학개론. 서울: 교육아카데미.

조복희, 공인숙, 권희경, 김양은, 서소정, 오연주, 한세영(2013). 보육과정. 경기: 교육과학사.

조성연, 이정희, 김온기, 제경숙, 김영심, 황혜정, 김혜금, 나유미, 박진재, 송혜린, 신혜영(2013). 보육학개론. 서울: 학지사.

지성애, 김영주, 엄정례, 조경서(2015). 영유아 프로그램 개발과 평가. 경기: 정민사.

하은경(2008). 평가인증을 통과한 보육시설의 평가인증에 대한 만족도 및 개선방안. 아주대학교 교육대학원 석사학위논문.

한국보육진흥원(2020). 2020 어린이집 평가 매뉴얼(어린이집용).

한수연(2010). 표준보육과정에 기초한 다문화 보육프로그램 개발 및 효과검증. 위덕대학교 일반대학원 석사학위논문.

홍지연(2002). 영유아교육 프로그램. 서울: 창지사.

황해익(2000). 유아교육평가. 서울: 양서원.

Bredekamp, S. (1986). *Developmentally appropriate practice in early childhood pro-grams serving children from birth through age 8*. New York: Teachers College Press.

Bredekamp, S., & Glowacki, S. (1996). The first decade of NAEYC accreditation : Growth impact on the field. In Sue Bredekamp, Barbara A. Willer (Eds.), *NAEYC accreditation: A decade of learning and the years ahead*(pp. 1–10). Washington, DC: NAEYC.

Bredekamp, S., & Willer, B. A. (Eds.) (1996). *NAEYC accreditation: A decade of learning and the years ahead*. (ERIC Document Reproduction Service No. ED394734)

Bronson, M. B. (2000). Recognizing and supporting the development of self–regulation in Young children. *Young Children, 55*(2), 32–37.

Chad, S. C. (1995). **프로젝트 접근법: 교사를 위한 실행 지침서.** [The Project Approach: A Practical Guide for Teacher] (지옥정 역). 서울: 창지사(원저출판: 1992).

Chard, S. C. (1995). 프로젝트 접근법 워크샵 자료집. 중앙대학교 유아 교육과 초청 세미나 자료.

Chesler, P. (2002). *Bilingualism: Literacy development and activities for the young child*. Unpublished.

Clements, D. H. (2003). Creative pathways to math. *Early Childhood Today, 17*(4), 4.

Cryan, J. R. (1986). Evaluation: Plague or promise? *Childhood Education, 62*, 344–350.

Curry, N, E., & Johnson, C. N. (1990). *Beyond self-esteem: Developing a genuine sense of human value*. Washington, DC: NAEYC.

Curry–Rodd, L. (1999). Creating readers. *Child Care Information Exchange, 129*.

Edwards, C., Gandini, L., & Forman, G. (Eds.) (1996). **레지오 에밀리아의 유아교육.** [The Hundred Languages of Children The Reggio Emilia Experience in Transformation] (김희진, 오문자 역). 서울: 정민사(원저출판: 1993).

Elkind, D. (1987). *Image of the young child*. Washington, DC: National Association for the Education of Young Children.

Elkind, D. (1998). Early childhood education on its own terms. In S. L. Kagan & E. F. Zigler(Eds.), *Early schooling: The national debate*. New Haven: Yale University Press.

Estes, L. S. (2004). *Essentials of child care and early education*. Boston: Pearson Education Inc.

Freya, J. (2000). **발도르프 킨더가르텐에서의 놀이와 작업.** [Spielen und arbeiten im Waldorfkindergarten] 윤선영 역. 서울: 창지사(원저출판: 1991).

Gallahue, D. L. (1996). *Developmental physicai education for today's children*. Madison, WI: Browna and Benchmarik.

Gatzke, M. (1991). Creating meaningful kindergarten programs. In B. Spodek(Ed.), *Educationally appropriate kindergarten practices*. A National Educational Assocation.

Gestwicki, C. (1999). *Developmentally appropriate practice: Curriculum and development in early education.* Clifton Park, NY: Delmar Learning.

Goldman, D. (1995). *Emotional intelligence*. New York: Bantam Books.

Goodman, K. S. (1986). *What's in whole language?* Portsmouth, NH: Heinemann.

Gordon, A. M., & Browne, K. W. (2004). *Beginning & beyond: Foundations in early childhood education.* Thomson: Deimar Leaming.

Gullo, D. F. (1992). *Developmentally appropriate teaching in early childhood: Curriculum, implementation, evaluation*. Washington, DC: National Education Association.

Gullo, D. F. (1994). *Understanding assessment and evaluation in early childhood education*. New York: Teachers College Press.

Harlan, J. D. & Rivkin, M. S. (2004). *Science experiences for the early childhood years An integrated affective approach*(8th ed.). Upper Saddle Rivers NJ: Merrill/Prentice Hall.

Hartup, W. W. (1992). Having friends, making friends and keeping friends: Relationships as educational contexts. *Early Report.* Minneapolis, ERIC. Digest, Urbana, IL: ERIC Crearinghouse on Elementary and Early Childhood Education.

Howes, C., & Smith, E. W. (1995). Relations among child care quality, teacher behavior, children's play activities, emotional security and cognitive activity in childcare. *Early Childhood Research Quarterly, 10*(4), 381-404.

Kami, C., & DeVries, R. (1990). **물리적 지식 활동 피아제이론이 암시하는 과학교육**. [Physical knowledge in preschool education: implications of Piaget's theory] (이 경우, 문미옥 역). 서울: 창지사(원저출판: 1978).

Katz, L. G., & Chard, S. C. (1989). *Engaging children's minds: The project approach*. Norwood, NJ: Ablex.

Katz, L, G., & Chard, S. C. (2000). *Engaging children's minds: The project approach*(2nd ed.). Stamford, CT: Ablex.

Katz, L, G., & Chard, S. C. (2005). The Project Approach: An Overview. In J. I. Roopnarine & J. E. Johnsonf(Eds.), *Approaches to Early Childhood Education*(4th ed.). NJ: Pearson.

Katz, L, G., & McClellan, D. E. (1999). **유아의 사회적 능력 기르기: 교사의 역할**. [Fostering children's social competence: the teacher's role] (김정원, 강숙현, 전선옥, 최윤정 역). 서울: 창

지사(원저출판: 1997).

Kilpartick, H. W. (1925). *Foundation of methods: Informal talks on teaching*. NY: Macmillan.

Lillard, A., & Curenton, S. (1999, September). Research in review: Do young chidren understand what others feel, want, and know? *Young Children, 54*(5). 52–57.

Martin, R. A. (2002). *Alternatives in education: An exploration of learner-centered, progressive and IHolistic education*. Eric Document No. 466 453.

NAEYC(1991). Guidelinew for appropriate curriculum content and assessment in programs serving children ages 3 through 8, *Young children, 30*, 21–38.

NAEYC(2015). *NAEYC accreditation*. http://www.naeyc.org/accreditation

OECD(2006). *Starting strong II: Early childhood education and care*. France, Paris: OECD.

Phillips, D., McCartney, K., & Scarr, S. (1987). Childcare quality and children's social development. *Developmental Psychology, 23*, 537–543.

Reggio Children Domus Academy Research Center(1998). *Children, space, relations: metaproject for an environment for young Chidren*. Modena: Reggio Children.

Sharan, S., & Sharan, Y. (1992). *Expanding coopersive learning through group investigation*. NY: Teacher's College Press.

Shore, R. (1997). *Rethinking the Brain: New insights into early development*. NY: Famlies and Work Institute.

Steiner, R. (1990). *Spiritual ground of education*. Blauvelt, NY: Spiritual Science Library.

Torrence, M., & Chattin–McNichols, J. (2005). Montessori education Today. In J. I., Roopnarine & J. E. Johnson (Eds.), *Approaches to early childhood education*(4th ed.). Upper Sadle River, NJ: Merill / Prentice Hall, 363–394.

Williams, L. R. (1999). Determining the Farly Chidhood Curriculum: The Evolution of goals and strategies through consonance and controversy. In C. Seefeldt, *The early childhood curricuium: Current Findings in Theory and Praectice*(2nd ed.). NY: Teachers College Press.

찾아보기

ㅊ

ㅌ

ㅍ

ㅎ

저/자/소/개

■ **김중기**

국제대학교 유아교육과 교수

〈저서〉 보육교사인성론, 아동미술, 보육실습 외 다수

■ **김현실**

경민대학교 아동독서지도과 겸임교수 및 평생교육원 교수

경기북부육아종합지원센터 강사, 상아어린이집 원장

〈저서〉 보육학개론 외 다수

■ **문성영**

원광보건대학교 사회복지과 겸임교수, 행복한 새싹어린이집 원장

〈저서〉 보육학개론 외 다수

■ **문효숙**

순천제일대학교 사회복지과 외래교수

〈저서〉 보육세미나 1.2 외 다수

■ **박현숙**

경인여자대학교 아동보육과 교수

〈저서〉 부모교육, 대인관계능력 외 다수

■ **윤동화**

고구려대학교 겸임교수, 이젠에듀평생교육원 교수

〈논문〉 체육활동 프로그램의 유아의 사회 성숙도 외 다수

■ **이정미**

전북과학대학교 복지계열 겸임교수, 신태인어린이집 원장

〈논문〉 보육시설 학부모의 평가인증에 대한 인식과 만족도,
보육교사의 조직헌신도에 영향을 미치는 관련 변인들의 구조모형 분석 외 다수

보육과정

1판 1쇄 인쇄 — 2021년 8월 16일
1판 1쇄 발행 — 2021년 8월 20일

저　　자 - 김중기 · 김현실 · 문성영 · 문효숙 · 박현숙 · 윤동화 · 이정미
발 행 인 - 강철원
발 행 처 - 양성원
주　　소 - 경기도 파주시 검산로 173번길 29-20
전　　화 - 031-946-3861(代)
팩　　스 - 031-946-3864
이 메 일 - tnwpub@naver.com
홈페이지 - tnwpub.co.kr
출판등록 - 2015년 8월 31일 제 2015-000211 호

ISBN 979-11-6126-394-6

정가 20,000원